财政部"十三五"规划教材
金融经济实验系列教材

证券投资实验

崔 越 李世平 **编著**

中国财经出版传媒集团

经济科学出版社
Economic Science Press

图书在版编目（CIP）数据

证券投资实验/崔越，李世平编著. —北京：经济
科学出版社，2018.4（2019.12 重印）
ISBN 978 - 7 - 5141 - 9166 - 0

Ⅰ. ①证⋯　Ⅱ. ①崔⋯②李⋯　Ⅲ. ①证券投资
Ⅳ. ①F830. 91

中国版本图书馆 CIP 数据核字（2018）第 062619 号

责任编辑：于海汛　宋　涛
责任校对：王肖楠
责任印制：李　鹏

证券投资实验

崔　越　李世平　编著

经济科学出版社出版、发行　新华书店经销

社址：北京市海淀区阜成路甲 28 号　邮编：100142

总编部电话：010 - 88191217　发行部电话：010 - 88191522

网址：www. esp. com. cn

电子邮件：esp@ esp. com. cn

天猫网店：经济科学出版社旗舰店

网址：http://jjkxcbs. tmall. com

北京密兴印刷有限公司印装

787 × 1092　16 开　16. 25 印张　300000 字

2018 年 4 月第 1 版　2019 年 12 月第 2 次印刷

印数：2501—5500 册

ISBN 978 - 7 - 5141 - 9166 - 0　定价：40. 00 元

（图书出现印装问题，本社负责调换。电话：010 - 88191510）

（版权所有　侵权必究　举报电话：010 - 88191586

电子邮箱：dbts@ esp. com. cn）

前　言

　　金融实验教学是应用经济类高校开拓学生创造性思维和创新精神、提升分析问题和解决问题能力的必要途径。为满足高等院校培养金融应用型人才的办学需要，满足教学工作人员、学生、社会广大的证券投资人士对证券投资基本理论知识、证券投资程序、证券投资分析方法、证券投资实验软件模块的了解及规范化应用的需要，山东财经大学金融学院组织具有证券投资经历和实验课程教学经验的老师们编写了《证券投资实验》教材。

　　本书以证券投资学、金融学、金融市场学等课程介绍的理论与模型为出发点，根据金融实验教学要求，不断吸收国内外先进投资理论和方法，结合我国证券市场发展和证券投资与交易的最新变化，选择国泰安模拟交易所、同花顺行情分析软件、通达信行情分析软件、博易大师行情分析软件为应用平台，以证券投资分析和交易操作业务为主要实验内容编写而成。

　　本书特色：为适应理论教学改革的需要，内容上特别突出了实验教学的具体特征，通过大量图表对证券投资的相关理论和概念、交易品种、交易程序、分析方法、模拟操作程序和方法等进行介绍和演示，增强读者对证券投资交易的感性认知，更加直观地掌握证券投资的主要业务及其操作程序，激发读者对证券投资实践的兴趣，帮助读者建立科学的投资理念和操作策略。

　　为使读者能够全面了解和掌握证券投资业务的基本理论知识和各项操作技能，本书在内容体系和章节结构上进行了精心设计和编排，层次分明、循序渐进地介绍了证券投资的基本概念和理论知识，证券交易程序和操作过程，证券实践领域各种免费行情和专业行情软件的主要功能模块和使用方法，主要的证券投资分析方法等；添加了海外证券市场业务实验的内容，图文并茂地介绍了证券业务实践领域的相关知识、主要分析方法和操作过程等。

本书在每一章开始时给出了"实验目的与要求"，以提醒读者本章的精髓和学习重点；在每一章结束后通过"本章小结"概括本章的要点；在本章小结后设置了"知识拓展"，以便于读者及时了解最新的证券市场动态和热点；最后，结合每一章内容给出了相应的"实验任务"，以提升读者的实际操作和动手能力，也便于读者检查自己的学习效果。

本书共七章。第一章，证券投资交易基础知识。作为掌握证券交易业务操作的基础章节，本章主要介绍了证券市场交易品种、交易代码、证券交易规则和证券市场主要交易指标；第二章，证券投资信息获取和证券行情软件使用。承接上章，在第一章讲解基本证券投资知识基础上，介绍了获取证券投资信息的主要渠道和方法，详细讲解了证券行情软件的使用；第三章，证券投资交易流程。本章包括证券交易所内交易流程，证券交易实验操作流程和证券交易费用。通过证券交易实验操作，可为投资者进入证券市场进行交易做好充分准备，积累操作经验，养成良好的投资风险意识和形成较为科学的投资理念；第四章，金融衍生工具模拟交易实验。为满足读者对金融衍生品种投资的需求，本章介绍了我国资本市场上的金融衍生品种及其交易细则，在此基础上详细介绍了金融期货和金融期权的交易程序及行情软件的使用方法；第五章，基本分析实验。本章包括宏观经济分析、行业分析、公司分析和基本分析综合实验四部分；第六章，技术分析实验。本章主要包括技术分析理论和方法、技术指标分析两大部分；第七章，海外证券市场模拟交易实验。随着我国证券市场国际化发展，海外证券市场交易逐渐兴起和发展，并已成为证券投资的必要组成部分。本章主要介绍了我国海外证券市场交易行业、海外证券交易英语基本词汇和基础知识、海外证券模拟交易软件。

本书由山东财经大学崔越、李世平编著，具体编写分工如下：第一、二、三、四、七章由崔越编写，第五、六章由李世平编写。全书由崔越负责总纂。

本书编写过程中，参考、借鉴和吸收了大量国内外专家学者的研究成果，中国证监会、上海证券交易所、深圳证券交易所、中国金融期货交易所等官方网站中的法律法规和相关的证券市场交易数据；中泰证券等证券公司官网和网易财经、金融界等财经网站的相关案例及证券交易数据信息等，特此说明并致以诚挚的感谢。本书在结构安排、创新点设计等方面，得到了山东财经大学丛建阁教授、冯玉梅教授、马孝先教授的指点和帮助，本书在编写过程中得到了亓晓副教授的热心帮助，本书参阅、引用了亓晓老师的有关著作和教材，在此一并表示衷心的感谢。

为适应本科理论教学改革的需要和社会上相关人士了解和熟悉证券市场进行证券投资的需要，本书在内容安排上突出理论与实际相结合，注重实践性、操作性和应用性，满足广大读者学习证券投资基本理论知识、了解证券投资交易基本程序和方法、掌握主要投资工具的盘面分析。本书适合作为本科院校财经类专业的教材，也可供相关从业人员参考。

由于编者的水平和经验有限，书中难免有纰漏和不足之处，恳请同行及读者批评指正。

编 者

2017 年 12 月

目 录

第一章
证券投资交易基础知识

【实验目的与要求】

◇掌握我国上海、深圳证券交易所交易的基础性证券交易品种及其交易代码

◇学习和掌握主要的证券交易指标

◇熟悉基本的证券交易规则

第一节　证券市场交易品种及交易代码

一、证券交易品种

证券交易品种，又称证券投资工具或证券投资对象，即在证券市场上流通转让的权益证券。了解熟悉证券市场的交易品种，有利于投资者选择不同行情下的最佳投资标的。

证券交易品种可分为基础性交易品种和衍生性交易品种。基础性证券交易品种包括股票、债券和基金；衍生性证券交易品种种类较多，主要包括金融期货、金融期权等。本章主要介绍在上海、深圳证券交易所挂牌交易的基础性交易品种。金融期货与期权等衍生性证券交易品种在第四章中讲述。

（一）股　票

股票是由股份有限公司发行的，用以证明持有者股东身份并据以获得股利、股息及其他投资权益的可转让的有价凭证。股票既可在证券交易所内流通转让，也可在证券交易所外的市场进行交易。

证券交易所是我国股票交易市场的主体，我国股票交易市场结构

如图 1 - 1 所示。

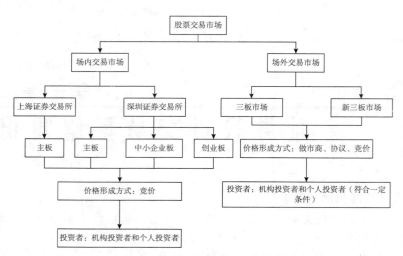

图 1 - 1　我国股票交易市场结构图

根据我国《证券法》规定，境内企业在境内公开发行的股票必须上市流通转让，上海、深圳证券交易所是我国境内股份有限公司发行股票的主要交易场所，在证券交易所流通转让的股票主要包括：A种股票、B种股票和优先股。

1. A 种股票

A 种股票简称 A 股，正式名称是人民币普通股，是指由我国境内股份有限公司发行和上市，以人民币计值和购买，主要针对我国境内投资者发行的股票，是我国境内证券市场上发行量和交易量最大的股票。2003 年我国引进 QFII 制度后，在经过证监会的审核之后，境外机构投资者可以在外管局允许的额度内将外币换成人民币进行境内投资。

2. B 种股票

B 种股票简称 B 股，正式名称是人民币特种股票，是指由我国境内股份有限公司发行和上市，以人民币标明面值，供境内外投资者用外币认购的普通股票。B 股的发行最初是为了更广泛的吸引境外资金以弥补境内企业的资金缺口。2001 年 2 月 26 日起，境内投资者也获得了在证券市场上以外币交易 B 股的资格。

3. 优先股

根据中国证监会发布的《优先股试点管理办法》，优先股是指依照《公司法》，在一般规定的普通种类股份之外，另行规定的其他种类股份，其股份持有人优先于普通股股东分配公司利润和剩余财产，但参与公司决策管理等权利受到限制。与普通股相比，优先股的"优先"主要体现在：一是通常具有固定的股息（类似债券），并需在派发普通股股息之前派发；二是在破产清算时，优先股股东对公司剩余资产的权利先于普通股股东，但在债权人之后。按规定，我国境内的上市公司可以发行优先股，非上市公司可以非公开发行优先股。

公开发行的优先股可以在证券交易所上市交易。上市公司非公开发行的优先股可以在证券交易所转让，非上市公众公司非公开发行的优先股可以在全国中小企业股份转让系统转让，转让范围仅限合格投资者。交易或转让的具体办法由证券交易所或全国中小企业股份转让系统有限责任公司另行制定。

优先股与普通股的区别，如表1－1所示。

表1－1 优先股与普通股的区别

	普通股	优先股
资本属性	权益资本	混合资本
股东权利	股东可以全面参与公司的经营管理，享有资产收益、参与重大决策和选择管理者等权利	股东一般不参与公司的日常经营管理，一般情况下不参与股东大会投票
股东收益	股利收益不固定	股息收益一般固定，且在利润分配上享有优先权
清偿顺序	在剩余财产分配上次于优先股	在剩余财产分配上享有优先权
能否退股	不退股	如有约定，可退股
市场价格波动	市场价格波动较大	市场价格波动较小
是否评级	不评级	评级

2014年3月21日，中国证券证监会公布并实施《优先股试点管理办法》，这是我国资本市场的一项重大改革创新。

2014年10月16日中国银行境外优先股成功完成发行定价，成为第一家发行优先股的境内上市公司；2014年11月28日，中国农业银行400亿元优先股在上海证券交易所正式挂牌，标志着中国境内资本市场第一支优先股产品圆满完成发行及挂牌工作。

目前，我国上海、深圳证券交易所股票概况如表1－2所示。

表1－2 上海、深圳证券交易所股票概况

2016年12月30日

	上市公司数（家）	A股股票数（只）	B股股票数（只）	总市值（亿元）	流通市值（亿元）	平均市盈率（倍）
上海证券交易所	1182	1173	51	240006.24	284607.63	15.94

续表

		上市公司数（家）	A股股票数（只）	B股股票数（只）	总市值（亿元）	流通市值（亿元）	平均市盈率（倍）
深圳证券交易所	主板市场	478	467	49	72709.78	58769.76	25.73
	中小企业板市场	822	822		98113.97	64088.77	50.35
	创业板市场	570	570		52254.5	30536.90	73.21

资料来源：http：//www.sse.com.cn/、http：//www.szse.cn/main/marketdata/。

（二）债券

债券是一国政府或企业（公司）为筹措资金而依照法定程序发行，并约定在一定期限还本付息的债权债务凭证。

1. 债券的基本要素

（1）债券的票面价值和币种。票面价值即债券票面标定的价格，是计算债券还本付息的依据。币种，即以何种货币作为债券价值的计量单位。

（2）债券的价格。债券的价格主要有发行价格和交易价格两种。债券的发行价格是指债券发行时的价格，当发行价格高于债券面值时为溢价发行；债券的发行价格低于债券面值时为折价发行；债券的发行价格等于债券面值时为平价发行。债券发行后，一部分可流通债券进入交易市场进行交易时，便产生了交易价格。交易价格随市场利率、市场供求关系的变化而波动。

（3）债券的偿还期限和票面利率。债券的偿还期限是指债券发行时确定的还本付息的期限，按偿还期限长短债券一般分为短期债券、中期债券和长期债券，债券偿还期限的长短主要取决于发行人对资金需求的时限和用途。票面利率是指在债券上标明的年利率，即一年的利息与票面面值的百分比。票面利率的高低直接影响着发行人的筹资成本和投资者的投资收益，一般由发行人根据本身的资信情况、市场资金供求关系、债券的偿还期限、市场利率等因素确定。

2. 债券交易市场

与股票交易市场相同，我国的债券市场也分为场外市场和场内市场。

场外市场包括银行间市场和商业银行柜台市场，场内市场包括上海证券交易所和深圳证券交易所。

银行间债券市场是大宗交易市场，参与者是我国的各类机构投资者；商业银行柜台市场是银行间市场的延伸，参与者是各类社会的投资者。

与银行间市场相比，场内市场是债券交易的零售市场，参与者是各类社会投资者。其中，上海证券交易所交易的债券总额占到了场内交易市场总量的90%以上，是我国最为主要的场内交易市场。

我国债券市场结构如图1-2所示。

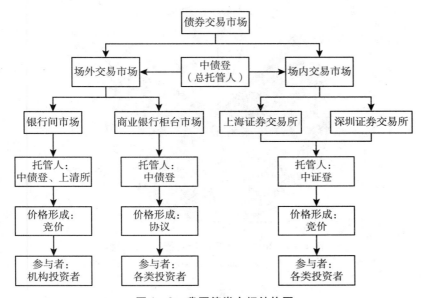

图1-2　我国债券市场结构图

与股票交易市场不同的是，债券场外市场中的银行间市场是我国债券交易市场的主体，如图1-3所示。

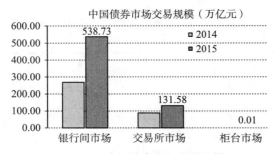

图1-3　我国债券市场交易规模

资料来源：http：//www.cf40.org.cn/plus/view.php？aid=11273。

3. 债券交易品种

我国债券市场从1981年恢复发行国债开始，经过三十多年的发展，已成为仅次于美国、日本的第三大债券市场。同时，我国债券市场创新不断，债券品种日益丰富，主要包括国债、金融债、企业债券、公司债券、非金融企业债务融资工具、资产支持证券等。

图 1－4 为我国银行间债券市场 2016 年发行债券品种及占比。

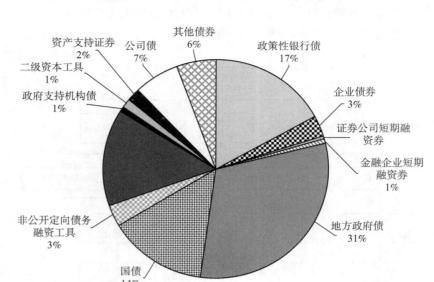

图 1－4　2016 年全国银行间债券发行结构

资料来源：中央结算公司研发部：《2016 年度中国债券市场统计分析报告》2017 年 1 月 4 日。

　　由于个人投资者只能在证券交易所或商业银行柜台市场进行债券的交易，且个人投资者的债券交易主要集中在证券交易所的债券交易市场中。本书主要介绍上海、深圳证券交易所的债券交易品种。上海证券交易所债券交易的统计数据，如表 1－3 所示。

表 1－3　　　　　　　上海证券交易所债券成交概况表

2016 年 12 月 30 日

债券交易品种	上市数量（只）	发行总额（亿元）	市价总值（亿元）	成交笔数（万笔）	成交金额（万元）	成交金额占比（％）
企业债回购	3	0	0	0	0	0
可转债	9	265.4558	306.4	0.1384	16505.91	0.02
企业债现货	2168	28351.46	26838.45	0.2915	136355.24	0.15
国债现货	183	87266.9	88609.69	0.1646	55234.56	0.06
地方政府债	1437	82553.4999	82633.16	0.0002	4999.9	0.01
公司债现货	1355	24697.87756	24875.76	0.2266	200342.16	0.21
新质押式债券回购	9	0	0	40.5599	91608330	98.05
国债买断式回购	6	0	0	0	0	0
合计	6151	232669.32326	232834.27	48.6498	93427600.13	100

资料来源：http：//www.sse.com.cn/。

上海证券交易的债券总额占到了场内交易市场总量的 90% 以上，是我国最为主要的债券场内交易市场。深圳证券交易所的债券交易品种及规模，如表 1-4 所示。

表 1-4　　　　　深圳证券交易所债券交易统计数据

2016 年 12 月 30 日

债券类别	数量（只）	成交金额（元）	成交量
债券	2082	62142461605	621336036
国债	1620	603684	6010
公司债	405	807224998	8094509
企业债	40	411432709	4087692
债券回购	9	60853002000	608530020
可转换债券	8	70198214	617805

资料来源：http://www.szse.cn/main/marketdata/。

（1）国债。国债，又称国家公债或政府债券，以国家信用为基础，中央政府为筹集财政资金而发行的一种政府债券。国债的信用度最高，风险最小，政府债券也被称作"金边债券""无风险债券"。

（2）地方政府债券。地方政府债券是指国家中有财政收入的地方政府或地方公共机构发行的债券。国务院通过特别批准的方式，在 2009 年政府工作报告中首次提出安排发行地方政府债券 2000 亿元，正式开启了我国地方政府债券之门。

（3）金融债。金融债是各类金融机构发行的债券。金融机构的资金实力雄厚，金融债券的信用度较高。

（4）公司债。公司债是指公司依照法定程序发行，约定在一定期限还本付息的有价证券。公司债的发行主体是股份有限公司或有限责任公司。按照《公司债券发行与交易管理办法》的规定，公司债券可公开发行，也可非公开发行。

（5）企业债。企业债是指企业依照法定程序发行，约定在一定期限还本付息的有价证券。企业债的发行主体是中央政府部门所属机构、国有独资企业、国有控股企业。除发行主体不同外，企业债与公司债在发行监管、发行定价、筹措资金额度及用途、信用来源、市场功能等方面均存在差异。

（6）可转债。可转债的全称是可转换公司债券，指持有者可以在一定时期内按约定条件将其转换成指定公司股票或其他证券的一种公司债券。可转换公司债券是一种被赋予了股票转换权的公司债券，本质上，可转换公司债券是一种期权，持有者可以选择按约定条件将其转换成指定的证券，也可以选择持有债券到期以获取本金和利息，或者在债券交易市场上将其以市场价格进行转让。

（7）分离债。分离债也是一种可转换公司债券，全称"认股权和债券分离交易的可转换公司债券"，它是债券和股票的混合融资品种。分离交易可转债由两大部分组成，一是可转换公司债券；二是股票权证。

4. 债券回购

债券回购是一种债券交易方式，债券回购交易是指债券持有人（正回购方，即资金融入方）在卖出一笔债券、融入资金的同时，与买方（逆回购方，即资金融出方）协议约定于将来某一日以约定的价格将该笔债券购回的交易方式。债券持有人即资金融入方是正回购方，买方即资金借出者是逆回购方。债券回购交易包括：买断式回购和质押式回购。

（1）买断式回购交易。买断式回购交易是指国债持有人在将债券卖出的同时，与买方约定在未来某一日期，再由卖方以约定价格从买方购回该笔债券的交易行为。通过卖出债券以获得对应资金，并在约定期满后以事先商定的价格从对方购回同笔债券的为融资方（申报时为买方）；以一定数量的资金购得对应的国债，并在约定期满后以事先商定的价格向对方卖出对应国债的为融券方（申报时为卖方）。

（2）质押式回购交易。质押式回购交易是指债券持有人在将债券质押并将相应债券以标准券折算比率计算出的标准券数量为融资额度向交易对手方进行质押融资的同时，交易双方约定在回购期满后返还资金和解除质押的交易。

（3）新质押式回购交易。新质押式回购交易与现行质押式回购交易相比区别主要在以下几个方面：①新质押式回购按照证券账户进行回购交易和核算标准券库存。现行回购标准券是以证券公司为核算单位，新质押式回购交易必须按账户申报，并且按证券账户核算标准券库存；②质押库制度。新质押式回购的融资方在进行回购申报前必须申报质押券，作为质押券的现券将被实行"转移占有"。即投资者必须指明那些现券作为质押券，这些债券被过户到质押库中，作为质押券的债券不可以卖出；③交易系统进行前端检查。在回购交易时，交易系统按证券账户对回购交易进行前端检查。只有在标准券足额的情况下，融资回购申报才有效，这意味着，投资者在进行回购融资前，必须首先申报足额的质押券，否则不能进行回购交易；融券方的资金检查还是由证券公司系统实行前端控制。

（三）基金

证券投资基金（在我国，通常把它称作"投资基金"或"基金")作为一种集合投资工具，19 世纪从英国产生以来，在世界范围内得到了快速的发展和完善，现已成为世界金融市场重要的投资工具和金融产品。

证券投资基金是指以信托、契约或公司的形式，通过发行基金证券（如受益凭证、基金单位、基金股份等）将众多的、不确定的社会闲散资金募集起来，形成一定规模的信托资产，交给专门机构的专业人员，按资产组合原理进行分散投资，获得收益后由投资者按出资比例分享的一种集合投资工具。

简单地说，证券投资基金是一种利益共享、风险共担、专家理财的集合投资制度或工具。

1. 基金交易

封闭式基金份额的流通采取在证券交易所上市的办法，投资者买卖基金份额，都必须通过证券经纪商在证券交易所进行竞价交易；开放式基金一般不在交易所挂牌交易，投资者通过基金管理公司及其指定的代销网点按照基金单位净值（加申购费或减赎回费）进行申购或赎回，部分开放式基金在证券交易所挂牌交易。基金交易市场结构如图 1－5 所示。

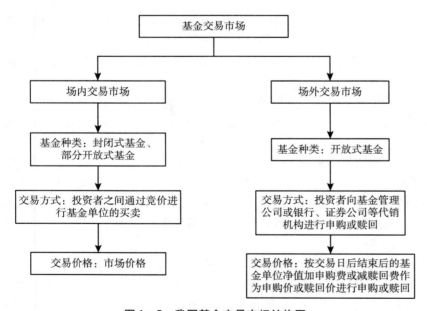

图 1－5　我国基金交易市场结构图

2. 基金种类

证券投资基金的一大特色就是数量众多、品种丰富，可以较好地满足投资者的各种投资需要。理解和把握不同类型证券投资基金的特点及区别，对基金投资者、基金管理公司、基金评估机构及证券市场监管部门等都有重要意义。根据不同的划分标准可将证券投资基金划分为不同的种类，我国证券投资基金的主要分类如表1-5所示。

表1-5　　　　　　　　　　我国证券投资基金的分类

分类标准	基金类型
基金份额是否可赎回	封闭式投资基金和开放式投资基金
法律基础和组织形态	契约型投资基金和公司型投资基金
投资对象	股票基金、债券基金、混合基金、货币市场基金、指数基金、衍生证券投资基金等
投资目标和投资风格	成长型基金、收益型基金、平衡型基金、灵活配置型基金
是否公开发行	公募基金和私募基金
资金来源和运用地域	国际基金、海外基金、国际基金、国家基金、区域基金
投资理念	主动型基金与被动（指数）型基金

另外，还有交易所交易基金（ETF）、上市型开放式投资基金（LOF）、保本基金、QDII基金、分级基金等。证券投资基金品种的多元化，已成为世界基金业发展过程中的一个重要特征。

（1）封闭式基金。封闭式基金是指经核准的基金份额总额在基金合同期限内固定不变，投资者持有的基金份额可以在依法设立的证券交易场所交易，但基金份额持有人不得申请赎回的基金。封闭式投资基金在合同期满后，有三种选择：清算、申请延期及转型为开放式投资基金。

（2）开放式基金。开放式基金是相对于封闭式投资基金而言的，开放式基金是指基金份额总额不固定，基金份额可以在基金合同约定的时间和场所申购或者赎回的基金。

开放基金一般在场外进行交易，部分创新型开放式基金在证券交易所内进行交易。

开放式基金和封闭式基金共同构成了基金的两种基本运作方式。

（3）公募基金。公募基金是受政府主管部门监管的，向不特定投资者公开发行受益凭证或基金单位的证券投资基金，这些基金在法律的严格监管下，有着信息披露，利润分配，运行限制等行业规范。

据中国基金业协会发布数据显示，截至2017年5月底，我国境内共有基金管理公司109家，其中中外合资公司44家，内资公司65家；取得公募基金管理资格的证券公司或证券公司资管子公司共12

家，保险资管公司 2 家。以上机构管理的公募基金资产合计 9.62 万亿元（见表 1－6）。

表 1－6 我国公募基金概况

| 类别 | 基金数量（只） | 份额（亿份） | 净值（亿元） | 基金数量（只） | 份额（亿份） | 净值（亿元） |
	(2017/5/31)	(2017/5/31)	(2017/5/31)	(2017/4/30)	(2017/4/30)	(2017/4/30)
封闭式基金	380	6879.46	7016.02	366	6947.73	7098.54
开放式基金	3944	86395.91	89176.11	3898	85071.95	88210.35
其中：股票基金	703	6169.02	6978.86	694	6502.25	7268.16
其中：混合基金	1887	17275.13	18498.81	1861	17608.40	19118.03
其中：货币基金	320	48235.89	48337.94	315	45034.38	45128.65
其中：债券基金	906	13678.11	14296.51	899	14831.85	15611.87
其中：QDII 基金	128	1037.76	1063.99	129	1095.07	1083.65
合计	4324	93275.37	96192.13	4264	92019.68	95308.89

资料来源：http://www.amac.org.cn/tjsj/xysj/jjgssj/。

（4）私募基金。私募基金是私下或直接向特定群体募集的资金。2013 年 6 月 1 日正式实施的《中华人民共和国证券投资基金法》将私募基金和创投基金纳入监管范围。按规定，非公开募集基金应当向合格投资者募集，合格投资者累计不得超过 200 人；非公开募集基金，不得向合格投资者之外的单位和个人募集资金，不得通过报刊、电台、电视台、互联网等公众传播媒体或者讲座、报告会、分析会等方式向不特定对象宣传推介。

《中华人民共和国证券投资基金法》规定：通过公开募集方式设立的基金，基金份额持有人按其所持基金份额享受收益和承担风险，通过非公开募集方式设立的基金，基金份额持有人的收益分配和风险承担由基金合同约定。

我国投资基金业经过三十余年的快速发展，投资基金数量和投资基金规模迅速增加，投资基金品种不断创新。证券投资基金已成为中国证券市场上重要的投资工具，同时证券投资基金也是中国证券市场上重要的机构投资者。

据中国基金业协会发布数据显示，截至 2017 年 6 月底，中国证券投资基金业协会已登记私募基金管理人 19708 家。已备案私募基金 56576 只，认缴规模 13.59 万亿元，实缴规模 9.46 万亿元。私募基金从业人员 22.35 万人。

不同主要业务类型私募基金管理人登记情况如图 1-6 所示。

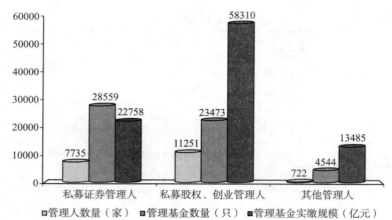

图 1-6 私募基金管理人登记图

资料来源：http：//www.amac.org.cn/tjsj/xysj/。

（5）ETF。ETF 英文全称 Exchange Traded Funds，即交易所交易基金，上海证券交易所将其定义为"交易型开放式指数基金"。2005年2月23日，我国首只 ETF 基金"上证 50 交易型开放式指数证券投资基金"（简称 50ETF）在上海证券交易所上市交易。

（6）LOF。LOF 英文全称 Listed Open - Ended Funds，即上市型开放式基金，是一种既可以在场外市场进行基金份额申购或赎回，也可以在证券交易所进行交易的新型开放式基金。2004 年 10 月 14 日，我国首只 LOF 基金"南方积极配置证券投资基金"在深圳证券交易所上市交易。

（7）QDII。QDII 英文全称 Qualified Domestic Institutional Investors，即合格境内机构投资者。QDII 基金是指在一国境内设立，经有关部门批准投资境外证券市场的股票、债券等有价证券的基金。2007年我国推出了首批 QDII 基金。

（8）分级基金。分级基金是指通过事先约定基金的风险收益分配，将母基金份额分为预期风险收益不同的子份额，并可将其中部分或全部类别份额上市交易的结构化证券投资基金。上证分级基金的母份额为 LOF 基金（可由基金管理人选择是否上市交易），可通过上海证券交易所场内证券经营机构申购、赎回，可实时分拆为子份额；子份额在上交所场内上市交易，可实时合并为母份额，但子份额不可单独申购、赎回。

分级基金份额结构说明如下（以融资性分级为例）：

份额结构：分级基金包括母基金份额、A 份额和 B 份额，其中 A 份额和 B 份额的基金份额配比始终保持约定的比率不变。

收益约定：A 份额获得按照基金合同约定的年收益率，基金收益首先分配给 A 份额，剩余的收益归 B 份额。

在上海证券交易所和深圳证券交易所上市交易的基金交易概况如表 1-7 和表 1-8 所示。

表 1-7　　　　　　　　上海证券交易所基金交易概况表

2016 年 12 月 30 日

年度情况	基金总体	封闭式基金	ETF	LOF	分级 LOF
总成交笔数（万笔）	2878.5	73.41	866.49	34.75	335.89
总成交量（万份）	40893005.88	1846398.73	25919800.92	733541.71	5409203.5
总成交金额（亿元）	76469.66	199.41	5720.17	72.28	499.54
累计交易日（天）	222	222	222	222	222
上市数量（只）	137	3	75	14	45

资料来源：http：//www.sse.com.cn/。

表 1-8　　　　　　　　深圳证券交易所基金交易概况表

2016 年 12 月 30 日

类别	数量（只）	成交金额（元）	成交量	总市值（元）
基金	511	4414635279	4189674407	192493577723
LOF	202	134810296	149608014	22786785642
ETF	48	1565296897	288521235	42569954216
分级基金	257	2669079331	3705290600	119919970340
封闭式基金	4	45448754	46254558	7216867525

资料来源：http：//www.szse.cn/main/marketdata/。

场外交易的开放式基金的申购或赎回是在单位基金净资产值的基础上加上申购费用或减去赎回费用进行的，开放式基金的单位净值在每个交易日结束后由基金管理公司通过《中国证券报》《上海证券报》《证券时报》三大证券报、托管银行网站、基金管理公司网站及主要财经网站进行公布，2002 年 8 月 15 日起，深圳证券交易所利用交易所行情系统为广大投资者提示开放式投资基金单位净资产值。图 1-7 为网易财经中基金净值的截图（部分）。

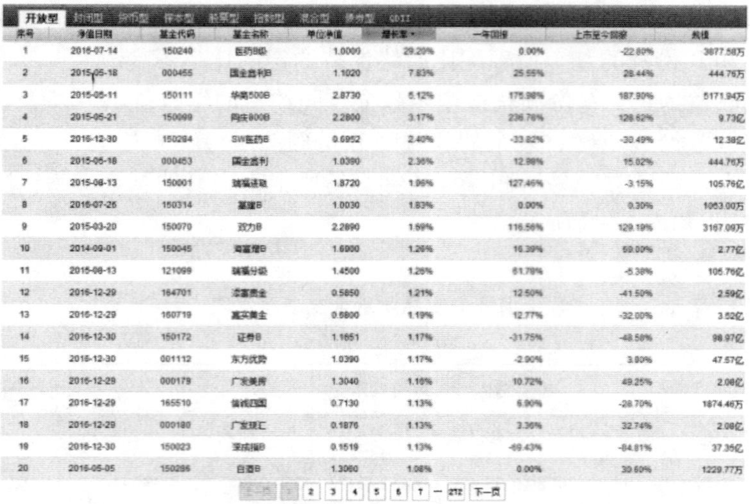

开放型	封闭型	货币型	保本型	股票型	指数型	混合型	债券型	QDII

序号	净值日期	基金代码	基金名称	单位净值	增长率	一年回报	上市至今回报	规模
1	2016-07-14	150240	医药B级	1.0000	29.20%	0.00%	-22.80%	3877.58万
2	2015-05-18	000455	国金鑫利B	1.1020	7.83%	25.55%	28.44%	444.76万
3	2015-06-11	150111	华商500B	2.8730	5.12%	175.98%	187.90%	5171.94万
4	2015-05-21	150099	同庆800B	2.2800	3.17%	236.76%	128.62%	9.73亿
5	2016-12-30	150284	SW医药B	0.6952	2.40%	-33.82%	-30.49%	12.38亿
6	2015-05-18	000453	国金鑫利	1.0390	2.36%	12.98%	15.02%	444.76万
7	2015-08-13	150001	瑞福进取	1.8720	1.96%	127.46%	-3.15%	105.76亿
8	2016-07-26	150314	基建B	1.0030	1.83%	0.00%	0.30%	1063.00万
9	2015-03-20	150070	双力B	2.2890	1.69%	116.56%	129.19%	3167.09万
10	2014-09-01	150045	[illegible]	1.6900	1.26%	16.39%	69.00%	2.77亿
11	2015-08-13	121099	瑞福分级	1.4500	1.26%	61.78%	-5.38%	105.76亿
12	2016-12-29	164701	添富贵金	0.5850	1.21%	12.50%	-41.50%	2.59亿
13	2016-12-29	160719	嘉实黄金	0.6800	1.19%	12.77%	-32.00%	3.52亿
14	2016-12-30	150172	证券B	1.1651	1.17%	-31.75%	-48.58%	98.97亿
15	2016-12-30	001112	东方优势	1.0390	1.17%	-2.90%	3.80%	47.57亿
16	2016-12-29	000179	广发美房	1.3040	1.16%	10.72%	49.25%	2.08亿
17	2016-12-29	165510	信诚四国	0.7130	1.13%	6.90%	-28.70%	1874.46万
18	2016-12-29	000180	广发环汇	0.1876	1.13%	3.36%	32.74%	2.08亿
19	2016-12-30	150023	深成指B	0.1519	1.13%	-69.43%	-84.81%	37.36亿
20	2016-05-05	150286	白酒B	1.3060	1.08%	0.00%	30.60%	1229.77万

2 3 4 5 6 7 … 212 下一页

图 1－7　基金净值截图（截止日期：2016 年 12 月 30 日）

资料来源：http：//quotes. money. 163. com/old/#FN。

（四）权 证

权证（share warrant），是指基础证券发行人或其以外的第三人发行的，约定持有人在规定期间内或特定到期日，有权按约定价格向发行人购买或出售约定数量的标的证券，或以现金结算方式收取结算差价的有价证券。

权证按不同的划分标准可分为如下几类：

（1）按买卖方向可分为认购权证和认沽权证。认购权证是发行人发行的，约定持有人有权在特定期限内或到期日向发行人以约定价格购买一定数量的标的证券的有价证券；认沽权证则是指发行人发行的，约定持有人有权在特定期限内或到期日向发行人以约定价格出售约定数量的标的证券的有价证券。可以看出，拥有权证即获取了在未来特定时期按特定价格购买或出售约定数量的标的证券的权利，因此，认购权证实质上一种“看涨期权”，而认沽权证则是一种“看跌期权”。

（2）按履约时间的不同可分为美式权证和欧式权证。美式权证的持有人在权证到期日前的任何交易时间均可履约买入或卖出标的证券；欧式权证持有人只可以在权证到期日的当日行使其约定的买入或卖出标的证券的权利。

（3）按发行人不同可分为股本权证和备兑权证。股本权证一般是由标的证券的发行人发行的权证；备兑权证是由发行人以外的第三方发行，如发行人的大股东或证券公司等金融机构等。

权证是国际证券市场中比较成熟的金融衍生品种。1992 年 6 月

推出的大飞乐配股权证，是我国证券市场上第一只权证，1996 年 6
月底证监会终止了权证交易，2005 年 8 月 22 日宝钢权证在上海证券
交易所挂牌上市，这是我国证券市场时隔 9 年后的第一只权证产品，
这标志着我国证券市场金融产品的创新已拉开序幕，意义深远。宝钢
权证的基本资料如表 1 - 9 所示。

表 1 - 9　　　　　　　　　　　宝钢权证

证券简称	宝钢 JTB1
交易代码	580000
权证类型	欧式认购备兑
交易方式	T + 0
权证发行人	宝钢集团
标的证券	G 宝钢（600019. SH）
行权价格	4.50 元
行权比例	1，1 份权证可认购 1 股宝钢股份
结算方式	实物交割
发行总量	38770 万份
交易期限	2005 年 8 月 22 日 ~ 2006 年 8 月 30 日
到期日	2006 年 8 月 30 日（存续期 378 天）
行权简称	ES060830
行权代码	582000
调整条款	标的证券除权、除息时，行权价格和行权比例将相应调整

资料来源：http：//finance. sina. com. cn/focus/bgqzdc/。

目前，我国上海、深圳证券交易所均无权证挂牌交易。

二、证券代码

证券代码，是在证券交易所上市的证券拥有的代码，证券与代码
一一对应，且证券的代码一旦确定，一般不再改变。目前，上海、深
圳证券交易所的证券代码均是以六位阿拉伯数字编码，取值范围为
000000 ~ 999999，但具体的编码规则各不相同。

（一）上海证券交易所证券代码编码规则
上海证券交易规定六位代码的前三位为证券种类标识区，其中第
一位为证券产品标识，表示该证券属于哪一个主要分类；第二位至第

三位为证券业务标识，表示该证券具体属于哪一个子类；六位代码的后三位为顺序编码区，如图 1-8 所示。

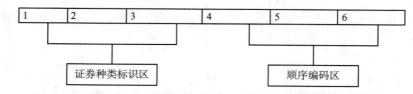

图 1-8 上海证券交易的六位数字编码规则

上海证券交易所首位证券代码的分配规则，如表 1-10 所示。

表 1-10　　　　　　上海证券交易所证券代码首位分配规则

首位代码	产品定义
0	国债/指数
1	债券
2	回购
3	期货
4	备用
5	基金/权证
6	A 股
7	非交易业务（发行、权益分配）
8	备用
9	B 股

上海证券交易所第二、三位证券代码的分配规则，如表 1-11 所示。

表 1-11　　　　上海证券交易所第二、三位证券代码的分配规则

第 1 位	第 2~3 位	业务定义
0	00	上证指数、沪深 300 指数、中证指数
	09	国债（2000 年前发行）
	10	国债（2000~2009 年发行）
	19	固定收益电子平台交易国债
	20	记账式贴现国债
	90	新国债质押式回购质押券出入库（对应 010 *** 国债）
	99	新国债质押式回购质押券出入库（对应 009 *** 国债）

续表

第1位	第2~3位	业务定义
1	00	可转债（对应 600 ***），其中 1009 ** 用于转债回售
	04	公司债及国家发改委等核准发行的、登记在证券账户的债券（对应 122 ***）出入库
	05	105000~105899 用于分离债（对应 126 ***）出入库，105900~105999 用于企业债（120 ***、129 ***）出入库
	06	地方政府债出入库（对应 130 ***）
	07	记账式贴现国债出入库（对应 020 ***）
	10	可转债（对应 600 ***）
	12	可转债（对应 600 ***）
	13	可转债（对应 601 ***）
	20	企业债
	21	资产证券化
	22	122000~122499 用于公司债，122500~122999 用于国家发改委等核准发行的、登记在证券账户的债券
	26	分离交易的可转换公司债
	28	可交换公司债
	29	企业债
	30	地方政府债
	81	可转债转股（对应 600 ***），已不再增用
	90	可转债转股（对应 600 ***）
	91	可转债转股（对应 601 ***）
	92	可交换公司债转股（对应 128 ***）
2	01	国债回购（席位托管方式）
	02	企业债回购
	03	国债买断式回购
	04	债券质押式回购（账户托管方式）
	05	债券质押式报价回购
3	10	国债期货（暂停交易）
5	00	契约型封闭式基金
	10	交易型开放式指数证券投资基金
	19	开放式基金申赎
	21	开放式基金认购

续表

第1位	第2~3位	业务定义
5	22	开放式基金跨市场转托管
	23	开放式基金分红
	24	开放式基金转换
	80	权证（含股改权证、公司权证）
	82	权证行权
6	00	A股证券
	01	A股证券
7	00	配股（对应600***）
	02	职工股配股（对应600***）
	04	持股配债
	05	基金扩募
	06	要约收购
	30	申购、增发（对应600***）
	31	持股增发（对应600***）
	33	可转债申购（对应600***）
	35	基金申购
	38	网上投票（对应600***）
	40	申购款或增发款（对应600***）
	41	申购或增发配号（对应600***）
	43	可转债发债款（对应600***）
	44	可转债配号（对应600***）
	45	基金申购款
	46	基金申购配号
	51	751000~751199用于国债分销，751900~751969用于地方政府债（对应130***）分销，751970~751999用于公司债及国家发改委等核准发行的、登记在证券账户的债券（对应122***）分销
	60	配股（对应601***）
	62	职工股配股（对应601***）
	80	申购、增发（对应601***）
	81	持股增发（对应601***）
	83	可转债申购（对应601***）
	88	网络投票（对应601***）

续表

第1位	第2～3位	业务定义
7	90	申购款或增发款（对应601＊＊＊）
	91	申购或增发配号（对应601＊＊＊）
	93	可转债申购款（对应601＊＊＊）
	94	可转债配号（对应601＊＊＊）
	99	指定交易（含指定交易、撤销指定、回购指定撤销、A股密码服务等）
9	00	B股证券
	38	网上投票（B股）
	39	B股网络投票密码服务（现仅用939988）

（二）深圳证券交易所证券代码编码规则

深圳证券交易所规定六位代码的前两位为证券种类标识区，第三位至第六位为顺序编码区，如图1－9所示。

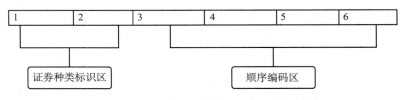

图1－9　深圳证券交易的六位数字编码规则

深圳证券交易所第二位证券代码的编制规则如表1－12所示。

表1－12　深圳证券交易所第一、二位证券代码的编制规则

第1位	第2位	业务定义	说明
0	0	A股	第3位数字为0和1的是主板A股代码；第3位数字为2的是中小企业板A股代码
	3	A股认购或认沽权证	030000～032999为认购权证代码区间；03800～03999为A股认沽权证代码区间
	7	A股增发	
	8	A股配股权证	
1	0	国债现货	第3位数字为0和1的是目前国债现货代码；第3位数字为8的是贴债代码；第3位数字为9的是地方政府债代码

续表

第1位	第2位	业务定义	说明
1	1	企业（公司）债券	第3位数字为1是企业债代码；第3位数字为2是公司债；第3位数字为5是可分离债的代码；第3位数字为9是资产证券化产品的证券代码
	2	可转换公司债券	
	3	债券回购	
	5	开放式基金	
	6	开放式基金	
	8	封闭式基金	
2	0	B股	
	8	B股权证	
3	0	创业板A股	
	6	网络投票	369999专用于投资者服务密码激活/挂失处理的证券；创业板网络投票的证券代码使用365000～368999区间，根据创业板股票的交易代码顺序编码
	7	创业板增发	
	8	创业板权证	
	9	综合或成份指数/成交量统计指标	第3位数字为5的证券专用于提示成交量统计指标

　　随着我国证券市场的快速发展，证券市场上交易的证券品种和数量日益增多，为满足证券市场业务发展需要，证券交易所会预留一定的证券代码区间，适时增设和发布新出现的证券品种的证券代码区间或扩展原有证券品种的代码区间。

　　随着深圳证券交易所中小企业板市场的发展，2012年6月20日深圳证券交易所发布通知："为适应中小企业板的业务发展，深交所拟扩充中小企业板股票代码区间，在现有'002001～002999'区间段基础上，启用'003000～004999'作为中小企业板股票的新代码区间。"

　　2014年3月21日，中国证监会公布并实施《优先股试点管理办法》后，为保证优先股发行和交易的顺利进行，深圳证券交易所、中国证券登记结算有限责任公司深圳分公司于2014年7月4日联合发布了"关于做好优先股试点业务技术准备的通知"，其中的第一条是："深交所将优先股作为新的证券种类，独立于普通股管理，其证券代码区间为【140001，140999】。"

上海证券交易所也于 2014 年 9 月 30 日发布关于启动优先股相关证券代码的通知："各会员单位：为满足市场发展需要，上海证券交易所决定为公开发行优先股交易分配 330000～330999 代码段，为非公开发行优先股转让分配 360000～360999 代码段，为公开发行优先股申购分配 770000～770999 代码段，为公开发行优先股配股/配售分配 771000～771999 代码段，为公开发行优先股申购款分配 772000～772999，为公开发行优先股申购配号分配 773000～773999 代码段。请各会员单位做好相关准备工作。"

第二节 证券交易规则

证券交易规则规范证券市场交易秩序、交易方式和交易者的交易行为，保护交易者合法权益，是一个国家证券市场健康、有序运作和发展的基本前提和保证。

一般地，证券交易规则由证券交易的组织者负责制定和监督其执行。本节介绍由上海证券交易所、深圳证券交易所制定、发布的我国场内交易的交易规则。

一、交易时间

证券交易日为每周一至周五，在国家法定节假日及上海、深圳证券交易所公告的休市日，市场休市。具体的交易时间如表 1-13 所示。

表 1-13　　上海、深圳证券交易所的交易时间及竞价方式

	9：15～9：25	9：30～11：30	13：00～14：57	14：57～15：00
上海证券交易所	开盘集合竞价	连续竞价	连续竞价	连续竞价
深圳证券交易所	开盘集合竞价	连续竞价	连续竞价	收盘集合竞价

二、委托、申报规则

投资者在证券交易所进行证券交易必须先开立证券账户和资金账户，并与取得证券交易所会员资格的证券公司签订证券交易委托协议并生效后，便成为该会员证券经纪业务的客户，具备了向该会员（又称证券经纪商或券商）发出证券买卖委托指令的资格。

（一）委 托 方 式

投资者可以通过书面或电话、自助终端、互联网自助委托方式向证券经纪商发出买卖证券的委托指令。

（二）委 托 要 素

投资者的委托指令要素主要包括以下内容：
（1）证券账户号码；
（2）证券代码；
（3）买卖方向；
（4）委托数量；
（5）委托价格；
（6）证券交易所及会员要求的其他内容。

（三）申 报 规 则

1. 申报数量

证券交易所对不同证券交易品种申报数量的规定也不尽相同，如表 1 – 14 所示。

表 1 – 14　　　　　　　不同证券交易品种的申报数量

证券交易品种	申报数量		单笔最大申报数	
	上海证券交易所	深圳证券交易所	上海证券交易所	深圳证券交易所
股票、基金、权证	100 股（份）或其整数倍；卖出时，余额不足 100 股（份）的部分，一次性申报	100 股（份）或其整数倍；卖出时，余额不足 100 股（份）的部分，一次性申报	不超过 100 万股（份）	不超过 100 万股（份）
债券现货	1 手或其整数倍	10 张或整数倍，卖出时，余额不足 10 张一次性申报	不超过 10 万手	不超过 100 万张
债券质押式回购	100 手或其整数倍	10 张或整数倍	不超过 10 万手	不超过 100 万张
债券买断式回购	1000 手或其整数倍	无	不超过 5 万手	

2. 价格委托申报方式

按我国上海、深圳证券交易所的规定，投资者可以采用限价委托或市价委托的方式委托证券经纪商买卖证券。

限价委托是指投资者委托证券经纪商必须按投资者限定的价格或比限定价格更有利的价格买卖证券，即必须以限价或低于限价的价格买进证券；以限价或高于限价的价格卖出证券。限价委托有利于投资者锁定投资收益或投资成本，但由于投资者的限价与市场价格之间可能有一定的差距，而导致不能即时成交或无法成交。

限价申报指令应当包括证券账号、营业部代码、证券代码、买卖方向、数量、价格等内容。

市价委托是指投资者只报出证券的交易数量而不给出具体的交易价格，委托证券经纪商以市场价格买卖证券。按规定，市价申报一般用于有价格涨跌幅限制且连续竞价期间的证券交易。

市价申报指令应当包括申报类型、证券账号、营业部代码、证券代码、买卖方向、数量等内容。

上海证券交易所接受的市价申报方式主要有：

（1）最优五档即时成交剩余撤销申报，即该申报在对手方实时最优五个价位内以对手方价格为成交价逐次成交，剩余未成交部分自动撤销。

（2）最优五档即时成交剩余转限价申报，即该申报在对手方实时五个最优价位内以对手方价格为成交价逐次成交，剩余未成交部分按本方申报最新成交价转为限价申报；如该申报无成交的，按本方最优报价转为限价申报；如无本方申报的，该申报撤销。

深圳证券交易所接受的市价申报方式主要有：

①对手方最优价格申报；

②本方最优价格申报；

③最优五档即时成交剩余撤销申报；

④即时成交剩余撤销申报；

⑤全额成交或撤销申报。

3. 计价单位、申报价格最小变动单位

上海证券交易所、深圳证券交易所规定不同证券的交易采用不同的计价单位，不同证券的申报价格最小变动单位也有所不同，如表1-15所示。

表1-15　　证券的计价单位和申报价格最小变动单位表

交易品种	计价单位	申报价格最小变动单位（元）
股票	每股价格	0.01（上海B股：0.001美元；深圳B股0.01港元）
基金	每份基金价格	0.001

交易品种	计价单位	申报价格最小变动单位（元）
债券	每百元面值债券的价格	0.01
债券质押式回购	每百元资金到期年收益	0.005（上海证券交易所）、0.001（深圳证券交易所）
债券买断式回购	每面无面值债券的到期购回价格	0.01
权证	每份权证价格	0.001

4. 涨跌幅限制

我国上海、深圳证券交易所对股票、基金交易实行价格涨跌幅限制，涨跌幅比例为10%。ST、*ST等被实施特别处理的股票价格涨跌幅比例为5%。

股票、基金涨跌幅价格的计算公式为：涨跌幅价格＝前收盘价×（1±涨跌幅比例）。计算结果按照四舍五入原则取至价格最小变动单位。

买卖有价格涨跌幅限制的证券，在价格涨跌幅限制以内的申报为有效申报，超过价格涨跌幅限制的申报为无效申报。

对于首次公开发行上市的股票、增发上市的股票和暂停上市后恢复上市的股票，上海、深圳证券交易所对其首个交易日价格涨跌另有规定。表1-16为新股上市首日的价格涨跌及交易规定。

表1-16　　上海、深圳证券交易所新股上市首日价格涨跌及交易规定

	申报价格		关于涨跌停规定
	集合竞价阶段	连续竞价阶段	
上海证券交易所	9：15～9：25早盘集合时，有效申报价格不得高于发行价格的120%且不得低于发行价格的80%	有效申报价格不得高于发行价格的144%且不得低于发行价格的64%	盘中成交价格较当日开盘价首次上涨或下跌超过10%的，本所对其实施盘中临时停牌；停牌持续时间为30分钟，如停牌持续时间达到或超过14：55，当日14：55复牌
深圳证券交易所	股票上市首日开盘集合竞价阶段有效竞价范围为发行价的上下20%。14：57至15：00采用收盘集合竞价，收盘价通过集合竞价的方式产生	股票上市首日全日投资者的有效申报价格不得高于发行价的144%且不得低于发行价的64%，超过有效申报价格范围的申报为无效申报	连续竞价阶段出现盘中成交价较当日开盘价首次上涨或下跌达到或超过10%的，对其实施盘中临时停牌，临时停牌时间为30分钟。盘中临时停牌具体时间以公告为准，临时停牌时间跨越14：57的，于14：57复牌并对已接受的申报进行复牌集合竞价

三、竞价、成交规则

（一）竞价方式

证券竞价交易采用集合竞价和连续竞价两种方式。

1. 集合竞价

集合竞价是指在规定时间内接受的买卖申报一次性集中撮合的竞价方式。

2. 连续竞价

连续竞价是指对买卖申报逐笔连续撮合的竞价方式。

按规定在开盘集合竞价期间未成交的买卖申报，自动进入连续竞价。

（二）竞价撮合成交原则

证券竞价交易按"价格优先、时间优先"的原则撮合成交。

撮合成交时"价格优先"是指：较高价格买入申报优先于较低价格买入申报，较低价格卖出申报优先于较高价格卖出申报。

撮合成交时"时间优先"是指：买卖方向、价格均相同的申报，先进入交易所撮合主机的申报者优先于后进入交易所撮合主要的申报者。

（三）成交价格的确定原则

集合竞价和连续竞价的成交价格的确定原则有所不同，如表 1-17 所示。

表 1-17　　　　　　　　成交价格确定原则表

集合竞价成交价格确定原则	连续竞价，成交价格的确定原则
可实现最大成交量的价格	最高买入申报价格与最低卖出价格相同，以该价格成交
高于该价格的买入申报与低于该价格的卖出申报能全部成交的价格	买入申报价格高于即时提示的最低卖出申报价格时，以即时提示的最高买入申报价格为成交价格
与该价格相同的买方或专访至少有一方全部能够成交的价格	卖出申报价格低于即时提示的最高买入申报价格时，以即时提示的最高买入申报价格为成交价格

需要注意的是：集合竞价时所有的交易以同一价格成交，集合竞价时如果有两个以上申报价格符合上表中的条件时，上海证券交易所

规定：使未成交量最小的申报价格为成交价格；如仍有两个以上使未成交量最小的申报价格符合条件时，其中中间价为成交价格。深圳证券交易所规定：以在该价格以上的买入申报累计数量与在该价格以下的卖出申报累计数量之差最小的价格为成交价；如仍存在两个以上的价格时，取最接近即时行情显示的前收盘价的价格为成交价；收盘集合竞价时则以最接近最近成交价的价格为成交价。

四、证券交割制度

证券交割即买卖证券成交后货银兑付的过程，通俗地说，指买卖双方通过结算系统实现一手交钱，一手交货的过程。

（一）交割方式

证券交割方式一般有以下几种。

1. 当日交割

当日交割，指买卖双方以成交后的当日就完成交割手续的交割方式。

2. 次日交割

次日交割，指在成交后的下一个营业日办理完成交割手续的交割方式，如逢法定假日，则顺延。

3. 第二日交割

第二日交割，即自成交日算起，在第二个营业日办理交割手续的交割方式，如逢休假日，则顺延。这种交割方式很少被采用。

4. 例行交割

投资者买卖股票之后，于规定的期间内，完成交割手续的证券交割方式。

5. 例行递延交割

例行递延交割，指买卖双方约定在例行交割后选择某日作为交割时间的交割方式。

6. 卖方选择交割

卖方选择交割，指卖方有权决定交割日期的交割方式。选择此交割方式，买卖双方须订立书面契约，其期限从成交后 5~60 天不等。

（二）我国证券交割制度

我国上海、深圳证券交易所目前采用的交割制度是我国现在实行的是股票、基金（部分）"T+1"交割，资金"T+0"的回转交易。部分基金、债券、权证实行"T+0"回转交易。

在"T+1"交割下，当日买进的证券，要到下一个交易日才能卖出。

资金"T+0"的回转交割是指在资金使用上，当日卖出证券后的资金可以用来购买证券，但提取现金要到第二日。

"T+0"回转交易是指投资者买入的证券，可在买入当日交割前全部或部分卖出。上海、深圳证券交易所规定下列品种可进行"T+0"回转交易：债券、债券交易型开放式指数基金、交易型货币市场基金、基金交易型开放式证券投资基金、跨境交易型开放式指数基金、跨境上市开放式基金、权证及经中国证监会同意的其他品种。

五、其他交易规则

（一）全面指定交易和转托管制度

全面指定交易制度是指参与市场证券交易的投资者必须事先指定一家获得会员资格的证券公司作为其交易证券的受托人，投资者通过该会员参与证券交易。

上海证券交易所对境内投资者从事B股除外的证券交易实行全面指定交易制度。

转托管制度是指投资者可以以同一证券账户在单个或多个会员的不同证券营业部进行证券交易。投资者买入的证券可以通过原买入证券的交易单元委托卖出，也可以向原买入证券的交易单元发出转托管指令，转托管完成后，在转入的交易单元委托卖出。

深圳证券交易对其市场上的证券交易采用转托管制度。

（二）大宗交易

上海证券交易所和深圳证券交易所均推出了大宗交易制度，两个交易所对大宗交易的规定有所不同。

其中，最低申报数量或交易金额的规定如表1-18所示。

表1-18　　　　大宗交易最低申报数量或交易金额表

	A股	B股	基金	债券及债券回购
上海证券交易所	单笔申报数量不低于30万股或交易金额不低于200万元人民币	单笔申报数量不低于30万股或交易金额不低于20万美元	单笔申报数量不低于200万份或交易金额不低于200万元人民币	单笔申报数量不低于1000手或交易金额不低于100万元人民币
深圳证券交易所	单笔申报数量不低于30万股或交易金额不低于200万元人民币	单笔申报数量不低于3万股或交易金额不低于20万元港币	单笔申报数量不低于200万份或交易金额不低于200万元人民币	单笔申报数量不低于5000张或交易金额不低于500万元人民币

大宗交易时间的相关规定如表 1-19 所示。

表 1-19　　　　　大宗交易申报方式和交易时间表

	申报或交易方式	接受申报的时间
上海证券交易所	意向申报	9：30~11：30、13：00~15：30
	成交申报	9：30~11：30、13：00~15：30、16：00~17：00
	固定价格申报	15：00~15：30
深圳证券交易所	协议大宗交易	9：15~11：30、13：00~15：30
	盘后定价大宗交易	15：05~15：30

（三）挂牌、摘牌、停牌、复牌

上海和深圳证券交易所均对上市证券实行挂牌交易；对上市期届满或依法不再具备上市条件的证券，证券交易所则终止其交易，并予以摘牌；对涉嫌违法违规交易或出现异常交易行为的上市证券实施停牌；停牌的证券复牌的时间和方式由证券交易所决定。

（四）除权除息

当上市证券发生权益分派、公积金转增股本、配股等时，证券交易所在权益登记日（B 股为最后交易日）的次一交易日（即除权除息日）对该证券进行除权除息处理。

在除权除息日，股票的交易价格较上一交易日的收盘价一般会有较大变动，投资者在进行委托报价时应予以注意，如图 1-10 和图 1-11 所示。

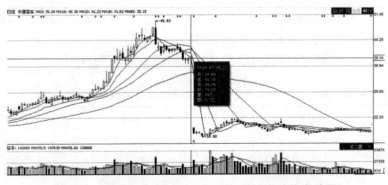

图 1-10　中通客车的日 K 线图（除权除息价格变动图）

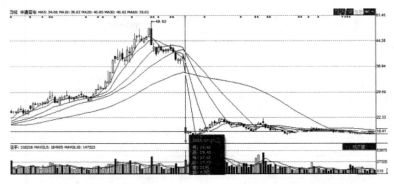

图 1－11 中通客车的日 K 线图（除权除息价格变动图）

中通客车（000957）在 2016 年 7 月 26 日（股权登记日）的交易价格和 2016 年 7 月 27 日（除权除息日）的交易价格差别较大，原因就是中通客车（000957）于 2016 年 7 月 26 日实施了 2015 年度的分配政策（每 10 股派现 5 元，每 10 股送转股 10 股）。

按规定，在除权除息日，股票价格的涨跌不以股权登记日的收盘价为基准，而是以除权除息后的价格作为涨跌的基准价。

证券交易所根据除权除息前后"股东财富不变"原则，计算并提供一个该股票于除权除息日的交易参考价（又称除权交易基准价），当日股票的涨跌幅度为该除权除息日交易参考价的 ±10%。

我国上海证券交易所和深圳证券交易的除权除息日交易参考价的计算公式略有不同。

上海证券交易所规定的除权除息交易参考价的计算公式为：

$$除权（息）参考价格 = \frac{前收盘价格 - 现金红利 + 配（增）股价格 \times 流通股份变动比例}{1 + 流通股份变动比例}$$

$$(1-1)$$

深圳证券交易所规定的除权除息交易参考价的计算公式为：

$$除权（息）参考价 = \frac{（前收盘价格 - 现金红利）+ 配股价格 \times 股份变动比例}{1 + 股份变动比例} \qquad (1-2)$$

根据深圳证券交易所规定的除权（息）参考价的计算公式计算的中通客车（000957）的除权（息）参考价为 19.50 元，2016 年 7 月 27 日（除权除息日）的上交易日收盘价即调整为 19.50 元，当日交易价格的变动范围即在 19.50 元的价位上下浮动 10%，如图 1－12 所示。

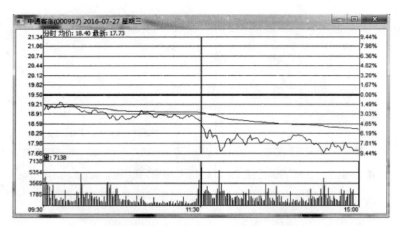

图 1 – 12　中通客车除权除息日的分时走势图

　　如果上市公司有高送转或高派现，除权、除息之后，股票价格往往会发生很大变化，在股价走势图上则会出现向下的跳空缺口，破坏了股票价格运行的连续性，这会影响投资者的正确判断，在股票分析软件中还会影响到技术指标的准确性。为反映股票价格的实际涨跌情况，保持股票价格运行的连续性，需对当前的股票价格进行复权处理。

　　复权就是对股票价格进行权息修复，复权包括向前复权和向后复权两种。

　　向前复权，是指保持股票当前价位不变，将以前的价格缩减，同时将除权前的 K 线向下平移，使图形吻合，保持股价走势的连续性，如图 1 – 13 所示。

图 1 – 13　中通客车向前复权的日 K 线图

　　向后复权，就是保持股票除权、降息前的价格不变，而将以后的价格增加，同时将除权后的 K 线向上平移，保持股价的连续性，如图 1 – 14 所示。

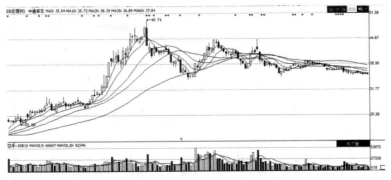

图 1 – 14　中通客车向后复权的日 K 线图

经过前复权或后复权的中通客车（000957）的日 K 线图，消除了因送转股和派现进行除权除息对股价的调整，股价的连续性得以修复。

第三节　证券市场主要交易指标

证券交易指标是反映证券交易市场的运行状况和趋势、证券交易市场供求关系的基本指标，也是投资者进行证券投资分析和决策的重要依据。

一、市场交易价格

市场交易价格是证券在交易市场上流通转让时实际形成的成交价格，简称市价。市场交易价格又可进一步分为开盘价格、收盘价格、最高价格、最低价格、平均价格等。

证券的开盘价通过集合竞价方式产生，证券的开盘价就是当日该证券的第一笔成交价格。

收盘价一般是某种证券在证券交易所一天交易活动结束前最后一笔交易的成交价格。

关于开盘价和收盘价的确定，我国上海证券交易所和深圳证券交易所有不同的规定，开盘价的总的确定原则两市相同，但如果早盘集合竞价如果有两个以上符合开盘价确定原则时，上海、深圳证券交易所的开盘价的确定原则则不相同；收盘价，上海证券交易所是连续竞价产生的，而深圳证券交易所则是集合竞价产生的。两市关于开盘价和收盘价的具体规定如表 1 – 20 所示。

31

表1-20　上海、深圳证券交易所开盘价、收盘价的确定规则表

	开盘价	收盘价
上海证券交易所	早盘集合竞价时如果有两个以上申报价格符合上表中的条件时，使未成交量最小的申报价格为成交价格；如仍有两个以上使未成交量最小的申报价格符合条件时，其中间价为成交价格	连续竞价产生收盘价，为当日该证券最后一笔交易前一分钟所有交易的成交量加权平均价（含最后一笔交易），当日无成交的，以前一交易日收盘价为当日收盘价
深圳证券交易所	早盘集合竞价时如果有两个以上申报价格符合上表中的条件时，以在该价格以上的买入申报累计数量与在该价格以下的卖出申报累计数量之差最小的价格为成交价；如仍存在两个以上的价格时，取最接近即时行情显示的前收盘价的价格为成交价	通过14：57～15：00集合竞价产生收盘价，以最接近最近成交价的价格为收盘价

最高价格和最低价格，则分别是指每个证券交易营业日实际成交中曾达到的最高价格和最低价格。

平均价格简称均价，是指某一时点前的总成交金额除以总成交量得出的价格。

二、涨跌幅度

涨跌幅度是指某种证券即时收盘价相对于上期收盘价上涨或降低的百分比，或指某种证券价格指数即时点数较上期点数上涨或降低的百分比。该指标可以直观地反映证券行情的升降情况及幅度，是投资者应当格外关注的指标。

投资者买卖有价格涨跌幅限制的股票，在价格涨跌幅限制以内的申报为有效申报，超过价格涨跌幅限制的申报为无效申报。在涨跌幅限制下，股票、基金在交易日内的市场价格达到最高的涨跌幅限制时，称为涨停板或跌停板，或涨停或跌停，即该证券的交易价格不再上涨或下跌，但交易不停止，继续进行，如图1-15和图1-16所示。

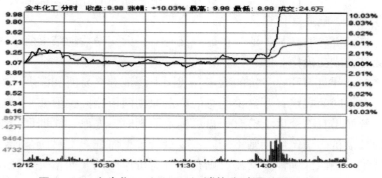

图1-15　金牛化工（600722）涨停分时图（2016.12.12）

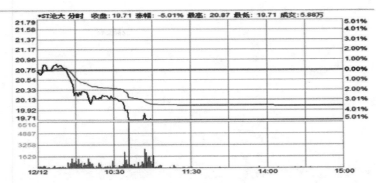

图 1 – 16 ＊ST 沧大（600230）跌停分时图（2016.12.12）

对于有价格涨跌幅限制的证券交易，在价格涨跌幅限制以内的申报为有效申报，超过价格涨跌幅限制的申报为无效申报。

三、成交量

成交量是指某种证券或某一市场上所有证券当期成交的总股数。证券成交量愈大，说明市场交易愈活跃。

成交量是分析证券市场买卖双方力量强弱的重要指标，"股市中什么都可以骗人，唯有量是真实的"，成交量的大小代表着买卖双方对市场或某一证券在某一价格上的最终的认同程度。该指标常必须与价格指标相联系来分析、论证证券行情趋势，即常说的价量配合分析。

成交量适合对某一证券在较长时期内成交量做纵向比较，通过分析其放量缩量情况，以对其价格的未来变动做出判断。如果要对不同的证券进行横向比较，成交金额则更加适合。

四、成交金额

成交金额是指某种证券或某一市场上所有证券当期按成交量乘以市价计算出的总金额数。成交额越大，说明交易越活跃，参与市场交易的资金实力也越强。

成交金额直接反映参与买卖的交易量的多少，常用于大盘分析或价格变动较大的某一证券的主力进货或出货的程度。

图 1 – 17 是上证指数在 2016 年 7 月 11 日至 2017 年 7 月 21 日的日 K 线、成交量和成交金额。

图 1-17　上证指数日 K 线、成交量和成交金额

五、买入价与卖出价

买入价即买入证券时的委托价格；卖出价即卖出证券时的委托价格。

买入价与卖出价均主要用于证券交易的行情显示中。

六、市盈率

市盈率也称本益比，是指某种上市股票当日市场价格与上年平均每股税后净利润或今年每股预计净利润额的比率。

市盈率是估计普通股价值的最基本、最重要的指标之一。通常，市盈率偏高，说明该股票价格继续上升的空间不大，而下跌的可能性较大；市盈率偏低，则说明该股票可能仍有较大的上涨余地。因此，投资者一般应买入市盈率低的股票，而抛出市盈率高的股票。当然这也不是绝对的，有些高市盈率高的个股，因其上市公司具备较强的成长性或因重组等原因有较高的预期收益，而吸引大量的资金对其进行操作或炒作，其股价也可能会有很大的上涨空间。

股票的市场价格越高，市盈率倍数就越高，二者成正比关系；每股净利润越高，市盈率倍数就越小，二者成反比关系。另外，通常市盈率的高低与个股的发行量和交易量成反比，发行量和交易量越大，市盈率会越低。

七、股票交易价格指数

股票交易市场需要一个能够衡量和反映股票市场总体价格变化水平及动向的指标，股票交易价格指数便应运而生。

（一）股票交易价格指数的概念

股票交易价格指数，是通过一组有代表性的股票的即期价格平均数与其基期价格平均数进行对比得出的反映股市价格变动方向与幅度的综合性分析指标。该指标用"点"作为计量单位。

（二）股票交易价格指数的功能

1. 反映功能

股票交易价格指数能够直观地综合反映一定时期内某一证券市场上股票价格或某类股票价格的变动方向和总体变动程度。

2. 分析功能

通过对一定时期内股票交易价格指数的变动水平和方向的追踪、比较和分析，投资者可据此对股票市场的价格运行趋势作出较为准确的研判，以指导自己的投资决策和行为。

3. 投资功能

股票价格指数尤其是有代表性的成份指数可作为指数衍生产品和其他金融创新的基础，为投资者提供更多的投资选择。如指数基金、上证50ETF、沪深300指数期货等。

4. 衡量功能

股票价格指数可以作为投资者投资业绩评价的标尺，提供一个股市投资的"基准回报"。如果投资者在某一时期的投资收益超过了基准的股票价格指数，可以说其跑赢了大盘。

（三）股票交易价格指数的编制

1. 编制步骤

国际上，股票交易价格指数一般是由金融服务机构、证券交易所或财经媒体等权威机构编制，并定期及时公布。编制股票价格指数的基本步骤是：

第一步，选择一定数量具有代表性的上市公司股票作为编制指数的样本股。如果将所有股票都列为样本股，则为综合指数；仅选取一部分具有代表性的股票作为样本股，则为成份指数。

第二步，选定某一有代表性或股价相对稳定的日期为基期，并按选定的方法计算基期时的样本股平均价格或总市值。

第三步，收集样本股在计算期的价格，并按选定的方法计算平均价格或总市值。

第四步，确定基期指数，然后将计算期的平均价格或总市值与基期值相比得出股票价格指数。

2. 股票交易价格指数的计算方法

股票交易价格指数是反映不同时点上股价变动情况的相对指标，将计算期的股票价格与一定的基期价格相比，并将两者的比值乘以基期的指数值，即为该计算期的股票交易价格指数。股票交易价格指数的计算方法主要有三种。

（1）相对法。又称简单算术平均法，是指先分别求出计算期各样本股票的个别指数，再加总求其算术平均数，进而得出股票价格指数。

（2）综合法。综合法是指将计算期指数所含样本股票的价格合计起来，再与基期该指数所含样本股票的合计价格对比，得出股票价格指数的方法。

（3）加权法。加权法是在综合法的基础上，以样本股票发行量或交易量，作为权数，计算股票交易价格指数的方法。

为消除股份数量变动对指数的影响，在计算股票交易价格指数时，分子、分母中的权数应该相同。将权数固定在基期的称为拉斯贝尔公式，将权数固定在计算期的称为派许公式。我国有关部门在计算上海、深圳证券交易所股票交易价格指数时，一般采用将权数固定在计算期的派许公式。

（四）上海、深圳证券交易所指数介绍

1. 上海证券交易所系列指数

为适应证券市场的发展，上海证券交易所建立了以上证综指、上证 50、上证 180、上证 380 指数，以及上证国债、企业债和上证基金指数为核心的上证指数体系，科学表征了上海证券市场层次丰富、行业广泛的市场结构，提高了市场流动性和有效性。目前，上海证券交易所指数专家委员会负责对上证所指数编制方法、指数维护规则等方面的评估、建议和审定，保障指数编制及指数运作的科学性、透明性、精确性。

目前，上海证券交易所系列指数包括：重点指数、成份指数、综合指数、行业指数、策略指数、风格指数、主题指数、基金指数、债券指数、定制指数、股息点指数、波动率指数等。其中，重点指数如表 1 – 21 所示。

表 1 – 21　　　　　　上海证券交易所重点指数列表

指数名称	指数代码	基准日期	基准点数	成份股数量	相关收益指数
上证指数	000001	1990 – 12 – 19	100	1204	
上证 180	000010	2002 – 06 – 28	3299.06	180	上证 180 净收益 上证 180 全收益

续表

指数名称	指数代码	基准日期	基准点数	成份股数量	相关收益指数
上证380	000009	2003 - 12 - 31	1000	380	上证380净收益 上证380全收益
上证50	000016	2003 - 12 - 31	1000	50	上证50净收益 上证50全收益
上证100	000132	2003 - 12 - 31	1000	100	上证100净收益 上证100全收益
上证150	000133	2003 - 12 - 31	1000	150	上证150净收益 上证150全收益
国债指数	000012	2002 - 12 - 31	100	146	
基金指数	000011	2000 - 05 - 08	1000	100	
企债指数	000013	2002 - 12 - 31	100	3245	
B股指数	000003	1992 - 02 - 21	100	51	

资料来源：http：//www.sse.com.cn/。

（1）上证指数。上证指数是上海证券交易所于1991年7月15开始编制和公布的。该指数以1990年12月19日为基期，基期值为100点，以全部的上市股票为样本，以股票发行量即总股本为权数进行编制，上证指数又称上证综合指数。其编制公式：

$$报告期指数 = \frac{报告期股票市价总值}{基期股票市价总值} \times 100 \qquad (1-3)$$

式中：报告期股票市价总值 $= \sum$（报告期股票价格 × 发行股数）；基期股票市价总值 $= \sum$（基期股票价格 × 发行股数）。

当有新股上市、已上市的股票增资扩股而使股本结构和数量发生变化、因各种原因股票临时停牌，或股价因除权除息等出现非交易因素的变动时，上证指数则需要进行相应修正，以保证指数的连续性。

上证指数是上海证券交易所最早编制的指数，是衡量我国证券市场运行情况的最基本指数，也是投资者最常用的分析型指数。

上证指数的走势反映了我国证券市场自建立以来的基本运行状况，如图1-18所示。

（2）上证180指数。上证180指数属于上证成份指数，是上海证券交易所对原上证30指数进行调整而成的，其样本股是在所有在上海证券交易所上市的A股股票中先取最具市场代表性的180种样本股票，基期是 2002 年 6 月 28 日，基期指数是上证 30 指数在 2002 年 6 月 28 日的收盘指数 3299.06，于 2002 年 7 月 1 日起正式发布。

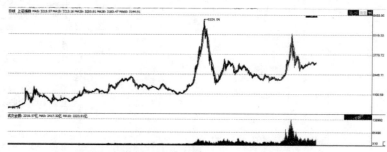

图 1 – 18　上证指数走势图（1991.12.19 ~ 2017.7.21）

同样，当样本股名单发生变化或样本股的股本结构和数量发生变化或股价因除权除息等出现非交易因素的变动时，应对指数的计算进行修正，以维护指数的连续性。

上证 180 指数的编制和发布目的是，建立一个既能够准确反映上海证券市场的概貌和运行状况，又能够作为投资评价尺度及金融衍生产品基础的具有可操作性和投资性基准指数。

上证 180 指数的运行状况如图 1 – 19 所示。

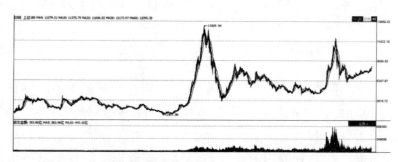

图 1 – 19　上证 180 指数的走势图（1996.10.23 ~ 2017.7.21）

2. 深圳证券交易所系列指数

深圳证券交易所系列指数是由深圳证券信息有限公司负责研发、运维和营销。目前，深圳证券交易所系列指数包括：规模指数、行业指数、风格指数、主题指数、策略指数、定制指数、综合指数、基金指数和债券指数。

规模指数充分体现了深圳证券交易所多层次市场的特点，规模指数中的具体指数如表 1 – 22 所示。

表 1 - 22 深圳证券交易所规模指数列表

指数名称	指数代码	基日	基点	发布日	样本股数量
深证成指	399001	1994 - 7 - 20	1000	1995 - 01 - 23	500
深成指 R	399002	1994 - 7 - 20	1000	1995 - 01 - 23	500
成份 B 指	399003	1994 - 7 - 20	1000	1995 - 01 - 23	10
中小板指	399005	2005 - 6 - 7	1000	2006 - 01 - 24	100
中小板 R	399333	2005 - 6 - 7	1000	2006 - 12 - 27	100
创业板指	399006	2010 - 5 - 31	1000	2010 - 06 - 01	100
创业板 R	399606	2010 - 5 - 31	1000	2010 - 06 - 01	100
深证 100	399330	2002 - 12 - 31	1000	2006 - 01 - 24	100
深证 100R	399004	2002 - 12 - 31	1000	2003 - 01 - 02	100
深证 300	399007	2004 - 12 - 31	1000	2009 - 11 - 04	300
深证 300R	399344	2004 - 12 - 31	1000	2009 - 11 - 04	300
深证 200	399009	2004 - 12 - 31	1000	2011 - 09 - 01	200
深证 200R	399679	2004 - 12 - 31	1000	2015 - 06 - 18	200
深证 700	399010	2004 - 12 - 31	1000	2011 - 09 - 01	700
深证 1000	399011	2004 - 12 - 31	1000	2011 - 09 - 01	1000
中小 300	399008	2010 - 3 - 19	1000	2010 - 03 - 22	300
中小基础	399623	2005 - 12 - 30	1000	2011 - 07 - 25	不定
创业 300	399012	2012 - 6 - 29	1000	2013 - 01 - 07	300
创业基础	399640	2010 - 12 - 31	1000	2012 - 01 - 16	不定
中创 100	399612	2007 - 6 - 29	1000	2011 - 02 - 28	100
中创 100R	399611	2007 - 6 - 29	1000	2011 - 02 - 28	100
中创 500	399625	2010 - 6 - 30	1000	2011 - 08 - 15	500
中创 400	399624	2010 - 6 - 30	1000	2011 - 08 - 15	400
中小创新	399015	2011 - 12 - 30	1000	2015 - 03 - 24	500

资料来源：http://www.cnindex.com.cn/zstx/szxl/。

（1）深证成指。深证成指即深证成份指数由深圳证券交易所于
1995 年 1 月 23 日正式发布，以 1994 年 7 月 20 日为基期，基期指数
为 1000 点。

深证成指选取深圳证券市场中市值规模与流动性综合排名前 500
的 A 股组成样本股，从市值结构、行业结构、板块结构等方面均能
有效地反映和代表深圳证券市场的市场特点和运行状况。深证成指样
本股的板块分布和行业分布如图 1 - 20 所示。

板块分布（公司数量和权重百分比）（2016年12月底）

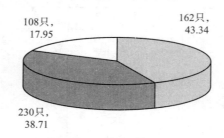

108只，17.95
162只，43.34
230只，38.71

□深市主板 ■中小板 □创业板

行业分布（%）（2016年12月底）

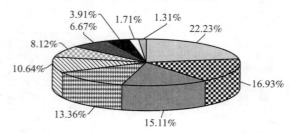

3.91%
6.67%
8.12%
10.64%
13.36%
15.11%
16.93%
22.23%
1.71% 1.31%

□信息技术 □可选消费 ■工业 ▨金融地产 ▨原材料
■医药卫生 □主要消费 ■电信业务 □公用事业 ■能源

图1—20 深证成指样本股的板块、行业分布图

资料来源：http://www.cnindex.com.cn/docs/jj_399001.pdf。

深证成指的编制采用派许加权法，逐日连锁实时计算，计算公式如下：

报告期指数 = 上交易日收市指数

$$\times \frac{\sum (\text{样本股实时成交价格} \times \text{样本股股权数})}{\sum (\text{上一交易日样本股收盘价格} \times \text{样本股股权数})}$$

$$(1-4)$$

其中：样本股股权数为样本股的自由流通量。

为保证指数的连续性，当样本股名单发生变化或样本股的股本结构和数量发生变化或股价因除权除息等出现非交易因素的变动时，应对指数的计算进行修正。样本股每半年调整一次。

深证成指定位兼具价值尺度与投资标的功能，是我国股票市场中编制时间最长、数据最完整、投资者使用最广泛的成份股指数，与上证指数一起成为我国证券市场中最常用的两个指数。深证成指走势如图1—21所示。

（2）中小板指数。中小板指数是深市多层次市场指数体系的核心指数之一，由中小板市场规模大、流动性好、最具代表性的100只股票组成。与深证成指的定位相同，中小板指数兼具价值尺度与投资标的功能。

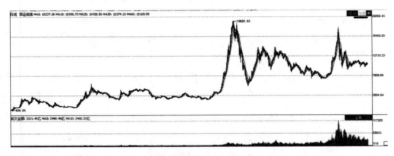

图 1 - 21　深证成指走势图 （1991. 4. 3 ~ 2017. 7. 21）

中小板指数走势如图 1 - 22 所示。

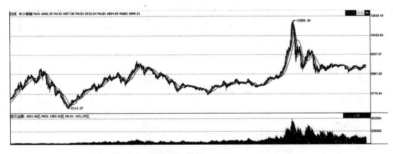

图 1 - 22　中小板指数走势图 （2006. 1. 24 ~ 2017. 7. 21）

（3）创业板指数。创业板指数由最具代表性的 100 家创业板上市公司股票组成，反映创业板市场的运行情况。新兴产业、高新技术公司在创业板指数样本股中占比高，成长性突出。作为成份指数，其功能定位也是兼具价值尺度功能与投资标的功能。

创业板指数走势如图 1 - 23 所示。

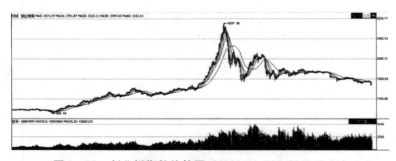

图 1 - 23　创业板指数趋势图 （2009. 10. 30 ~ 2017. 7. 21）

3. 中证系列指数

中证系列指数由中证指数有限公司负责编制与发布。中证指数有限公司成立于 2005 年 8 月 25 日，是由上海证券交易所和深圳证券交易所共同出资发起设立的一家从事证券指数及指数衍生产品开发服务的专业性公司。

中证系列指数包括：中证规模指数、中证行业指数、中证主题指数、中证风格指数、中证策略指数、中证海外指数、中证债券指数、中证基金指数、中证期货指数、中证客户定制类指数、中证股息点指数、中证申万指数、中证万得指数。其中：中证规模指数具体反映沪深 A 股市场中不同规模特征股票的整体表现，包括的指数如表 1 – 23 所示。

表 1 – 23　　　　　　　　　　中证规模指数列表

指数名称	基准日期	基准点数	成份股数量
沪深 300	2004 – 12 – 31	1000. 0	300
中证 100	2005 – 12 – 30	1000. 0	100
中证 200	2004 – 12 – 31	1000. 0	200
中证 500	2004 – 12 – 31	1000. 0	500
中证 700	2004 – 12 – 31	1000. 0	700
中证 800	2004 – 12 – 31	1000. 0	800
中证流通	2005 – 12 – 30	1000. 0	—
中证超大	2004 – 12 – 31	1000. 0	50
中证全指	2004 – 12 – 31	1000. 0	—
中证 1000	2004 – 12 – 31	1000. 0	1000
中证 A 股	1999 – 12 – 31	1000. 0	

资料来源：http：//www. csindex. com. cn/sseportal/csiportal/zs/indexreport. do？type = 1。

沪深 300 指数是由上海、深圳证券交易所于 2005 年 4 月 8 日联合发布的反映 A 股市场整体走势的指数，以 2004 年 12 月 31 日为基期，基点为 1000 点，从上海和深圳证券市场中选取 300 只规模大、流动性好的 A 股作为样本，样本覆盖了沪深市场六成左右的市值，具有良好的市场代表性。

其计算是以调整股本为权重，采用派许加权综合价格指数公式进行计算，计算公式如下：

$$报告期指数 = \frac{报告期样本股的调整市值}{除数} \times 1000 \qquad (1 - 5)$$

其中：报告期样本股的调整市值 $= \sum$（调整股本数 × 股价）。

调整股本数是根据分级靠档的方法对样本股股本进行调整而获得。要计算调整股本数，需要确定自由流通量和分级靠档两个因素。

为保证指数的连续性，当样本股名单发生变化或样本股的股本结构发生变化或样本股的市值出现非交易因素的变动时，将根据样本股股本维护规则，采用"除数修正法"修正原除数。

沪深 300 指数编制目标是反映中国证券市场股票价格变动的概貌和运行状况，并能够作为投资业绩的评价标准，为指数化投资和指数衍生产品创新提供基础条件。沪深 300 指数的走势如图 1 - 24 所示。

图 1 - 24 　沪深 300 指数走势图 （2005.4.8 ～ 2017.7.21）

八、其他交易指标

其他一些重要的交易指标主要有以下几项。

（一）委比

委比是用以衡量一段时间内买卖盘相对强度的指标，其计算公式为：

$$委比 = \frac{委买手数 - 委卖手数}{委买手数 + 委卖手数} \times 100\% \qquad (1-6)$$

其中，委买手数是指所有个股委托买入前五档价位的委托买入手数之和；委卖手数是指所有个股委托卖出前五档价位之委托卖出手数之和。

委比值变化范围为 +100% 至 -100%。当委比值为正值并且委比数越大，则说明市场买盘强劲，价格上涨的推动力就越大；当委比值为负值并且负值越大，说明市场抛盘较强，价格上涨的阻力就越大；委比值从 -100% 至 +100%，是买盘逐渐增强，卖盘逐渐减弱的一个过程；相反，委比值从 +100% 至 -100%，是买盘逐渐减弱，卖盘逐渐增强的一个过程。

（二）外盘与内盘

如果即时的成交价是以"委卖价"成交的，即买方也即多方愿意以卖方的报价成交，以"委卖价"成交的量越多，说明买方购买意愿越强烈，市场中的"买气"越浓厚，价格上涨的概率也就越大。反之，如果卖方愿意以买方报价委托成交，则说明市场中该股的出售意愿强于购买意愿，市场中的"卖气"深厚，价格下跌的概率较大。

通常把以"委卖价"实现的成交量称为"外盘"，把以"委买价"实现的成交量称为"内盘"。

一般地，当"外盘"大于"内盘"时，反映了场中买盘强劲，价格上涨的可能性较高；若"内盘"大于"外盘"时，则反映场内卖盘汹涌，市道偏弱，该股面临着抛盘较大的压力，上涨较为困难。

（三）量比

量比是衡量相对成交量的指标，它是指某一证券开市后每分钟的平均成交量与过去 5 个交易日每分钟平均成交量之比。其计算公式为：

$$量比 = \frac{现成交总量}{过去5个交易日平均每分钟成交量 \times 当日累计开市时间（分）}$$

$$(1-7)$$

当量比大于 1 时，说明当日每分钟的平均成交量大于过去 5 日的平均值，交易比过去 5 日火暴；当量比小于 1 时，说明当日成交量小于过去 5 日的平均水平。

量比指标是投资者进行短线分析时重要又常用的指标，通过将某只股票在某个时点上的成交量与一段时间的成交量平均值进行比较，排除了成交量指标因股本不同造成的不可比情况，是发现成交量异动的重要指标。

（四）换手率

换手率又称周转率，是指在一定时间内市场中股票转手买卖的频率，是反映股票流通性的指标之一。其计算公式为：

$$换手率 = \frac{现成交总量}{流通股股数} \times 100\% \qquad (1-8)$$

换手率越高，说明交易越活跃，投资者的购买意愿越强烈；反之，换手率越低，则说明市场交易清淡，投资者的交易意愿不强。在换手率的运用中，一般将 3% 作为一个重要的分界点，换手率小于 3%，交投较为清淡；高于 3%，交投开始活跃；高于 5%，非常活跃；高于 10%，极度活跃。换手率的高低，并没有一个统一的标准，交易一直较活跃的股票，换手率可适当提高，流通盘较小的股票，相较于流通盘大的股票，分析其交投活跃度时，可适当提高其换手率。

换手率指标与股票价格趋势结合，能够较客观地反映市场尤其是个股的活跃程度和主力动态，进而对未来的股价的变化做出一定的分析、预测和判断。一般来说，当某只股票股价处于低位时，当日换手率超过3%时投资者应开始关注，该股的交投在低位开始活跃，表明有新资金介入的迹象，尤其是如果有主力资金在积极进货时，该股在未来上涨的概率和空间会更大，投资者应对该股重点关注；但是，如果较高的换手率是出现在该股股价的相对高位，则有可能是主力在出货，此时，换手率越高，投资者应越警惕。换手率的应用如图1－25所示。

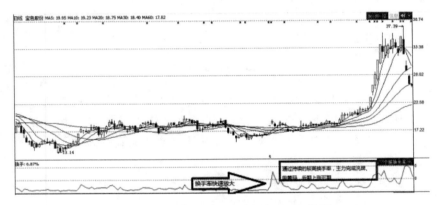

图 1－25 宝色股份（300402）日 K 线图

本章小结

（1）证券交易品种，又称证券投资工具或证券投资对象，即在证券市场上流通转让的权益证券。了解熟悉证券市场的交易品种，有利于投资者选择不同行情下的最佳投资标的。证券交易品种可分为基础性交易品种和衍生性交易品种。基础性证券交易品种包括股票、债券和基金；衍生性证券交易品种种类较多，主要包括金融期货、金融期权等。

（2）根据我国《证券法》规定，境内企业在境内公开发行的股票必须上市流通转让，上海、深圳证券交易所是我国境内股份有限公司发行股票的主要交易场所，在证券交易所流通转让的股票主要包括：A 种股票、B 种股票和优先股。

（3）我国债券市场从1981 年恢复发行国债开始，经过三十多年的发展，已成为仅次于美国、日本的第三大债券市场。

（4）证券投资基金（在我国，通常把它称作"投资基金"或

"基金") 作为一种集合投资工具,根据不同的划分标准可将证券投资基金划分为不同的种类,按基金单位是否能够赎回,证券投资基金可分为封闭式基金和开放式基金,这也是国际上对证券投资基金的基本分类。

(5) 证券代码,是在证券交易所上市的证券拥有的代码,证券与代码一一对应,且证券的代码一旦确定,一般不再改变。

(6) 证券交易规则规范证券市场交易秩序、交易方式和交易者的交易行为,保护交易者合法权益,是一个国家证券市场健康、有序运作和发展的基本前提和保证。

(7) 证券交易指标是反映证券交易市场的运行状况和趋势、证券交易市场供求关系的基本指标,也是投资者进行证券投资分析和决策的重要依据。证券交易指标主要包括:价格指标、涨跌幅度、成交量、成交金额、市盈率、证券交易价格指数等指标。

知识拓展

新 股 申 购

从 2016 年 1 月 1 日起,新股发行将按照新的制度执行,证监会在 2015 年 12 月 31 日公布了《关于修改〈证券发行与承销管理办法〉的决定》,其中最大的变化是打新不需要提前打款冻结资金,而是在中签后才进行缴款,这对于散户而言,绝对是利好。

投资者应该如何操作呢?

一、新股申购规则和首日上市交易规则

新股申购规则和首日上市交易规则如表 1-24 所示。

表 1-24　　　　　　　**新股申购规则和首日上市交易规则**

新股申购规则	上交所	深交所
申购市值起点	1 万元	1 万元
市值标准	T-2	T-2
额度计算	10000 元/申购单位	5000 元/申购单位
申购单位	1000 股或其整倍数	500 股或其整倍数
申购上限	网上初始千分之一, 且不超 9999.9 万股	网上初始千分之一, 且不超 9999.9 万股
申购时间	9:30～11:30;13:00～15:00	9:15～11:30;13:00～15:00
首日上市交易规则	上交所	深交所
开盘集合竞价	不高于发行价格 120%, 不低于发行价格 80%	不高于发行价格 120%, 不低于发行价格 80%

续表

新股申购规则	上交所		深交所	
连续竞价	不高于发行价格 144%，不低于发行价格 64%		—	
特殊报价规则	14：55~15：00 收盘集合竞价		14：57~15：00 收盘集合竞价	
	不高于当日开盘价的 120% 且不得低于当日开盘价的 80%			
临时停牌	盘中成交价较当日开盘价首次上涨或下跌 10% 以上（含）	停 30 分钟且仅停一次	盘中成交价较当日开盘价首次上涨或下跌 10% 以上	停牌 1 小时
	盘中成交价较当日开盘价首次上涨或下跌 20% 以上（含）	停牌持续到 14：55	盘中成交价较当日开盘价首次上涨或下跌 20% 以上	停牌持续到 14：57

资料来源：南方财富。

二、投资者申购新股的前提

（1）通过证券公司开立证券账户，申购上交所股票需要有上交所证券账户，并做好指定交易，申购深交所股票需要有深交所账户。

（2）申购新股对应的市值和资金。投资者市值申购需要在"T－2"（T 为申购日）的交易日清算时有相应市场的非限售流通股的市值，根据投资者持有的市值确定其网上可申购额度，持有市值 1 万元以上（含 1 万元）的投资者才能参与新股申购，沪市每 1 万元市值可申购一个申购单位（一个申购单位为 1000 股），不足 1 万元的部分不计入申购额度。深市每 5000 元市值可申购一个申购单位（一个申购单位为 500 股），不足 5000 元的部分不计入申购额度。

三、新股网上发行流程

新股网上发行流程如图 1－26 所示。

四、投资者需要注意的几个问题

1. 如何进行新股申购？

新股发行当日，投资者可通过指定交易的证券公司查询其持有市值或可申购额度，投资者根据可申购额度进行新股申购。目前证券交易软件都自动显示申购额度，投资者申购时直接按照交易软件提示就可进行申购。

2. 如何确定中签？如何缴款？

根据交易所规定，中签结果将于"T＋2"日公布。而投资者申购新股中签后，应依据中签结果履行资金交收义务，确保其资金账户在 T＋2 日日终有足额的新股认购资金。"T＋3"日，中国结算对认购资金进行交收处理，将认购资金划入主承销商资金交收账户。

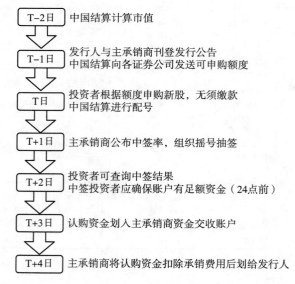

图1-26 新股发行流程图

资料来源：搜狐财经。

投资者确认是否中签有两种方式，一个是先向券商查阅自己的新股配号，等中签结果披露之后，再与之进行对比；二是在中签之后，券商将通过短信或者交易软件登录后获得提示。如果一旦中签，那么在"T+2"日收盘之时，投资者账户中必须要有足够的资金，否则就会视为放弃认购。

需要特别强调的是，如投资者"T+2"日日终无足额的新股认购资金，结算参与人不得允许投资者进行补款。

3. 如何理解"中签投资者应确保其资金账户在"T+2"日日终有足额的新股认购资金"的时间点？

实施细则规定的"T+2日日终"是指"T+2"日晚上24点前，并不规定"T+2"日缴款的具体截止时点。结算参与人可以根据实际情况和投资者约定具体截至时点，并确保不晚于"T+2"日晚上24点。

4. 如何处理投资者中签后出现新股认购资金不足的情况？

投资者中签后应依据中签结果履行资金交收义务，确保其资金账户在"T+2"日日终有足额的新股认购资金。投资者认购资金不足的，将被视为放弃认购。放弃认购的新股将不被登记至投资者证券账户。如投资者连续12个月内累计出现三次放弃认购情形的，将被列入限制申购名单，自结算参与人最近一次申报其放弃认购的次日起6个月（按180个自然日计算，含次日）内不得参与网上新股申购。

5. 投资者同一天中签多只新股，且出现认购资金不足的情形，如何处理？

深交所对此情况的解释是，不同投资者放弃认购的选择不同，应当以投资者的实际意愿为准。结算参与人应建立有效的沟通机制，通过相关技术手段及制度安排，就申报的放弃认购指令（包括新股代码、放弃认购数量等）与投资者达成一致。

6. 关于"投资者放弃认购并6个月内不得参与网上新股申购"的规定，应如何理解？

交易所对此解释是，放弃认购情形以投资者为单位进行判断，即投资者持有多个证券账户的，其使用名下任何一个证券账户参与新股申购并发生放弃认购情形的，均纳入该投资者放弃认购次数，确认多个证券账户为同一投资者持有的原则为证券账户注册资料中的"账户持有人名称""有效身份证明文件号码"均相同；"连续12个月"是指任意连续的12个月，滚动计算；放弃认购次数按照投资者实际放弃认购的新股只数计算。

（资料来源：中国证券网综合整理。）

实验任务

（1）熟悉我国目前股票市场的基本情况，查询截至实验日的我国上海证券交易所的主板市场、深圳证券交易所的主板市场、中小企业板市场和创业板市场上的上市交易的所有股票的家数、各个市场的平均市盈率、总市值和流通市值，找出市场上交易价格最高和最低、市盈率最高和最低、流通规模最大和最小的各十只股票，将上述内容以表格方式展示出来。

（2）查询和搜集截至实验日我国基金市场的基本数据：基金管理公司、场外交易的基金种类及各基金的净值情况，场内交易的基金种类及各基金的交易价格。

（3）查询和收集截至上年度我国债券市场的基本数据：一级市场债券发行规模、债券种类等数据；二级市场各种债券的交易数据。

（4）调查、了解上海证券交易所、深圳证券交易所、香港联合交易所的基本情况。

（5）收集上市公司半年报或年报中的分配方案和方案实施时间，各选择几家在上海、深圳证券交易挂牌交易且其分配方案中派现、送股或转增的上市公司进行长期关注，计算其在除权除息日的除权除息参考价，关注其在除权除息前后股票价格的波动，通过分析软件对其股票价格进行复权处理，并观察股票价格在除权、复权后的变化，体会和总结进行股票技术分析时应如何进行调整。

第二章
证券投资信息获取和
证券行情软件使用

【实验目的与要求】
◇了解证券投资信息体系的构成
◇了解和掌握有关证券投资信息的获取方式
◇熟悉证券交易行情软件的主要界面
◇学习和熟练运用行情软件的主要功能

第一节 证券投资信息的获取

证券投资信息是投资者进行证券投资决策的重要依据，证券投资信息的获取是对证券投资信息进行搜集和分析的过程，是投资者做出正确投资预测和决策、减少投资失误、提高投资收益、控制投资风险的重要保证。

一、证券投资信息体系构成

证券投资信息内容广泛，包括经济、政治、文化和心理等各个方面，其体系构成有以下几方面。

（一）按信息的属性可分为原始信息、初级信息和高端增值信息

原始信息主要包括证券交易原始信息和第一手基础数据，是证券交易所、证券媒体和上市公司等提供的源信息，如证券交易所发布的证券交易即时行情、上市公司按要求公布的年度、季度报表等。

初级信息是指做过初步加工的信息，如经过处理的数据库信息、新闻报道信息、经过初步的统计归纳及带有粗略、非深层次评析的信

息等，这类信息一般是免费的。图 2 - 1 为中证网的 2016 年年终报道。

图 2 - 1 中证网 2016 年年终报道截图

资料来源：http：//www.cs.com.cn/zt/2016ye/gs/04/。

　　高端增值信息一般由专业投资信息服务商提供，是可以直接用以指导投资者决策、带有研究成果性质的信息。专业的投资信息服务商拥有高质量的数据库、大量的专业投资研究人员、专业的信息处理平台，能够为客户提供最具前瞻性的高质量的投资分析和研究成果，为部分客户提供个性化的服务。这些信息一般是收费的。

（二）按信息的发布频率可分为定期信息和不定期信息

　　定期信息是指按规定定期发布的信息，如国家统计局定期公布的中国宏观经济数据，中国证监会定期公布的证券市场统计信息、证券市场年度报告，上市公司定期公布年度报告、中期报告、季度报告等（见图 2 - 2）。

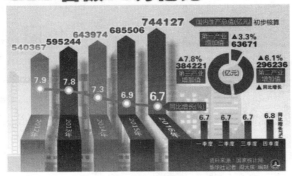

图 2 - 2 2016 年中国经济增长 6.7%

　　不定期信息是指发生重大事件后，需立即向社会公众披露的信息，又称临时报告。如上市公司对公司发生的重大事件而发布的临时报告、董事会决议公告等。

（三）按信息反映的内容可分为宏观信息、行业信息和公司信息

宏观信息主要是指一个国家或地区的宏观经济运行情况，最重要的指标包括国内生产总值（GDP）、财政收入、通货膨胀率、利率、汇率等（见图2-3）。

图2-3 2012~2016年国内生产总值及其增长速度

资料来源：http：//www.stats.gov.cn/tjsj/。

行业信息包括诸如行业本身所处发展阶段及其在国民经济中的地位、影响行业发展的各种因素及其对行业影响的力度、行业未来发展趋势、行业的投资价值及投资风险等内容。图2-4是2001~2016年我国证券公司净利润统计图。

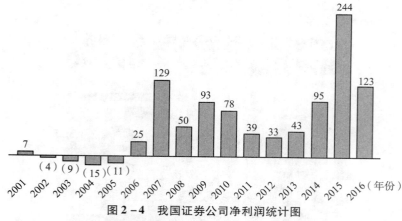

图2-4 我国证券公司净利润统计图

资料来源：证券公司财务报表—毕马威分析。

公司信息主要反映上市公司的经营状况与发展前景，包括公司基本面信息和财务信息等。基本面信息包括公司行业地位、公司产品及市场竞争力、公司经营战略、未来成长性、管理层信息等；财务信息主要是指上市公司定期披露的财务报告所反映出的财务数据，包括盈利能力、偿债能力、营运能力等方面的指标（见表2-1）。

表 2-1

家家悦（603708）业绩报表明细

截止日期	每股收益（元）	每股收益（扣除）（元）	营业收入			净利润			每股净资产（元）	净资产收益率（%）	每股经营现金流量（元）	销售毛利率（%）	利润分配	股息率（%）	公告日期
			营业收入（元）	同比增长（%）	季度环比增长（%）	净利润（元）	同比增长（%）	季度环比增长（%）							
2017-09-30	0.4800	0	83.85亿	3.49	11.17	2.25亿	25.94	61.79	5.1127	0	1.5125	20.92	—	0	2017-10-16
2017-06-30	0.3100	0.3100	55.68亿	2.94	-16.39	1.43亿	13.30	-45.16	4.9382	6.08	0.9819	20.90	不分配不转增	0	2017-08-29
2017-03-31	0.2600	0	30.32亿	2.22	13.41	9223万	6.38	26.55	6.7293	3.88	1.1419	21.18	—	0	2017-04-28
2016-12-31	0.9300	0.8800	107.77亿	2.78	-0.77	2.51亿	1.61	39.27	6.4734	23.16	2.1124	21.68	10转3派4.5	2.56	2017-04-26
2016-09-30	0.6600	0.6400	81.03亿	0	10.33	1.78亿	0	33.01	4.1059	16.86	3.1628	21.45	—	0	2017-10-16

资料来源：http://data.eastmoney.com/bbsj/603708.html。

二、证券投资信息发布主体

我国证券市场上各种信息的发布主体主要有以下几类。

（一）政府部门

政府部门是我国证券市场上宏观信息和行业信息的主要发布者，同时，政府部门也是宏观经济政策、法律法规、管理办法的制定者，能够直接或间接地对证券市场产生影响。其发布的信息能够对证券市场产生影响的政府部门主要包括：国务院、财政部、中国人民银行、中国证券监督管理委员会、国家发展和改革委员会、国家统计局、国务院国有资产监督管理委员会、国家税务总局等。政府部门发布的信息是投资者进行宏观基本面分析和行业基本面分析的最重要信息来源。

（二）证券交易所

证券交易所主要负责提供能够安全、开放、高效、透明交易的市场环境，其主要职能包括：提供证券交易的场所和设施；制定证券交易所的业务规则；接受上市申请，安排证券上市；组织、监督证券交易；对会员、上市公司进行监管；管理和公布市场信息。证券交易所面向交易所会员单位、上市公司、投资者、市场机构等多层次资本市场参与者公布的实时行情、按日制作的证券行情表等信息是投资者进行技术分析的重要信息来源。

（三）上市公司

上市公司通过定期报告和临时报告的形式向社会披露其经营状况和财务状况等方面的数据和信息，这是投资者对上市公司发行的证券的投资价值进行分析即进行公司基本面分析的最重要信息来源。

三、证券投资信息获取渠道

证券投资信息可通过实地调查、广播/报刊/杂志及电视等传统媒体、数字设备、互联网等渠道获取，由于互联网的快速发展和普及，通过互联网和专业软件获取投资信息成为大多数投资者的首选。

（一）通过互联网获取信息

1. 信息发布主体的官方网站

官方网站的信息具有专用性强、权威性高的特点。投资者可通过登录相应的官方网站查询宏观经济数据、相关法律法规及管理办法、证券市场交易行情及交易数据等与证券投资相关的种种信息。

中国证券监督管理委员会的官方网站中的政务栏目设置了"信息公开""政策法规""信息披露""新闻发布""统计数据"等子栏目，投资者可根据需要进行查阅。图2－5为中国证监会官方网站首页的部分截图。

图2－5　中国证监会官网首页截图

上海证券交易所的官方网站首页设有"披露""数据""产品""服务""规则"等栏目，通过"数据""产品"栏目，投资者可查询在上海证券交易所进行交易的所有证券品种及其交易概况；通过"披露"栏目，投资者可查阅上交所公告、交易提示、上市公司信息、融资融券信息、股票、债券、基金等证券的交易信息；通过"规则"栏目，投资者可查阅证券市场相应法律法规、上交所关于发行、上市、交易等业务规则；"服务"栏目则提供拟上市公司服务、IPO业务专栏、沪港通、交易服务、投资者服务、信息服务等项目。另外，利用其提供的搜索功能，投资者可直接搜索所关注的证券品种的行情信息及最新交易数据。图2－6为上海证券交易所官方网站的首页部分截图。

2. 综合类网站

各大门户网站、媒体网站或搜索引擎的财经板块都设有股票的行情中心，投资者可通过搜索功能查询各证券交易品种的即时行情、上市公司基本资料、公司资讯及财务数据、资金流入流出及公司研究等专业分析内容。如新浪财经、搜狐财经、网易财经、百度财经、360 搜索等。

图 2-6　上海证券交易所官网首页截图

3. 专业财经类网站

金融界、中证网、华讯财经、和讯财经、东方财富、同花顺、新财经、第一财经等专业的财经网站作为资本、证券信息专业披露平台，能够较好地满足投资者查询各种证券投资信息的需求。

4. 证券中介机构的官方网站

我国各大证券公司的官方网站也是投资者获取信息的重要渠道，另外，为方便投资者的证券交易，各大证券公司都为投资者提供几个版本的免费行情软件下载的服务。

证券中介机构和专业财经媒体利用其专业人才、信息研究等方面的优势，对影响证券市场的内容繁多的各种信息进行搜集、整理、分析，按规定进行公开披露，极大地提高了使用者的使用效率；同时，其专业研究人员利用高端数据库及信息处理平台对信息进行深加工，为某些信息使用者提供高端增值信息的专业化服务，满足不同投资者的专业化要求。

表 2-2 列出的具有权威性的、用户认可度较高的证券投资信息网站。

表 2-2　　　　　　　　用户认可度较高的网站列表

网站	网址
中国人民银行	http：//www. pbe. gov. cn
中国国家统计局	http：//www. stats. gov. cn

续表

网站	网址
中国证券监督管理委员会	http：//www. csrc. gov. cn
中国证券业协会	http：//www. sdc. net. cn
上海证券交易所	http：//www. sse. com. cn
深圳证券交易所	http：//www. szse. cn
中国证券报	http：//www. cs. com. cn
上海证券报	http：//www. cnstock. com
证券时报	http：//www. p5w. net
证券日报	http：//www. zqrb. com. cn
东方财富网	http：//www. eastmoney. com
同花顺金融服务网	http：//www. 10jqka. com. cn
中国经济网	http：//www. ce. cn
新浪财经	http：//finance. sina. com. cn
网易财经	http：//money. 163. com
凤凰财经	http：//finance. ifeng. com
财经网	http：//www. caijing. com. cn

（二）通过行情软件获取信息

证券行情软件集即时行情显示、行情分析、财经信息、个股资讯、投资交易等功能于一体，投资者通过证券行情软件，不仅可以看到实时的交易行情，还能查阅到从宏观、行业到上市公司的各种资讯信息，同时还能够通过软件提供的行情界面，寻找并确定个股的买卖时机和时点，并通过软件方便快捷地发出委托交易指令，完成交易。证券行情软件功能完善、操作方便、一些软件还为高水平投资者设计了自编公式功能，适合各类投资者使用。

根据功能的不同，行情软件一般可分为免费的行情分析软件、低收费行情软件和高收费行情软件。

免费行情软件一般由各大证券公司提供，最常用的软件有大智慧、通达信、同花顺、钱龙、东方财富通、博易大师等，这类软件都绑定证券公司的网上交易系统，投资者可以通过资金账户登录进入，查看行情和进行证券交易；如只是查看行情和相应信息，也可以直接点击其独立行情进入。免费行情软件能够提供较为齐全的投资信息资料、具备分析功能、自编公式功能，能满足一般投资者的需要。图2-7是中泰证券提供的可免费下载的股票行情软件。

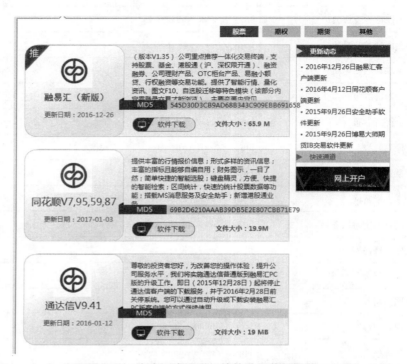

图2-7 中泰证券股票行情软件下载网页图

低收费行情软件侧重提供全面的即时的资讯信息和主力资金动向、较为复杂的自编指标系统或为投资者提供简单的买卖信号提示交易系统，多为具备较高的技术分析水平或能够熟练编制技术指标能力的投资者所青睐。

高收费行情软件提供的信息、数据资源丰富，如来自证券交易所的付费数据、证券中介机构等专业证券投资咨询机构的深度研究分析报告、能够动态跟踪券商、基金等主流机构资金的真实的资金流分析等。该类软件收费高昂，主要为机构投资者、资金量雄厚的个人投资者、研发机构服务。

作为一家专业的互联网金融数据服务商，同花顺网络信息股份有限公司官网中的"软件下载"提供了各种级别的行情软件供投资者选择，投资者可根据自身条件及能力选择适合自己的行情软件下载并安装使用，如图2-8所示。

图 2-8　同花顺"软件下载"浏览页面

第二节　证券行情软件的使用

　　证券行情软件可通过在证券公司网站的软件下载区进行下载，或直接通过互联网搜索需要下载的软件名称，找到下载地址进行下载；下载完成即可进行安装，安装后点击其快捷方式即可登录使用。

　　证券行情软件的界面、基本功能和操作方法大致相同，同时各个软件在界面设置、功能及操作方面又各有特色，投资者可根据证券行情分析软件的功能、特色选择自己喜欢的软件进行安装使用。每个行情软件都会提供使用说明，如东方财富通的"帮助"菜单中的使用说明书（见图 2-9）；同花顺的"在线服务"菜单中的"新手帮助"和"快捷键列表"（见图 2-10），投资者可通过其详细了解和熟悉该软件的功能和具体操作方法。囿于篇幅，下面主要以中泰证券同花顺网上交易系统为例介绍证券行情分析软件的界面、基本功能和基本操作方法。

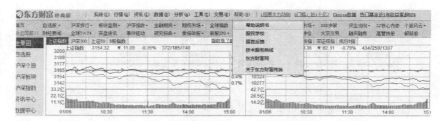

图2-9 东方财富通的"帮助"菜单界面

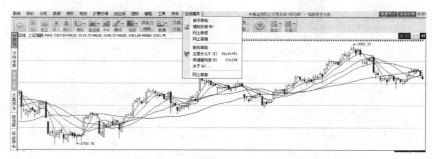

图2-10 同花顺的"在线服务"界面

一、证券行情软件主要界面

（一）行情软件的主界面

同花顺证券行情软件主界面由菜单栏、工具栏、快捷键条、指标选项条、指数条、滚动信息条、价格走势页面、成交量页面、辅助分析的技术指标页面、报价信息窗口等组成，如图2-11所示。

1. 菜单栏

菜单栏在行情主界面的最上方，以菜单方式列示了行情软件的"系统""报价""分析""数据"等基本功能及操作，鼠标放在各菜单上点击，可展开菜单，使用者可方便、快捷地选择并调用所需要的子项目。图2-12为"报价""分析""数据"菜单的展开图。

图2-13为"智能""工具""资讯"的展开图。

图2-12和图2-13中有的子选项后面的数字对应的是相应的快捷键，如"智能"菜单中的形态选股选项的快捷是数字79，即直接在数字键盘上输入79并回车即可进入形态选股选项页面。

2. 工具栏

工具栏包括了一些常用功能，方便投资者直接调用。右键点击工具条的空白处，可选择隐藏、显示或定制工具栏，如图2-14所示。

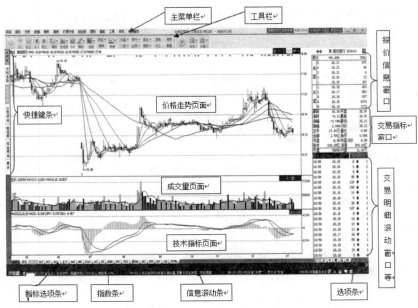

图 2-11 同花顺行情主界面图

图 2-12 "报价""分析""数据"菜单的展开图

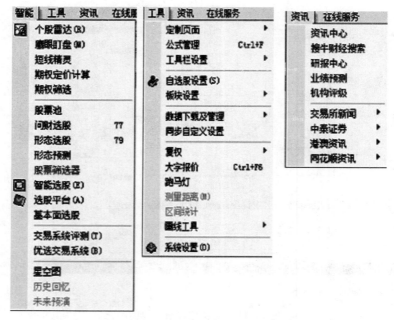

图 2-13 "智能""工具""资讯"的展开图

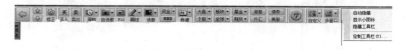

图 2-14 工具栏

3. 快捷条

快捷条包括"资讯""分时走势""技术分析""公司资讯""自选股""综合排名""上证指数""深证成指""成交明细""价量分布"等子项，与工具栏相同，也是为了方便投资者快捷使用而设置的。

4. 指标选项条

指标选项条列示了许多经常使用的技术指标供投资者选择，双击指标选项中的指标即可切换至该指标的页面。

指数条显示上证综指、深证成指、中小企业板指数、创业板指数、恒生指数、道琼斯指数等的涨跌。

5. 主窗口和报价窗口

主窗口由价格走势页面、成交量页面、辅助分析的技术指标页面组成。价格走势页面反映指数或某一证券品种在不同时间、空间的价格运行趋势；成交量页面反映构成指数的所有样本股或个股在一定时期内的成交量；技术指标页面反映某一技术指标在不同时间、空间的走势，其包括一系列技术指标可供使用者选用。

报价窗口包括报价信息窗口、交易指标窗口、交易明细窗口等，下面的选项条，可选择在"交易明细""分时""筹码""财务"等子项中切换。

将主窗口和报价窗口合起来称为行情报价走势界面，合起来使用，更有利于投资者对行情的把握和对价格波动及趋势进行分析。

（二）行情信息界面

行情信息界面包括实时行情界面和历史行情界面。

1. 实时行情界面

实时行情界面，也称实时行情走势图，显示的是某一证券品种或指数的交易日的价格曲线波动及成交量变化的详细情况。

（1）证券品种实时行情界面。证券价格变化在坐标轴中反映，横坐标为交易的具体时间，纵坐标分成左右两部分，左坐标为价格，右坐标为涨跌幅度；成交量在价格曲线之下，以1分钟1根柱状线反映，如图2-15所示。

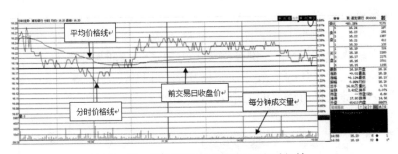

图2-15　浦发银行（600000）实时行情

走势图的右边为报价窗口，点击图中右上部圆圈部分的按钮可选择隐藏或显示右半部分的窗口。

（2）指数实时行情界面。与证券品种的实时行情相同，指数的变化也是在坐标轴中反映的，横坐标为交易的具体时间，纵坐标分成左右两部分，左坐标为指数，右坐标为涨跌幅度；总成交量在价格曲线之下，以1分钟1根柱状线反映，如图2-16所示。

图2-16中，白线为大盘加权指数线，即上海证券交易所每日公布的上证综合指数，黄线为上证领先线，即不考虑发行量的多少，假定所有股票对指数的影响相同而计算出来的指数；在0.00%线上方的为红色柱状线（简称"红柱"），下方的为绿色柱状线（简称"绿柱"），红绿柱反映当前所有股票的买盘与卖盘的数量对比情况。红柱表示买盘大于卖盘，绿柱表示卖盘大于买盘；界面的右边部分是整个大盘的行情数据部分。

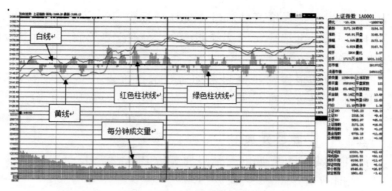

图 2 – 16　上证指数实时行情

　　进入某证券品种行情界面的方式：输入该证券交易代码或该证券品种的简称或简称的汉语拼音首字母或全拼后双击鼠标左键或按 Enter 键，即可进入该证券的行情信息界面。例如：投资者想查看浦发银行（600000）的行情走势，可直接在键盘上输入"PFYH"，或在数字键盘上输入"600000"，双击鼠标左键或按 Enter 键即可进入浦发银行的行情界面。

　　另外，在键盘上输入第一个字母或数字时，会自动弹出键盘精灵，在输入"600"时，键盘精灵上出现了包括浦发银行在内的多家代码前 3 位为 600 的上市公司，使用者可以用↓↑键 + Enter 或用双击鼠标左键选择所需要的上市公司，如图 2 – 17 所示。

✕	02600	中国铝业(沪港通)	ZGLY
键	600000	浦发银行	PFYH
盘	600004	白云机场	BYJC
	600005	武钢股份	WGGF
精	600006	东风汽车	DFQC
	600007	中国国贸	ZGGM
灵	600008	首创股份	SCGF
	600009	上海机场	SHJC
	600010	包钢股份	BGGF
	600011	华能国际	HNGJ
600			

图 2 – 17　键盘精灵界面

　　指数行情界面的进入操作可通过直接输入指数代码的方式，也可通过点击"报价"菜单，在弹出的下拉菜单中选择"沪深指数"，选择需要的指数点击即可进入特定的指数界面，如图 2 – 18 所示。

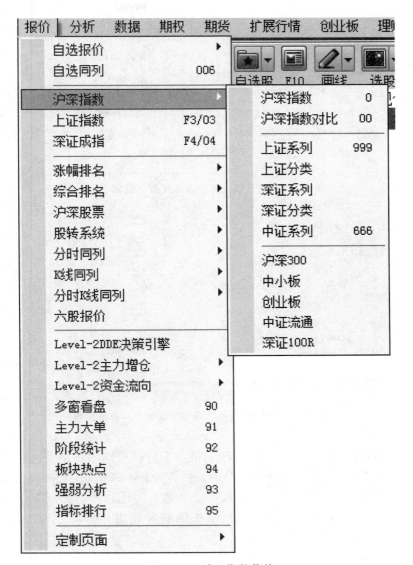

图 2 - 18　沪深指数菜单

2. 历史行情界面

历史行情界面显示的是证券品种或指数已发生的历史行情，历史行情界面也包括证券品种和指数两大历史行情界面，投资者可根据需要进行选用。图 2 - 19 是浦发银行的历史行情界面。

在历史行情界面，点击鼠标右键可弹出相应的操作选项菜单，如图 2 - 20 所示。

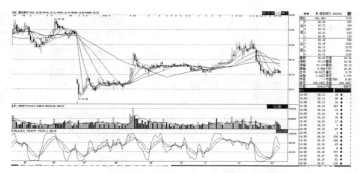

图 2-19　浦发银行历史行情界面（日 K 线）

图 2-20　历史行情界面的操作选项菜单—分析周期

如图 2-20 所示，一根 K 线记录一个分析周期的价格变化。可选择的 K 线分析周期最小为 1 分钟，最长为 1 年。不同的分析周期适合不同投资周期的投资分析，短线交易通常使用较小分析周期的 K 线，而中长线投资则采用较长的分析周期 K 线进行分析。图 2-21 为上证指数的月 K 线图。

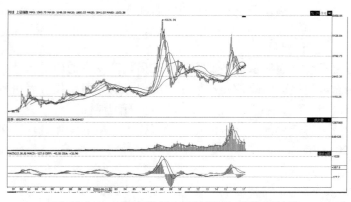

图 2-21　上证指数历史行情界面（月 K 线图）

不同分析周期的 K 线界面切换操作：点击鼠标右键，在弹出的操作选项菜单中选择分析周期，根据需要选择不同的分析周期 K 线；按 F8 键也可进行不同分析周期的 K 线选择。

实时行情界面和历史行情界面的切换操作：通过按 F5 键可实现两个界面的切换；按 Enter 键可由实时行情界面切换到历史行情界面。

（三）行情浏览界面

行情浏览界面按证券代码顺序列示了所有的证券品种的代码、名称、当日涨幅、现价、现手、开盘、最高、最低等相关行情数据。在证券行情数据的下方是分类标签，如图 2－22 所示。

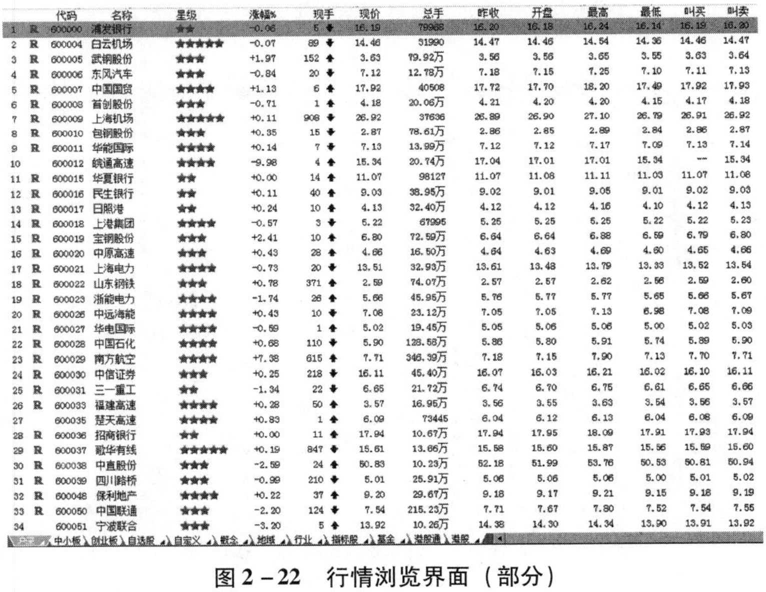

		代码	名称	星级	涨幅%	现手	现价	总手	昨收	开盘	最高	最低	叫买	叫卖
1	R	600000	浦发银行	★★	-0.06	5 ↓	16.19	79968	16.20	16.18	16.24	16.14	16.19	16.20
2	R	600004	白云机场	★★★★★	-0.07	89 ↓	14.46	31990	14.47	14.46	14.54	14.36	14.46	14.47
3	R	600005	武钢股份	★★★	+1.97	152 ↑	3.63	79.92万	3.56	3.56	3.65	3.55	3.63	3.64
4	R	600006	东风汽车	★★★	-0.84	20 ↓	7.12	12.78万	7.18	7.15	7.25	7.10	7.11	7.13
5	R	600007	中国国贸	★★★★	+1.13	6 ↑	17.92	40508	17.72	17.70	18.20	17.49	17.92	17.93
6	R	600008	首创股份	★★★	-0.71	1 ↑	4.18	20.06万	4.21	4.20	4.20	4.15	4.17	4.18
7	R	600009	上海机场	★★★★★	+0.11	908 ↓	26.92	37636	26.89	26.90	27.10	26.79	26.91	26.92
8	R	600010	包钢股份	★★★	+0.35	15 ↓	2.87	78.61万	2.86	2.85	2.89	2.84	2.86	2.87
9	R	600011	华能国际	★★★★	+0.14	7 ↓	7.13	13.99万	7.12	7.12	7.17	7.09	7.13	7.14
10		600012	皖通高速	★★★★	-9.98	4 ↑	15.34	20.74万	17.04	17.01	17.01	15.34	--	15.34
11	R	600015	华夏银行	★★	+0.00	14 ↑	11.07	98127	11.07	11.08	11.11	11.03	11.07	11.08
12	R	600016	民生银行	★★	+0.11	40 ↑	9.03	38.95万	9.02	9.01	9.05	9.01	9.02	9.03
13	R	600017	日照港	★★	+0.24	10 ↑	4.13	32.40万	4.12	4.12	4.16	4.10	4.12	4.13
14	R	600018	上港集团	★★★★	-0.57	3 ↓	5.22	67995	5.25	5.25	5.25	5.22	5.22	5.23
15	R	600019	宝钢股份	★★★	+2.41	10 ↑	6.80	72.59万	6.64	6.64	6.88	6.59	6.79	6.80
16	R	600020	中原高速	★★★	+0.43	28 ↑	4.66	16.50万	4.64	4.63	4.69	4.60	4.65	4.66
17	R	600021	上海电力	★★★★	-0.73	20 ↓	13.51	32.93万	13.61	13.48	13.79	13.33	13.52	13.54
18	R	600022	山东钢铁	★★★	+0.78	371 ↑	2.59	74.07万	2.57	2.57	2.62	2.56	2.59	2.60
19	R	600023	浙能电力	★★★★	-1.74	26 ↑	5.66	45.95万	5.76	5.77	5.77	5.65	5.66	5.67
20	R	600026	中远海能	★★★★	+0.43	10 ↓	7.08	23.12万	7.05	7.05	7.13	6.98	7.08	7.09
21	R	600027	华电国际	★★★★	-0.59	1 ↑	5.02	19.45万	5.05	5.06	5.06	5.00	5.02	5.03
22	R	600028	中国石化	★★★★	+0.68	110 ↓	5.90	128.58万	5.86	5.80	5.91	5.74	5.89	5.90
23	R	600029	南方航空	★★★★	+7.38	615 ↑	7.71	346.39万	7.18	7.15	7.90	7.13	7.70	7.71
24	R	600030	中信证券	★★★	+0.25	218 ↓	16.11	45.40万	16.07	16.03	16.21	16.02	16.10	16.11
25	R	600031	三一重工	★★	-1.34	22 ↓	6.65	21.72万	6.74	6.70	6.75	6.61	6.65	6.66
26	R	600033	福建高速	★★★★	+0.28	50 ↑	3.57	16.95万	3.56	3.55	3.63	3.54	3.56	3.57
27		600035	楚天高速	★★★★	+0.83	1 ↑	6.09	73445	6.04	6.12	6.13	6.04	6.08	6.09
28	R	600036	招商银行	★★	+0.00	11 ↑	17.94	10.67万	17.94	17.95	18.09	17.91	17.93	17.94
29	R	600037	歌华有线	★★★★★	+0.19	847 ↓	15.61	13.66万	15.58	15.60	15.87	15.56	15.59	15.60
30	R	600038	中直股份	★★★	-2.59	24 ↑	50.83	10.23万	52.18	51.99	53.76	50.53	50.81	50.94
31	R	600039	四川路桥	★★★	-0.99	210 ↓	5.01	25.91万	5.06	5.06	5.06	5.00	5.01	5.02
32	R	600048	保利地产	★★★★	+0.22	37 ↑	9.20	29.67万	9.18	9.17	9.21	9.15	9.18	9.19
33	R	600050	中国联通	★★★	-2.20	124 ↓	7.54	215.23万	7.71	7.67	7.80	7.52	7.54	7.55
34		600051	宁波联合	★★★	-3.20	5 ↑	13.92	10.26万	14.38	14.30	14.34	13.90	13.91	13.92

图 2－22　行情浏览界面（部分）

由于行情浏览界面包含了某一市场所有证券的行情数据，所以一个屏幕无法显示所有内容，需用多页来显示所有证券的行情数据。投资者可以通过“Pageup”“Pagedown”，或用鼠标滑轮切换上一屏或下一屏证券行情列表。

鼠标左键点击行情浏览界面的“代码”“涨幅%”“现价”“总手”等选项，系统可对该选项下的数据按升序或降序进行排序。鼠标放在“现价”选项上，左键点击后，即可进入按目前股票价格由高到低排序的界面，图 2－23 显示的是当前股票价格最高的 30 家上市公司；再次点击鼠标，即进入按目前股票价格由低到高排序的界面，图 2－24 显示的是当前股票价格最低的 30 家上市公司。

		代码	名称	星级	涨幅%	现手	现价↓	总手	昨收	开盘	最高	最低	叫买	叫卖
1	沪	600519	贵州茅台	★★★★★	+0.46	3↓	347.05	17779	345.46	346.55	347.40	344.61	347.15	347.25
2		603444	吉比特	★★★★	+10.00	1	137.76	152	125.24	137.76	137.76	137.76	137.76	--
3		300508	维宏股份	★★★★	+0.80	278↑	127.00	9454	125.99	125.89	128.79	124.30	126.99	127.00
4		002821	凯莱英	★★★★	+0.26	168↑	120.15	13704	119.84	120.05	123.25	119.52	120.15	120.20
5		300561	汇金科技	★	+3.00	297↑	115.50	16748	112.14	112.14	113.27	112.35	115.50	115.53
6		002801	微光股份	★★★★	+1.09	99↓	114.41	8190	113.18	113.52	116.88	113.23	114.41	114.42
7	R	300661	长春高新	★★★★	-0.73	80↓	112.28	9562	113.11	113.30	113.80	112.18	112.28	112.35
8		300531	优博讯	★★★★	+1.60	587↑	109.58	28120	107.85	109.00	113.79	108.68	109.58	109.60
9		300533	冰川网络	★★★★	+0.41	71↓	108.00	8126	107.56	107.07	109.90	107.07	108.00	108.01
10		300546	晨曦航空	★★★	-1.58	232↓	106.00	25588	107.70	106.20	107.50	102.50	105.89	106.00
11			雄帝科技		+10.00	30↑	105.49	26564	95.90	100.05	105.49	100.09	105.49	105.49
12		300571	平治信息	★	+1.24	522↑	103.35	30322	102.08	102.10	105.95	100.18	103.34	103.35
13		300523	辰安科技	★★★	-0.18	81↓	102.71	3619	102.90	102.91	104.30	102.71	102.71	102.72
14		300501	海顺新材	★★★	+0.50	141↓	101.61	4719	101.10	101.28	104.96	101.18	101.61	101.62
15		300502	新易盛	★★★	+1.16	187↑	100.05	13031	98.90	99.12	102.49	98.58	100.00	100.05
16		300543	朗科智能	★★★	+0.45	135↓	97.30	9598	96.86	96.90	99.76	96.90	97.27	97.30
17		300507	苏奥传感	★★★	+2.69	103↑	97.25	12817	94.70	96.20	99.90	96.01	97.25	97.27
18		300562	乐心医疗	★	+10.00	2↑	94.82	1922	86.20	94.82	94.82	94.82	94.82	--
19		603636	南威软件	★★★	-0.20	20↑	94.68	5750	94.87	94.87	95.32	93.40	94.13	94.87
20		603160	汇顶科技	★★★	-1.91	36↓	93.03	15016	94.84	94.30	96.55	92.86	93.01	93.02
21		300516	久之洋	★★★	+0.34	112↓	92.31	5461	92.00	92.63	93.58	92.00	92.31	92.33
22		603858	步长制药	★	+0.01	16↓	89.90	17068	89.89	89.90	91.50	89.64	89.90	89.91
23		300567	精测电子	★★★	-1.56	305↓	89.58	21910	91.00	92.00	95.75	88.80	89.58	89.60
24		300569	天能重工	★★★	+0.33	199↓	88.64	13065	88.35	88.37	90.38	88.20	88.64	88.64
25		300522	世名科技	★★★★	+4.28	255↑	88.35	19925	84.72	86.28	93.19	86.28	88.35	88.38
26		300525	博思软件	★★★	+1.23	112↑	88.07	4534	87.00	87.80	88.88	88.00	88.07	88.07
27		300500	苏州设计	★★★★	+0.64	50↓	87.46	4992	86.90	88.00	88.88	87.01	87.46	87.47
28		300583	赛托生物	★	+10.00	1↓	84.94	413	77.22	84.94	84.94	84.94	84.94	--
29		603988	中电电机	★★★	+3.17	4↓	84.22	34192	81.63	81.00	86.81	80.47	83.90	83.99
30		300553	集智股份	★★★★	+1.20	218↓	84.00	6945	83.00	83.33	86.20	83.05	84.00	84.10

图 2 - 23 "现价"由高到低的排序界面（部分）

		代码	名称	星级	涨幅%	现手	现价↑	总手	昨收	开盘	最高	最低	叫买	叫卖	涨速%
1	沪	601558	华锐风电	★★	+0.00	652↓	2.33	231.95万	2.33	2.29	2.34	2.21	2.33	2.34	+0.00
2		600401	海润光伏	★★★	-0.85	15↓	2.32	49.15万	2.34	2.33	2.34	2.31	2.32	2.33	+0.00
3		000629	*ST攀钢	★	-1.63	2421↑	2.42	32.64万	2.46	2.45	2.46	2.41	2.41	2.42	+0.00
4	R	600022	山东钢铁	★★	-1.16	66↓	2.56	64.44万	2.59	2.58	2.60	2.55	2.56	2.57	+0.00
5		000979	中弘股份	★★	+1.13	2726↑	2.69	80.18万	2.66	2.66	2.72	2.66	2.68	2.69	+0.00
6		601258	庞大集团	★★	-0.71	396↓	2.78	39.61万	2.80	2.79	2.80	2.77	2.77	2.78	+0.00
7		601880	大连港	★★★★	-1.06	24↓	2.80	45.93万	2.83	2.82	2.84	2.79	2.79	2.80	+0.00
8		600307	酒钢宏兴	★★	-1.06	10↓	2.81	46.49万	2.84	2.83	2.86	2.80	2.81	2.82	+0.00
9	R	600010	包钢股份	★★★	-1.05	71↓	2.84	53.95万	2.87	2.86	2.88	2.83	2.84	2.85	+0.35
10		600231	凌钢股份	★★★	-0.70	47↓	2.85	24.94万	2.87	2.86	2.90	2.84	2.85	2.86	+0.00
11		002510	爱康科技	★★★	-0.68	2707↑	2.94	52.64万	2.96	2.96	2.96	2.91	2.93	2.94	+0.00
12	R	600808	马钢股份	★★★	+0.33	20↓	3.01	43.05万	3.00	2.98	3.04	2.98	3.00	3.01	+0.33
13		300185	通裕重工	★★★	-0.33	2349↓	3.03	20.85万	3.04	3.04	3.05	3.03	3.03	3.04	+0.00
14		600863	内蒙华电	★★	-1.27	2↓	3.11	13.91万	3.15	3.14	3.15	3.11	3.11	3.12	-0.32
15		601288	农业银行	★★	+0.00	153↓	3.12	70.08万	3.12	3.11	3.12	3.11	3.11	3.12	+0.00
16		600219	南山铝业	★★	-1.86	101↓	3.16	58.02万	3.22	3.23	3.23	3.15	3.16	3.17	+0.00
17		000683	远兴能源	★★	-2.77	3946↓	3.16	74.00万	3.25	3.25	3.28	3.15	3.16	3.17	-0.32
18		600569	安阳钢铁	★★	-3.65	12↓	3.17	46.01万	3.29	3.24	3.32	3.16	3.17	3.18	+0.32
19	R	600630	铜陵有色	★★	-2.74	8287↓	3.20	121.66万	3.29	3.28	3.29	3.18	3.19	3.20	+0.00
20		600166	福田汽车	★★	+0.31	100↓	3.23	45.31万	3.22	3.23	3.27	3.20	3.23	3.24	+0.62
21		600795	国电电力	★★★★	-1.22	318↓	3.23	123.73万	3.27	3.26	3.27	3.22	3.23	3.24	+0.00
22		600221	海南航空	★★★★	+0.00	2↓	3.29	49.11万	3.29	3.28	3.30	3.28	3.28	3.29	+0.00
23		600282	南钢股份	★★	-1.49	8↓	3.30	44.08万	3.35	3.35	3.35	3.30	3.30	3.31	+0.00
24		000725	京东方A	★★	+4.43	63029↑	3.30	856.41万	3.16	3.35	3.36	3.16	3.30	3.31	+0.00
25		002031	巨轮智能	★★	-2.02	2747↓	3.39	21.42万	3.46	3.40	3.42	3.38	3.39	3.40	+0.00
26		000425	徐工机械	★★★	-0.59	3874↓	3.39	33.55万	3.41	3.40	3.42	3.38	3.39	3.40	+0.00
27		601899	紫金矿业	★★	-0.29	30↑	3.40	65.33万	3.41	3.41	3.44	3.38	3.39	3.40	+0.00
28		000709	河钢股份	★★★	-1.16	4160↑	3.42	110.94万	3.46	3.45	3.55	3.41	3.41	3.42	+0.29
29	R	601988	中国银行	★★	+0.00	1↓	3.43	111.48万	3.43	3.43	3.44	3.43	3.43	3.44	+0.00
30	R	000100	TCL集团	★★★	+1.78	4617↑	3.44	100.10万	3.39	3.39	3.46	3.38	3.43	3.44	+0.00

图 2 - 24 "现价"由低到高的排序界面（部分）

在行情浏览界面，可以通过鼠标左键单击某一证券或用"↓↑"键选定某证券，然后双击鼠标左键或按 Enter 键的方式进入该证券的行情信息界面。

鼠标放在分类标签上单击左键，即进入各类证券的行情浏览界面；下方带有小黑三角形的表示此类中包含若干子类，鼠标左键单击该标签可进行子类的选择，如图 2 - 25 所示。

鼠标放在"证券"上，左键点击即进入目前在我国沪、深证券交易所挂牌交易的所有证券公司的行情浏览界面，如图 2 - 26 所示。

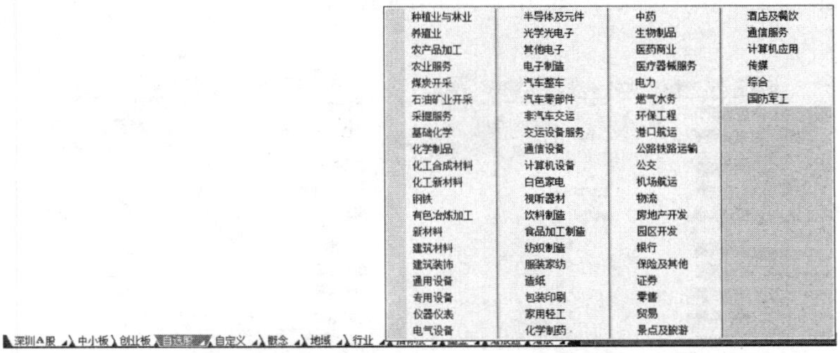

图 2－25　“分类标签——行业”界面

		代码	名称	星级	涨幅%	现手	现价↑	总手	昨收	开盘	最高	最低	叫买	叫卖	涨速%	量比	所属行业
1	R	601099	太平洋	★	-1.53	105 ↑	5.16	49.46万	5.24	5.23	5.26	5.16	5.16	5.17	-0.19	0.93	沪股通
2	R	600369	西南证券	★	-1.14	32 ↑	6.91	20.03万	6.99	6.98	7.02	6.90	6.90	6.91	+0.00	1.05	沪股通
3	R	601901	方正证券	★	-0.40	29 ↑	7.46	28.71万	7.49	7.48	7.55	7.45	7.45	7.46	+0.13	0.86	沪股通
4	R	601377	兴业证券	★	-0.26	1000 ↓	7.62	30.68万	7.64	7.61	7.70	7.60	7.62	7.63	-0.13	0.96	沪股通
5		601375	中原证券	★	-4.81	199 ↑	8.11	163.51万	8.52	8.39	8.62	8.09	8.10	8.11	+0.00	1.23	证券
6	R	000783	长江证券	★	-0.78	1531 ↓	10.13	19.69万	10.21	10.19	10.28	10.13	10.13	10.14	-0.10	0.95	证券
7		600909	华安证券	★	+1.01	5 ↓	10.96	75.67万	10.85	10.74	11.29	10.70	10.96	10.97	+0.00	1.07	证券
8	R	002500	山西证券	★	+0.17	1687 ↓	11.77	15.59万	11.75	11.75	12.04	11.74	11.77	11.78	+0.09	1.22	证券
9	R	000686	东北证券	★	-0.49	1643 ↓	12.18	14.78万	12.24	12.22	12.32	12.16	12.18	12.19	+0.00	0.77	证券
10	R	601555	东吴证券	★	+0.00	5 ↓	13.06	13.15万	13.06	13.06	13.18	13.04	13.06	13.07	+0.00	0.80	沪股通
11	R	600109	国金证券	★★	+0.38	20 ↑	13.18	19.80万	13.13	13.11	13.32	13.11	13.18	13.19	+0.07	1.16	沪股通
12	R	600155	宝硕股份	★★	-0.35	1 ↓	14.14	24658	14.19	14.24	14.32	14.06	14.13	14.14	-0.07	0.58	证券
13	R	600958	东方证券	★	-0.53	26 ↑	15.06	91984	15.14	15.11	15.19	15.05	15.06	15.07	+0.00	0.84	证券
14	R	600061	国投安信	★★★	+0.07	8 ↓	15.27	73099	15.26	15.26	15.39	15.20	15.27	15.28	+0.20	1.00	证券
15	R	601788	光大证券	★	-0.63	7 ↑	15.72	11.09万	15.82	15.75	15.86	15.71	15.72	15.73	+0.00	1.07	证券
16	R	002736	国信证券	★★	+0.77	1074 ↓	15.74	75408	15.62	15.69	15.85	15.67	15.74	15.75	+0.00	1.50	证券
17	R	600837	海通证券	★	+1.07	63 ↓	16.11	23.73万	15.94	15.94	16.26	15.91	16.12	16.13	-0.06	1.48	沪股通
18	R	600030	中信证券	★★★	+0.31	3 ↑	16.15	55.96万	16.10	16.11	16.28	16.09	16.14	16.15	+0.00	1.25	沪股通
19	R	600999	招商证券	★★★	-0.18	10 ↑	16.29	86291	16.32	16.30	16.42	16.25	16.28	16.29	+0.12	0.97	沪股通
20	R	300059	东方财富	★★★	-0.12	3363 ↓	16.77	28.79万	16.79	16.75	16.95	16.75	16.77	16.78	-0.06	0.90	证券
21	R	000776	广发证券	★★★	-0.12	1099 ↓	17.25	25.79万	17.27	17.21	17.48	17.19	17.25	17.26	+0.00	1.35	证券
22	R	601688	华泰证券	★★	-0.50	20 ↑	17.74	18.20万	17.83	17.85	17.97	17.72	17.73	17.74	+0.06	0.81	沪股通
23	R	601211	国泰君安	★★	+0.48	651 ↓	18.75	29.29万	18.66	18.65	18.87	18.63	18.73	18.74	+0.16	1.51	证券
24		601198	东兴证券	★	-0.92	1 ↓	19.29	73475	19.47	19.47	19.60	19.28	19.31	19.33	-0.21	0.93	证券
25	R	000728	国元证券	★	+0.20	1956 ↓	19.91	14.26万	19.87	19.86	20.13	19.83	19.91	19.92	+0.00	0.83	证券
26	R	002673	西部证券	★	-0.25	3367 ↑	20.23	13.36万	20.28	20.28	20.45	20.22	20.22	20.23	+0.00	0.79	证券
27	R	000712	锦龙股份	★★	+2.07	2007 ↓	22.72	19.31万	22.26	22.80	23.45	22.57	22.72	22.73	+0.04	1.33	证券
28		002797	第一创业	★	-0.95	1681 ↑	33.54	75834	33.86	33.86	34.17	33.50	33.53	33.54	-0.09	1.05	证券
29	R	000166	申万宏源	★★★	—	—	—	0	6.25	—	—	—	—	—	—	0.00	证券
30	R	000750	国海证券	★★	—	—	—	0	6.97	—	—	—	—	—	—	0.00	证券

图 2－26　我国已上市交易的证券公司行情浏览界面

二、证券行情软件的基本操作

（一）多股同列、多周期同列、多日分时同列

在实时或历史行情信息界面，为便于比较分析，投资者可以选用多股同列、多周期同列、多日分时同列的行情界面。

1. 多股同列的具体操作方法

鼠标左键点击菜单栏中的“报价”，从下拉菜单中根据需要选择分时行情或历史行情（K 线），如图 2－27 所示；或采用快捷键，在个股的分时行情界面或历史行情界面按下“Ctrl＋4”“Ctrl＋9”“Ctrl＋16”，即可进入 4 股、9 股或 16 股同列的分时行情或历史行情界面，图 2－28 显示的是四只股票同列的界面。

2. 多周期同列的操作方法

在某一证券或指数的分时行情或历史行情界面鼠标左键点击菜单栏中的“分析”，在下拉菜单选择“多周期图”即可进入多周期同列界面。图 2 – 29 显示的是 6 个周期的 K 线图。

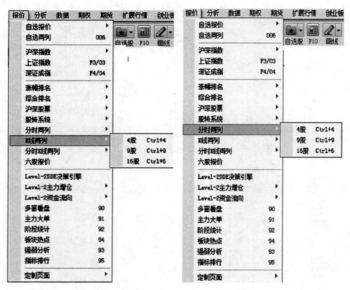

图 2 – 27　报价——多股同列界面

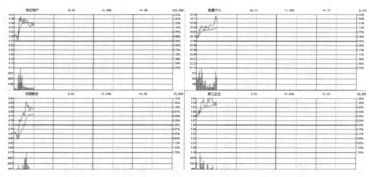

图 2 – 28　四股同列界面

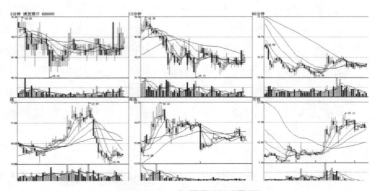

图 2 – 29　多周期同列界面

3. 多日分时同列的操作方法

在分时行情界面，如图 2－30 所示，点击界面右上角的画圈处的“＋”或“－”，可增加多日分时或减少多日分时；或者，在分时行情界面，同时按下“Ctrl”和“↓”，可增加多日分时或减少多日分时。图 2－30 为 5 日同列分时图。

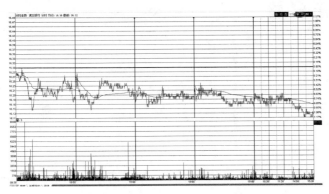

图 2－30　浦发银行 5 日分时界面

（二）查阅资讯信息

查阅渠道 1：

在分时行情界面或历史行情界面点击热键 F10 即可进入该证券或指数的基本资料界面，该界面包括的证券的基本资料有：最新提示、公司概况、财务分析、股东研究、股本结构、资本运作、业内点评、行业分析、公司大事、港澳特色、经营分析、主要追踪、分红扩股、高层治理、龙虎榜单、关联个股等，如图 2－31 所示。投资者需要查阅哪方面的信息资料，用鼠标左键点击某个链接按钮，即可迅速进入该链接。

600000
浦发银行

最新提示 | 公司概况 | 财务分析 | 股东研究 | 股本结构 | 资本运作 | 业内点评 | 行业分析
公司大事 | 港澳特色 | 经营分析 | 主力追踪 | 分红扩股 | 高层治理 | 龙虎榜单 | 关联个股

☆最新提示☆ ◇600000 浦发银行 更新日期：2017-01-11◇ 港澳资讯 灵通V7.0
☆【港澳资讯】所载文章、数据仅供参考，使用前务请仔细核实，风险自负。☆
★本栏包括【1.最新提醒】【2.机构持股变化】【3.股东户数变化】
【4.风险提示】★

关注度等级：★★★★★(2017-01-10)市场关注度排名第1位，较前日无变化
★中国最具投资潜力上市公司100强，谁会是下一个十倍牛股，该股是否入选?
★中国上市公司资讯网【http://www.cnlist.com/vip/topHundred.do】

【1.最新提醒】 ★2016年报预约披露时间：2017-04-29

★最新主要指标★	16-12-31	16-09-30	16-06-30	16-03-31	15-12-31
每股收益(元)	2.4000	1.8730	1.2290	0.6960	2.6650
每股净资产(元)	15.6400	15.2600	14.5950	15.9620	15.2920
净资产收益率(%)	16.3500	12.8600	8.5900	4.5000	18.8200
总股本(亿股)	216.1828	216.1828	216.1828	196.5298	186.5347
流通A股(亿股)	205.1882	205.1882	205.1882	186.5347	186.5347
限售条件股份(亿股)	10.9946	10.9946	10.9946	9.9951	-
最新指标变动原因	业绩快报	-	-	-	-

2016-09-30　每股资本公积:3.454 营业收入(万元):12092800.00 同比增11.32%
2016-09-30　每股未分利润:3.969 净利润(万元):4068200.00 同比增9.47%

★最新公告:2017-01-11浦发银行(600000)关于非公开发行普通股股票获得中国证监会行政许可申请受理的公告(详见公司大事)
★最新报道:2017-01-09浦发银行(600000)2016年业绩快报点评:资产规模扩张利润增速下滑(详见业内点评)
★资本运作:【公告日期】2013-08-02 【类别】股权质押(详见资本运作)

★最新分红扩股和未来事项:
【分红】:2016半年度 利润不分配(决案)
【分红】:2015年度 10转1股 派5.15元(含税)(实施) 股权登记日：2016-06-22 除权除息日：2016-06-23
【增发】:2016年度拟非公开发行不超过104731.64万股(股东大会通过) 增发对象：上海国际集团有限公司及上海国鑫投资发展有限公司。
【增发】:2015年度增发99951.03万股增发价格16.36元/股(实施) 增发对象：国

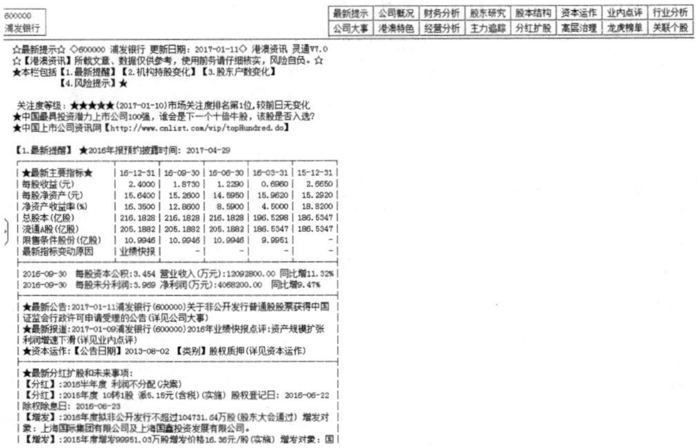

图 2－31　基本资料界面

查阅渠道2：

在分时行情界面，可通过点击软件系统设置的信息地雷，查阅某证券或指数的实时公告和资讯，如图2-32所示。

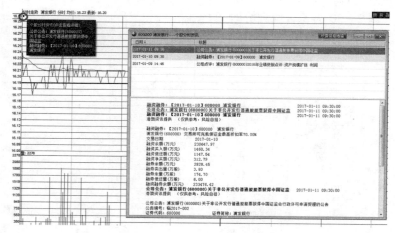

图2-32　分时资讯界面

在历史行情界面，也可通过点击软件系统设置的信息地雷，查阅该证券或指数代表的盘面的历史资讯信息。点击图2-33方框中的信息地雷，出现的相应信息如下。

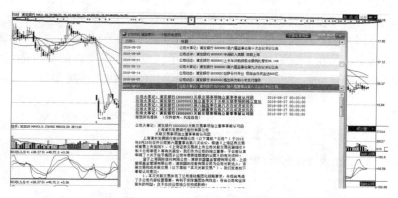

图2-33　历史信息地雷界面

查阅渠道3：

通过点击行情软件菜单中的"资讯"选项，打开下拉菜单，投资者可根据需要选择查看相应资讯信息，投资者也可利用界面左上角的"资讯"快捷键，鼠标左键点击进入资讯中心界面（见图2-34）。

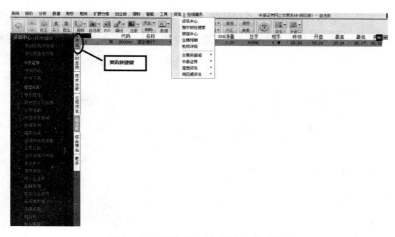

图 2 - 34　"资讯—资讯中心"界面

(三) 技术指标的操作

技术指标是行情软件的重要部分，也是投资者进行技术分析的重要工具。

1. 移动平均线指标参数的修改

一般地，行情分析软件会设置 3～5 条不同时间参数的移动平均线，见图 2 - 35 左上角画圈处。投资者可根据需要增减移动平均线的数量、修改时间参数、均线的颜色等。

具体操作方法：在指数或某证券的历史行情页面，将光标移至某条均线上，点击鼠标右键，调出均线指标修改和指标使用说明小窗口，如图 2 - 35 所示。

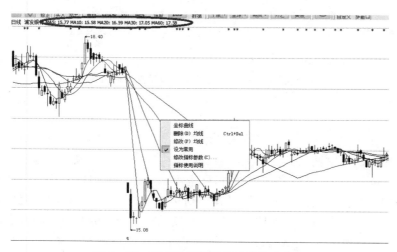

图 2 - 35　移动平均线指标参数修改窗口

选择"修改指标参数"选项，点击进入图 2 - 36 的界面；选择"均线 1"，点击进入图 2 - 37 界面，投资者可通过此界面进行均线时间参数的修改、增加或减少均线、公式修改、改变均线颜色等操作。

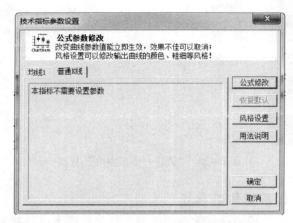

图 2 - 36　均线指标参数设置界面

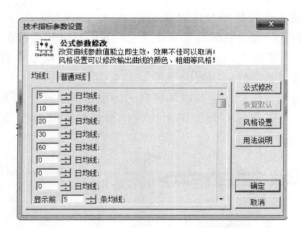

图 2 - 37　均线指标参数设置界面

2. 其他技术指标的操作

在历史行情界面直接输入技术指标的简称字母即可调出相应的指标曲线，再次输入其简称则可隐藏该指标曲线；或者鼠标左键点击行情界面下方的指标标签栏中的指标也可调出相应的指标曲线；与均线相同，鼠标右键点击该曲线可弹出指标参数修改和使用说明小窗口；目前的一些免费行情软件也提供一些技术指标公式的修改功能，点击图 2 - 37 中的"公式修改"选项，可进入相应指标的公式修改界面，投资者可根据自己进行技术分析的需要对公司进行一定的修改。公式修改界面如图 2 - 38 所示。

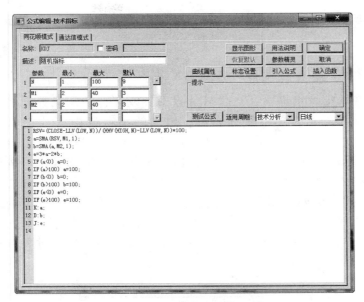

图 2 - 38 KDJ 指标公式修改界面

3. 窗口组合的操作

在历史行情界面点击鼠标右键，鼠标左键点击"多指标组合"，可进行窗口组合的选择。同花顺行情软件提供一图、二图直到九图的窗口组合，其中，"一图组合"历史行情界面只显示价格走势，"二图组合"显示价格走势和成交量走势，"三图组合"显示价格走势、成交量走势、一种技术指标曲线，"四图组合"则显示价格走势、成交量走势、两种技术指标曲线，以此类推。图 2 - 39 是"五图组合界面"，投资者可以选择三种技术分析指标，以便于进行对比分析。

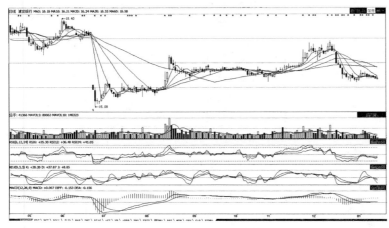

图 2 - 39 五图组合界面

窗口组合的快捷操作：按"Alt＋1"是一图组合，按"Alt＋2"是二图组合，以此类推，按"Alt＋9"是九图组合。

（四）加入自选股、板块股

在历史行情界面、实时行情界面，或在行情浏览界面将光标放至某证券上，单击鼠标右键，出现的小窗口中有"加入自选股""加入板块股"两个选项（见图2－40）。鼠标左键点击"加入自选股"，可以将该界面的指数或证券加入自选股中。按热键F6或数字键06即可进入自行股浏览界面；鼠标左键点击"加入板块股"，会弹出图2－41的界面，投资者可选择将选定的证券加入系统设置或自定义的板块中。将光标放至分类标签中的"自定义"选项中并左键单击，即可以选择相应的板块并进入该板块的浏览界面。

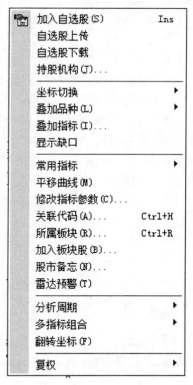

图 2－40

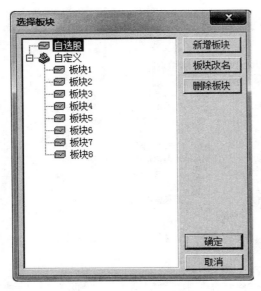

图 2 - 41　选择板块界面

（五）叠 加

在历史行情界面或实时行情界面，鼠标右键单击后在弹出的小窗口（见图 2 - 42）；选择"叠加品种"—"叠加指定品种"，后即进入选择叠加品种界面，如图 2 - 43 所示。

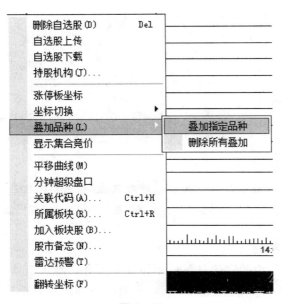

图 2 - 42

图 2 - 43 叠加界面

叠加功能的设置可方便投资者将某一股票与指数或股票之间进行走势强弱的比较分析，图 2 - 44 是浦发银行与上证指数的历史行情叠加图，从中可看出，浦发银行的历史走势与上证指数高度一致。

图 2 - 44 浦发银行与上证指数叠加的历史行情界面

（六）画线工具

在菜单栏中的"工具"的下拉选项中有"画线工具"，点击"画线工具"，会弹出画线工具按钮，投资者可通过选择按钮，分别画出不同的技术分析线条（见图 2 - 45）。

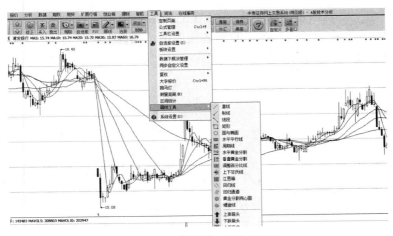

图 2 – 45 "画线工具"界面

（七）方向键的操作

1. "←""→"

在历史行情界面，将光标放在某根 K 线上，然后通过按住"→"或"←"键可使当前界面向前或向后移动，投资者可浏览到不同交易时间段的价格走势；在实时行情界面，通过"→"或"←"键控制光标，投资者可看到当日在每个时点上的价格或指数的变动信息，如图 2 – 46 所示。

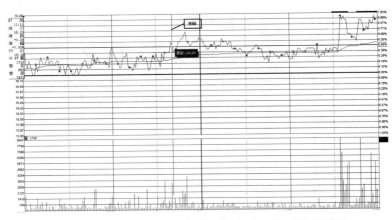

图 2 –46 实时行情界面中"←"或"→"键的用法图

2. "↓""↑"

在历史行情界面，利用"↓""↑"键可以缩小或放大当前界面看到的 K 线的形状，K 线越大，在历史行情界面可显示的 K 线数量就越少，反之，K 线数量就越多。一直按着"↑"键，K 线数量就会越来越少，直到系统默认的数值；一直按"↓"键，最后便可看到自首个交易日以来的所有 K 线。在上证指数的历史行情界面（日 K 线），一直按着"↓"键，投资者便可浏览到自上海证券交易所开市以来的上证指数的全景界面，如图 2 - 47 所示。

图 2 - 47　上证指数全部的历史行情走势图

（八）个股雷达

"个股雷达"可帮助投资者在交易时间内监控股票市场上任何值得注意的情况。投资者可以通过"个股雷达"定义涨跌幅度、量比、绝对价位、成交量异动、指标突破价位等一系列的预警条件，当投资者选定的股票满足预警条件时，系统自动报警。

打开菜单栏中的"智能"选项，选择"个股雷达"单击鼠标左键进入个股雷达界面，如图 2 - 48 所示。

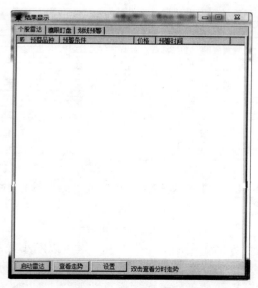

图 2 - 48　"个股雷达"界面

点击界面下方的"设置",进入"设置个股预警条件"界面。投资者首先输入需要设置预警的证券代码,根据界面中提供的条件进行选择后点击"确定"就完成为需要的证券加入预警条件的设置了。

"保持监控"是指投资者选定的股票每次满足设置的预警条件时都预警,如不选择"保持监控"则仅预警一次;"弹出窗口"当选定的股票满足条件时会弹出窗口提示;"发出声音"则当选定的股票满足条件预警时会有蜂鸣声;"自动交易",是指当选定的股票满足条件时,设置系统自动为投资者发出买入或卖出委托指令。投资者可根据自己的需要决定是否对这四个选项进行选择(见图2-49)。

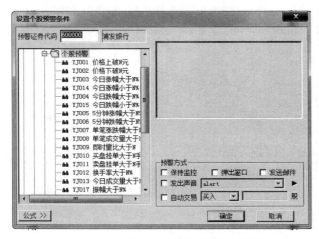

图2-49 "设置个股预警条件"界面

投资者可在"个股雷达设置"界面查看已经设置的雷达条件,并可以增加、修改、删除条件(见图2-50)。

图2-50 "个股雷达设置"界面

设置好预警条件后点击"个股雷达"界面中的"启动雷达","个股雷达结果显示"将列出所有满足投资者设定的预警条件的股票，以及当时的时间、价格。如果选择"随系统启动"则每次打开"同花顺"行情软件时即启动预警（见图2-51）。

图2-51 "个股雷达结果显示"界面

选中图2-48中的"鹰眼盯盘"，然后点击界面下方的"设置"，进入"盯盘条件设置"界面（见图2-52）。

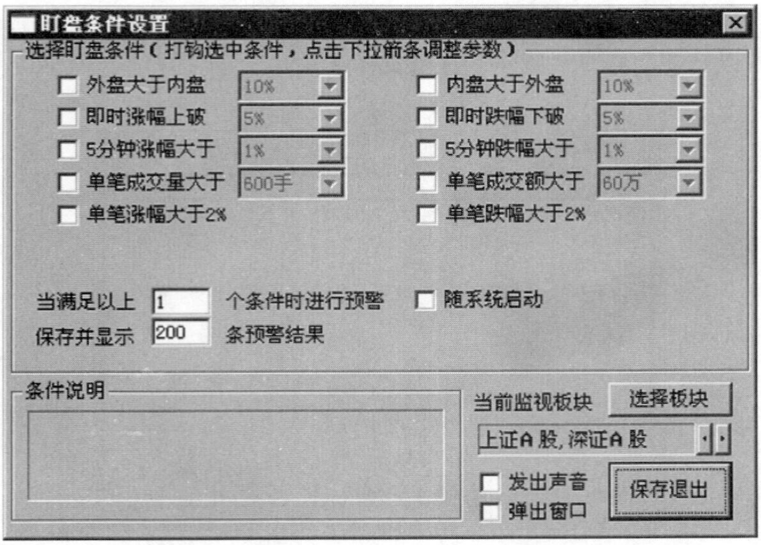

图2-52 "盯盘条件设置"界面

投资者可以通过界面提供的盯盘条件进行选择并设定相应的参数，系统将在条件满足时以投资者选定的方式提醒投资者。

（九）选 股

证券行情软件都具备选股功能，各个行情软件的选股功能的操作大同小异，但也各具特色。投资者在使用行情软件的选股功能前应查阅该软件的使用说明书，掌握该软件选股功能的操作方法，以便能够准确使用选股功能进行选股。

一般地，免费软件和低收费软件提供的选股功能较为简单，投资者可根据系统中选股工具的指标和条件进行选择和设定，然后由系统筛选出符合条件的所有证券品种；同时，部分免费软件和低收费软件也会提供自编指标系统，投资者可以通过自编公式和自定义数据实现选股的目的。同花顺行情软件提供了"问财选股""形态选股""智能选股""基本面选股"等选股方法，见图2-53画框处。

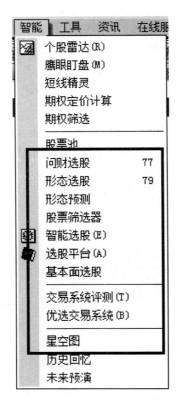

图 2-53

1. 问财选股

"问财选股"属于一款智能型的选股工具，具有操作简单、使用方便的特点。点击"问财选股"进入选股界面后，投资者只要在选股框内输入选股条件，点击"问一下财"，系统便会自动筛选出符合条件的股票，投资者选择某只股票后，即可将该股票"加自选"或"加板块"，如图 2 - 54 所示。

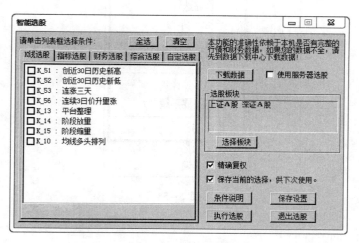

图 2 - 54 "问财选股"界面

当光标移动到某只股票的"股票简称"上时，会自动出现该股票的分时或历史行情走势图，通过点击界面上的"个股资料""个股相关资讯"可查看到该股及相关的新闻、资讯等。

2. 智能选股

同花顺行情软件中的"智能选股"非常简单易用，投资者只需在提供的选择条件上进行选择，即可完成选股的操作。"智能选股"的选择条件包括："K 线选股""指标选股""财务选股""综合选股""自定选股"，如图 2 - 55 所示。

图 2 - 55 "智能选股"界面

投资者根据提示下载数据后，即可在提供的选择条件中进行选择，然后鼠标左键点击"选择板块"，确定需要从哪个或哪几个板块里选股（见图 2 – 56）。

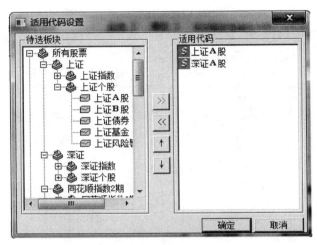

图 2 – 56 "待选板块"界面

条件设定完成后，鼠标左键点击"执行选股"，系统即自动为投资者进行选股操作，选股完毕后，投资者可通过点击"智能选股结果"界面底部的"显示同时满足（交集）"选项，查看选股的结果，并可通过"存至板块"将其存入相应的板块中，以便于查看和分析（见图 2 –57）。

图 2 –57 "智能选股"结果界面

3. 选股平台

"智能选股"中提供的可选择的选股条件较为简单，如果满足不了需要，投资者可选择在"选股平台"中进行选股的操作。"选股平台"中提供的选股条件较全面、丰富，投资者可以根据一个或多个技术指标或财务指标，设定较全面的组合条件进行选股，投资者还可在"选股平台"通过用自己编写的选股条件进行选股。同花顺的"选股平台"界面如图2－58所示，图2－59为"选股平台"中"技术指标"的下拉菜单。

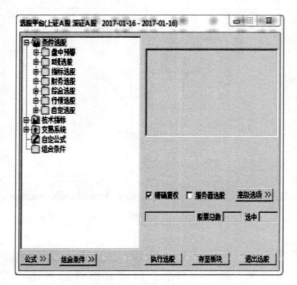

图2－58　"选股平台"界面

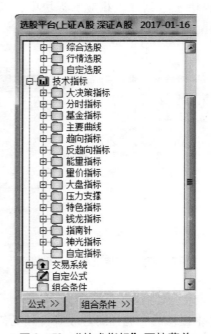

图2－59　"技术指标"下拉菜单

"选股平台"具体操作步骤如下：

（1）选择选股条件：在"选股平台"界面的左边选择选股条件，例如，选定"技术指标"—"趋向指标"—"MACD 指数平滑异同平均线"，如图 2－60 所示。

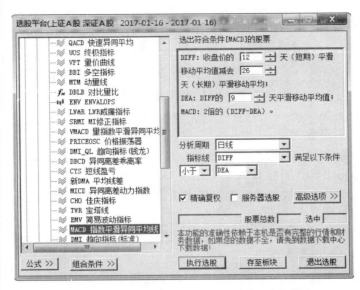

图 2－60　"选股平台"——"MACD"选股界面

（2）设定时间参数：可用系统默认的时间参数值，也可自己输入时间参数。本例中使用系统默认的时间参数值。

（3）选择分析周期：点开图 2－60 分析周期右边的中下拉小三角形，投资者可选择不同的分析周期。本例选择"日线"。

（4）条件选择：对于条件选股公式就可以直接选股，如果是普通技术指标还要输入比较的条件。本例中选择"DIFF"上穿"DEA"。

（5）设定选择板块和选择时间：点击"高级选项"，在下拉小菜单中进行板块和时间选择的操作，本例将板块设定为沪深 A 股，时间设定为"使用当前时间段"。

（6）选股：点击"执行选股"，系统便根据投资者设定的条件开始选股，选股结果以报价表形式呈现。

（7）设置组合条件：如果投资者需要选出同时满足几个条件的股票，可按上述的 1～6 步骤分别选中和设置选股条件，"条件管理"则分别选中条件，将其添加为组合条件，然后执行选股即可。如上例，投资者加入另外一个条件：KDJ 指标，个体设置内容和选股结果如图 2－61 所示。

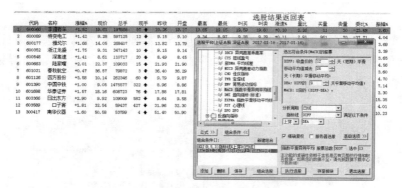

图 2-61　选股结果界面

4. 形态选股

形态选股又称形态匹配选股，通过行情软件提供的形态选股功能，筛选出具有相似 K 线形态的股票。投资者可以通过形态选股实现以选定形态的股票的后期走势来预测与其有相似形态的股票的未来走势的目的。

形态选股可通过两种方式进行操作：

第一种操作方法：

进入某证券或指数的历史行情界面；按住鼠标右键拖动选定样本的 K 线区间；松开鼠标弹出的小窗口中选择"形态选股"；系统利用计算机自动筛选出股票价格波动具有相似形态的股票；如要保存选股结果，点击"形态保存"，即在系统中添加为实际形态（见图 2-62-1）。

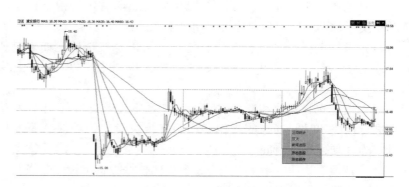

图 2-62-1　"形态选股"界面

第二种操作方法：

在同花顺行情软件界面点击"智能"—"形态选股"或直接按形态选股的快捷键"79"；在出现的"形态选股方案"界面中，可直接选用实际形态，然后点击"执行选股"即可；或者点击

"设置"，由投资者自己选择设定形态方案名称、形态匹配度、形态匹配条件等，点击"执行选股"，如图2-62-2所示。投资者还可通过点击"自绘形态"，自己绘制形态图进行选股，如图2-63所示。

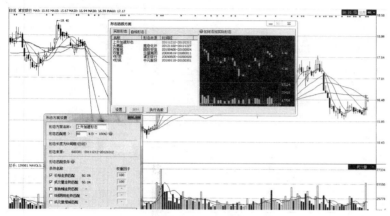

图2-62-2 "形态选股"界面

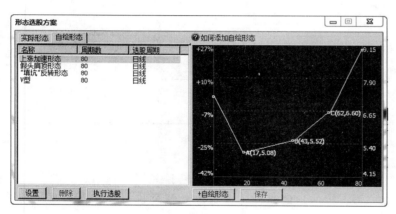

图2-63 形态选股—自绘形态界面

三、证券行情软件通用快捷键

通常，不同的证券行情软件关于操作指令的快捷键设置不尽相同，投资者需通过软件提供的使用说明进行查阅和熟悉；也有一些使用频率较高的操作指令的快捷键在大多数证券行情软件是通用的，如表2-3所示。

表 2 – 3　　　　　　　　　　　通用快捷键一览表

快捷键	调用界面		
F1（01 + Enter）	成交明细	60 + Enter	沪深 A 股涨幅排名
F2（02 + Enter）	分价表	61 + Enter	上海 A 股涨幅排名
F3	上证领先	62 + Enter	上海 B 股涨幅排名
F4	深证领先	63 + Enter	深圳 A 股涨幅排名
F5（Enter）	实时行情界面/历史行情界面切换	64 + Enter	深圳 B 股涨幅排名
F6（06 + Enter）	查看自选股	65 + Enter	上海债券涨幅排名
F8	分析周期切换	66 + Enter	深圳债券涨幅排名
F1（10 + Enter）	公司资讯	67 + Enter	上海基金涨幅排名
1 + Enter	上海 A 股行情报价	68 + Enter	深圳基金涨幅排名
2 + Enter	上海 B 股行情报价	80 + Enter	沪深 A 股综合排名
3 + Enter	深圳 A 股行情报价	81 + Enter	上海 A 股综合排名
4 + Enter	深圳 B 股行情报价	82 + Enter	上海 B 股综合排名
5 + Enter	上海债券行情报价	83 + Enter	深圳 A 股综合排名
6 + Enter	深圳债券行情报价	84 + Enter	深圳 B 股综合排名
7 + Enter	上海基金行情报价	85 + Enter	上海债券综合排名
8 + Enter	深圳基金行情报价	86 + Enter	深圳债券综合排名
Esc	返回上一界面	87 + Enter	上海基金综合排名
PageUP	向上翻页	88 + Enter	深圳基金综合排名
PageDown	向下翻页		

本章小结

（1）证券投资信息内容广泛，包括经济、政治、文化和心理等各个方面，按信息的属性可分为原始信息、初级信息和高端增值信息；按信息的发布频率可分为定期信息和不定期信息；按信息反映的内容可分为宏观信息、行业信息和公司信息。

（2）我国证券市场上各种信息的发布主体主要有：政府部门、证券交易所、上市公司等。

（3）证券投资信息可通过实地调查、广播/报纸/杂志及电视等传统媒体、数字设备、互联网等渠道获取，由于互联网的快速发展和普及，通过互联网和专业软件获取投资信息成为大多数投资者的首选。

（4）证券行情软件可通过在证券公司网站的软件下载区进行下载，或直接通过互联网搜索需要下载的构件名称，找到下载地址进行下载，下载完成即可进行安装。安装后点击其快捷方式即可登录使用。

（5）证券行情软件界面主要包括行情软件的主界面、行情信息界面、行情浏览界面等。

（6）证券行情软件的基本操作包括多股同列、多周期同列和多日分时同列；资讯信息的查阅；技术指标的操作；加入自选股和板块股；叠加；画线工具的使用；方向键的操作；个股雷达；选股的操作等。

知识拓展

同花顺行情软件自定义公式

单击"智能"菜单中的"选股平台"命令，选中"自定义公式"后点击"公式"。进入"公式编辑"界面，如图 2−64 所示。

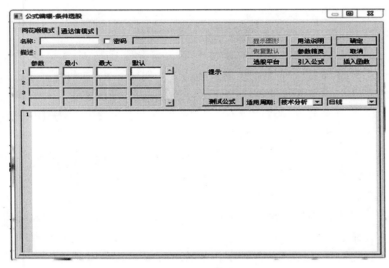

图 2−64　公式编辑界面

1. "名称"：在这里输入所编公式的名称（一般用英文）。这样当其他公式调用这个公式时将会使用这个名称。

例如，数据项开盘价的函数名称为"OPEN"，则当别的公式要调用开盘价作计算时，在"公式编辑区域"输入 OPEN 就可以了。

2. "描述"：给这个公式起一个简单的名称（一般用中文）。将这个公式作为一个数据项输出时会显示这个名称。

例如，数据项开盘价的描述为"开盘"，则在表格中显示开盘价的这一列的表头显示的名称就是"开盘"。

3. "密码"：选"密"，表示将对该公式加密。在输入密码后，今后对此公式进行修改和查看必须先输入密码。不过仍然可以自由导入、导出和使用此公式。

4. "用法说明"：可以写对这个公式用法的文本说明。点击后就可以阅读或修改。并且在很多其他界面能调用到，如选股界面。

5. "参数编辑"：使用参数可以方便地使用中需要修改得数值进行调整。每个参数需要设定参数名称、最小值、最大值和缺省值。在这里依次填入参数名、最大值、最小值、缺省值。如果要删除，则按Delete键。

6. "参数精灵"：在使用分析工具时，很多时候用户都需要调整参数，但很多用户无法理解对参数调整的实际意义。使用"用法说明"按键下面的"参数精灵"，可以将参数调整及参数意义放在同一段文字中，方便用户使用。

用户在使用公式时，会在旁边显示参数精灵的内容。参数精灵的内容是由公式剪辑者输入的一段文字，该文字描述了参数的使用方法，并且可以将参数设置与文字混合编辑。方法是用"Param#1"（注意：前后要加空格）来代替参数即可。

例如，公式中有两个参数 M 和 N，需要描述当 M 日均线与 N 日均线金叉时买入，可以这样写参数精灵："Param#1 日均线与 Param#2 日均线发生金叉，发出买入信号。"

在实际使用该分析方法时，系统将显示：5 日均线与 10 日均线发生金叉，系统发出买入信号。

其中被包围在输入框中的 5 和 10 是参数，用户可以直接修改这些参数，而实际运算时将采用这些参数进行计算。

参数精灵大大降低了公式的使用难度。

7. "公式编辑区域"：用于书写分析方法的算法，是公式编辑器的核心部分。用户可以将自己的算法用公式语法书写到编辑窗中。

公式编辑器支持彩色显示，函数名称显示为大写蓝色，常数显示为粉红色。当鼠标移动到任何函数名称上面时，系统将弹出解释器，解释该函数的含义、用法。

8. "测试公式"：写完后，点击这里测试公式是否书写正确。

9. "提示"框：测试完成后这里会提示测试结果，如果不通过会显示出错的具体位置。

10. "引入公式"：可以引入其他公式的内容，方便公式之间的相互拷贝。点击后会弹出窗口显示"技术指标""交易系统""五彩K 线"三个目录下面的公式。在窗口右面的公式列表里输入公式名的首字母快速搜索，在下面有选中公式的"用法说明"。选中公式点"确定"键引入该公式，会将该公式的参数、公式内容、用法及参数说明全部加到现在的公式编辑器里，并且将现有的内容替换掉。

11. "插入函数"：显示选择函数对话框，帮助您在天网函数集中寻找所需函数。您可以在弹出窗口右面的函数列表里输入函数名的首字母快速搜索，在下面有选中函数的"用法说明"。选中函数点

"确定"键后在"公式编辑窗"里面加入相应的函数名，使得当前的公式能调用该函数。当您对系统提供的标准函数还不熟时，这个功能可帮您节省时间。

12. "适用周期"：由于股市里的数据都与周期紧密相关，所以您在编写公式的时候要选择当前公式用于何周期下。

在选择"技术分析"周期时，子周期一般选择"全部适用周期"。如果您希望实现同一公式在分钟 K 线和日线、周线时用不同的参数，如您希望看 5 日 K 线，但是切换到 5 分钟 K 线时看 6 个 K 线周期的均线（即半小时均线）。您可以选择"技术分析"周期，选择子周期"5 分钟"。将"5 分钟"K 线的参数默认值设为"6"。然后将子周期改成"日线"，改变参数默认值为"5"。最后按"确定"键保存就可以了。

（资料来源：http：//article. pchome. net/
content − 570144 − all. html#p1。）

实验任务

（1）浏览本章第一节中提供的权威性的、用户认可度较高的证券投资信息网站，查阅与证券市场相关的各种信息。

（2）选择一家证券公司的官网或互联网金融数据服务公司如东方财富、大智慧、同花顺等的网站下载、安装、登录一常用的证券行情软件，熟悉其界面的设置、风格和特点；通过操作熟悉其基本的操作功能；阅读该软件的使用说明书，熟悉其设置的操作指令快捷键，尝试用快捷键进行操作。

（3）观察和分析自己关注的股票或指数的历史行情走势，运用预警系统、个股雷达、画线工具等功能，进行选股训练，及时发现市场或个股的异动及买卖信号。

第三章
证券投资交易流程和实验操作

【实验目的与要求】

◇ 熟悉和掌握在我国证券交易所进行投资交易的基本流程

◇ 学习和掌握依托于交易软件或平台的模拟交易操作流程

第一节　证券交易所内证券交易流程

　　证券交易市场是投资者进行投资交易的场所，一般地，证券交易市场按组织方式可分为两种：场内交易市场（又称"证券交易所"）和场外交易市场。目前，证券交易所是我国投资者尤其是个人投资者进行证券交易的主要场所，本书主要介绍上海、深圳证券交易所的股票交易流程。我国上海、深圳证券交易所的股票交易流程，如图 3-1 所示。

一、开户

　　开户是指投资者（包括个人或企业）开设证券账户和资金账户的行为。证券账户用来记载投资者所持有的证券种类、数量和相应的变动情况，资金账户则用来记载和反映投资者买卖证券的货币收付和结存数额。另外，根据我国第三方存管的相关规定，投资者还需持有银行卡、身份证及办理的股票账户到选定银行办理第三方存管，关联银行卡和股票账户。

　　开立账户是投资者进入证券市场进行交易操作的先决条件，开户后投资者才有资格对证券市场的证券进行交易操作。开设股票账户后，投资者也可以选择在证券交易所交易的投资基金及固定收益类的债券进行交易。

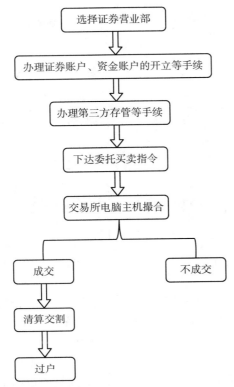

图 3-1　我国上海、深圳证券交易所的股票交易流程图

目前我国投资者的开户方式有两种：现场开户和非现场开户。

（一）现场开户流程

现场开户一般是指投资者本人或委托他人持有相关证件到自己选定的证券公司营业部的柜台上办理开户手续。现场开户的流程如图 3-2 所示。

（二）非现场开户流程

目前我国证券市场上推出的非现场开户共有两种模式：见证开户和网上开户①。见证开户是指开户代理机构工作人员在营业场所外面见投资者，验证投资者身份并见证投资者签署开户申请表后，为投资者办理账户开立手续；网上开户是指开户代理机构通过数字证书验证投资者身份，并通过互联网为投资者办理账户开立手续。

---

①　网上开户在 2013 年初就已经在一些大型券商开始试点，但当时只能开立资金账户，到 2013 年 8 月 29 日国泰君安上海分公司终于成功在网上开出了股东账户的第一单，从此，投资者真正实现了足不出户就可以开股票账户。

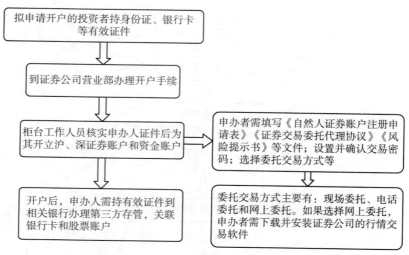

图 3 – 2　个人投资者现场开户流程图

非现场开户的基本步骤一般包括：第一步，准备有效证件（本人的身份证）、银行卡、正常使用的手机、配备有摄像头、能够上网的电脑等；第二步，投资者在网上开户网站上传身份证照片正、反面图像，并拍摄本人头像照；第三步，进行网上见证。根据监管机构安排，投资者申请开户还必须和公司网上开户见证人员通过网上视频进行实时视频见证，见证过程中见证人员将对投资者上传证件资料和视频内容进行审核，并对见证视频进行录像；第四步，申请并安装数字证书，为投资者开立资金账户和证券账户，办理人民币资金第三方存管业务。

一般地，证券公司的官方网站中都设有网上开户功能，投资者点击进入，按照操作提示进行操作，足不出户即可完成开户。

各家证券公司的网上开户程序大致相同，且基本已简化为三个步骤。以中泰证券的网上开户为例，打开中泰证券的官方网站，点击首页中的"网上开户"，如图 3 – 3 所示。

图 3 – 3　中泰证券官网界面

进入图 3 - 4 界面后, 点击 "马上去开户", 或者, 如果投资者以前没有开过证券账户选择点击 "新开户 (一人多户)", 以前在其他公司开立过证券账户则选择点击 "转户到中泰"。

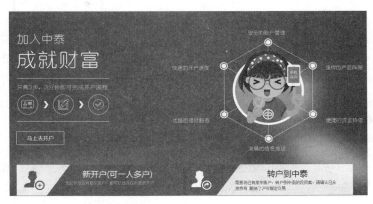

图 3 - 4　中泰证券 "开户界面"

在图 3 - 5 界面的左边, 供投资者填写手机和验证码, 右边部分提示了中泰证券的网上开户流程: 首先身份验证, 其次投资者和中泰证券签署协议, 最后完成开户。

图 3 - 5　填写手机号码界面

投资者准备身份证、手机、摄像头、麦克风、耳机或音响、银行借记卡等, 按操作提示将身份证的反正面上传, 经过身份认证之后, 就可以下载安装中国登记结算公司或者开户代理机构 (即证券公司) 的数字证书[①], 并用其数字证书对风险承受能力评

---

　　① 数字证书下载后只能在本机上使用, 投资者如果要更换其他计算机使用数字证书的, 必须重新办理身份识别和数字证书申请手续。

估、阅读开户协议与电子签名约定书等开户相关合同和协议进行电子签名。

在验证投资者身份、与投资者签署开户相关协议、审核投资者资料合格后，为投资者开立资金账户及对应的其他账户，并按规定同时为投资者办理投资者交易结算资金存管手续。

由于网上开立资金账户，无法打印券商、银行、投资者的三方存管确认单，如果投资者的银行借记卡有网银功能，可通过所选银行的网上银行确认。目前，在中泰证券网上开户具体可以选择的第三方银行，如图3-6所示。

当前支持签约的银行

图 3-6 中泰证券签约的第三方存管银行

二、下单

下单又称发出委托指令（简称委托），是指投资者按规定方式向证券公司发出买入、卖出证券指令的行为。按规定，投资者不能进入证券交易所进行直接交易，必须通过向证券公司发出委托指令的方式买卖证券交易所上市交易的证券。证券公司收到投资者的委托指令后，对委托人的身份、委托内容进行审核，将符合要求的有效委托，按"时间优先、价格优先"原则通过通讯网络传递到证券交易所的撮合主机。

投资者根据开户时选择的委托方式，可到开户的证券公司的营业部进行柜台委托或在营业部提供的报价终端上发出委托指令；也可选择电话委托；或者是网上委托。

目前，网上委托是最为投资者普遍使用的一种委托方式。网上委托是指证券营业商通过互联网，向委托人提供用于下达证券交易指令、获取成交结果的一种服务方式。网上委托的步骤如下：

第一步：投资者打开开户时选择的证券公司的官网，下载并安装证券公司提供的交易软件；

第二步：打开交易软件，选择登录的账号类型，包括资金账号、上证A股、深证A股、上证B股、深证B股、输入密码和验证码，点击登录（见图 3 - 7）。

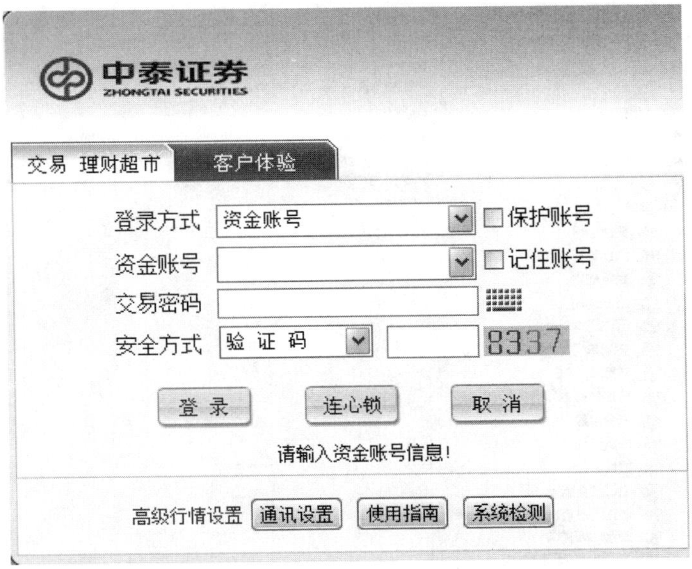

图 3 - 7　中泰证券通达信登录界面

第三步：银证转账，如图 3 - 8 所示，将关联的银行卡上的一定量的资金导入在证券公司营业部开设的资金账户中。

图 3 - 8　通达信银证转账界面

第四步：在交易时间段发出委托指令。首先，选择交易的品种（股票或港股通或深港通）；其次，选择交易方向；最后，在选择相应的股东代码后，填写要交易的证券代码、买入或卖出的价格（市价买入或卖出则不必填价格）、最大可交易量内的拟买入或卖出的交易量①，点击"买入下单""买入"，向证券公司发送委托指令（见图 3 - 9、图 3 - 10）。在委托未成交前，投资者可撤销委托或重发委托。

① 交易价格和交易量的相关规定详见第一章第三节交易规则。

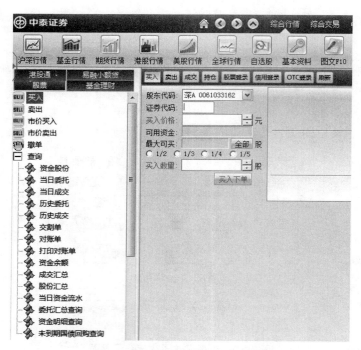

图 3-9 中泰证券股票委托交易界面

图 3-10 中泰证券港股通委托交易界面

三、竞价成交

投资者的委托指令经证券商审核、按"时间优先、价格优先"原则申报进入证券交易所电脑撮合主机后，通过竞价方式由计算机进行撮合成交。撮合主机首先对接收到的委托指令进行合法性检测，然后根据委托价格和申报时间对委托单进行排队，根据"价格优先，时间优先"撮合成交原则自动将其配对撮合成交。成交后，证券交易所的撮合主机立即将成交信息通过通讯线路传送给证券商。不能成交的委托按"价格优先、时间优先"原则排队等候。

四、清算交割

成交后的后续处理工作即证券结算包括清算和交割两个过程。清算是指买卖双方在证券交易所进行的证券买卖成交后，通过证券交易所的结算系统将各证券商之间代理买卖股票的数量和金额分别予以抵消，计算应收、应付股票和资金差额的过程。包括证券清算和资金清算、交易所与证券商之间的一级清算和证券商与投资者之间的二级清算。

清算后，即办理交割手续。所谓交割就是卖方向买方交付股票、买方向卖方支付价款的行为。由于各国传统及交易方式的差异，成交日和交割日不尽一致。按交割日的不同，交割可分为当日交割、次日交割、例行日交割和特约日交割：当日交割（T+0），证券买卖双方在证券交易达成之后，于成交当日即进行证券和价款的收付，完成交割；次日交割（T+1），证券买卖双方在交易达成之后，于下一营业日进行证券和价款的收付，完成交割；例行日交割，证券买卖双方在交易达成之后，按所在交易所的规定，在成交日后的某个营业日内进行交割；特约日交割，证券买卖双方在交易达成之后，由双方根据具体情况商定，在从成交日算起15天以内的某一特定契约日进行交割。

目前，我国上海、深圳证券交易所的股票交易实行"T+1"交割制度。

五、过户

过户是投资者买入股票后，办理变更股东名称的过程，即将股票所有权从原持有方（股票卖方）名下转到新持有方（股票买方）名下的过程。股票有记名股票与不记名股票两种，记名股票的转让必须办理过户手续。在我国证券市场上流通的股票基本上都是记名股票，都应该办理过户手续才能生效。

上海证券交易所的过户手续采用电脑自动过户，买卖双方一旦成交，过户手续就已经办完。深圳证券交易所也在采用先进的过户手续，买卖双方成交后，采用光缆把成交情况，传到证券登记过户公司，将买卖记录在股东开设的账户上。

第二节 证券交易实验操作

本书中的证券交易实验操作流程以国泰安虚拟交易所 VE（Virtual Exchange）提供的模拟交易平台为依托进行介绍。国泰安虚拟交易所是一个专业为金融机构提供行业领先的证券投资竞赛和模拟培训操控平台，包括基础的模拟炒股大赛、模拟金融期货交易大赛、模拟外汇大赛，以及融资融券仿真交易，港股通仿真交易，个股/ETF 期权仿真交易，股指期权仿真交易等新兴的金融交易工具。

国泰安虚拟交易所 VE 交易平台基于当前最流行的 B/S 架构，无须安装客户端，可随时登录系统查看行情，对证券交易进行接近市场运作机制的高仿真模拟交易。其模拟交易操作流程如下：

一、注册或首次登录进入交易系统

注册，即开立模拟交易账户，等同于现实中进行证券交易的第一个程序开户。注册是进行证券交易实验操作的第一步，通过注册，实验操作参与者才能获取实验操作资格，在模拟交易操作中的注册和登录进入交易系统可通过两种方式完成。

一是由实验课老师作为管理员为实验参与者开设证券投资实验竞赛，并为每一位实验参与者以设置登录账户（即登录名）和登录密码的方式开立模拟交易账户；实验参与者打开浏览器，输入虚拟交易所参赛用户端访问地址，就可打开登录界面，如图 3 - 11 所示。

图 3 - 11　模拟交易登录或注册界面

输入老师分配的登录账号和密码、验证码，点击"登录"，即可进入交易系统，图 3 - 12 为交易系统界面。

图 3 - 12　交易系统界面

二是由实验参与者自己注册。点击图 3 - 11 中的"注册"，出现图 3 - 13 界面，按要求填写注册信息后点击"注册"将注册信息提交，等待管理员审核以完成模拟账户的开户程序。注册信息的填写如图 3 - 13 所示。

用户类型	试用客户 ▼
* 注册账号	
	未配置账号组成规则。长度6-16
* 密码	
	未配置密码组成规则。长度6-16
* 确认密码	
	请再次输入您的密码
电子邮箱	
	请输入有效的电子邮箱，可用于找回密码
身份证号	
昵称	
真实姓名	
联系电话	
	如13*********或0755-********
省份	请选择 ▼
城市	请选择 ▼
营业部	请选择 ▼
联系地址	
邮编	

注：请如实填写真实姓名、身份证号和学生证号。

注册条款：☐ 我已仔细阅读并接受注册条款

[注册] [取消]

图 3 - 13　注册信息登记界面

管理审核完成后，再在图 3 – 11 的登录界面输入自己设置的登录账号、密码及验证码，点击"登录"即可进入交易系统。

二、进行个人设置，报名参赛

（一）个人设置

交易系统界面的"个人设置"模块，支持对用户账号密码、个人资料信息、信息屏蔽设置进行更新维护。

1. 修改个人资料

点击"个人设置"模块中的"修改个人资料"，对个人资料进行更新和完善。用户修改个人资料界面，如图 3 – 14 所示。

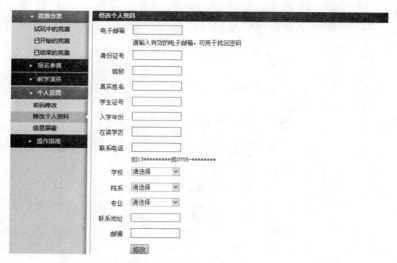

图 3 – 14　修改个人资料界面

注意：电子邮箱必须如实填写，如果参与交易的同学忘记了自己的登录密码，可通过点击登录区域的"忘记密码"，找回密码，输入账号后，点击"忘记密码"，系统会将该参与交易者的登录密码发送到交易者填写的邮箱内。

2. 修改密码

点击"个人设置"模块内的"密码修改"，可进行登录密码重置，如图 3 – 15 所示。

3. 设置信息屏蔽

点击"个人设置"模块内的"信息屏蔽设置"，可对信息屏蔽范围进行设置，如图 3 – 16 所示。

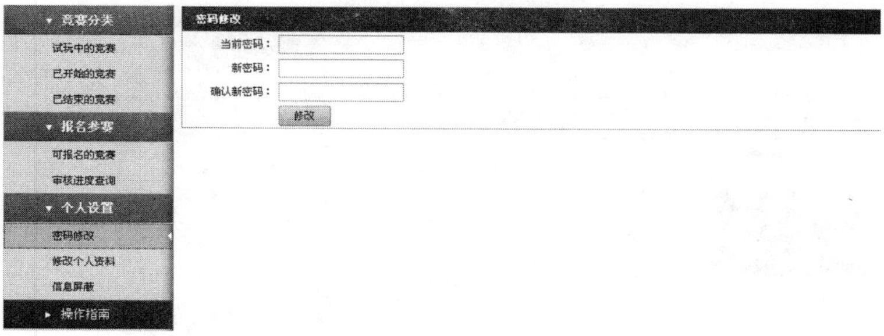

图 3 - 15　重设密码界面

图 3 - 16　信息屏蔽设置界面

选择"对所有人可见"，则用户所参加竞赛的参赛者及观摩人均可查看其投组分析部分内容及历史成交委托记录信息。

选择"屏蔽所有人"，则用户所参加竞赛的参赛者及观摩人均不可查看其投组分析部分内容及历史成交委托记录信息。

选择"屏蔽指定账号"，则用户屏蔽掉的用户不能够查看用户所参加竞赛的投组分析部分内容及历史成交委托记录信息。

（二）报名参赛

第一次进入交易系统的实验参与者在完成个人设置后需要报名参加实验老师创设的竞赛，获得参与竞赛的资格。点击"报名参赛"—"可报名的竞赛"，可报名的竞赛列示了允许实验参与者可申请报名参赛的所有竞赛，如图 3 -17 所示。

选中竞赛列表中具体竞赛，点击对应竞赛名称，可打开竞赛规则内容查看窗口；点击"点击报名"，申报相应竞赛，如无须申请，系统会弹出报名成功提示，如图 3 -18 所示。

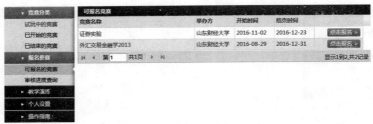

图 3 – 17　报名竞赛界面

图 3 – 18　报名成功提示界面

如果是需要审核才能成功报名的竞赛，则会弹出如图 3 – 19 所示的提示：

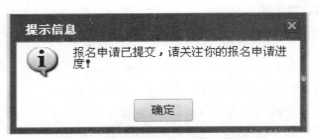

图 3 – 19　报名申请进度提示界面

实验参与者可通过点击"报名参赛"—"审核进度查询"了解报名申请及审核情况。竞赛申请进度列示了用户提交过报名申请的所有竞赛的审核情况，包括申请时间、审核状态、申请被拒绝的原因等信息，如图 3 – 20 所示。

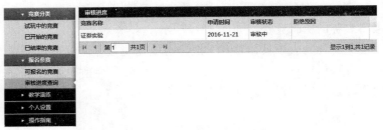

图 3 – 20　进度审核查询界面

三、查看资讯中心

"资讯中心"包括"竞赛公告""系统公告""信息提示""竞赛规则""持仓限制""指标释义""操作指南"七个栏目，如图3－21所示。

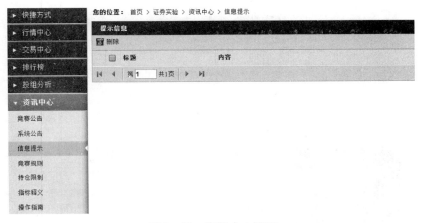

图3－21　资讯中心界面

竞赛参与者在进行投资交易前对"资讯中心"中的"竞赛规则""持仓限制""指标释义""操作指南"进行了解和学习，以保证以后的投资交易符合竞赛要求和规范，使证券投资的实验操作能够顺利进行；同时，在投资交易前或交易过程中，应随时对"资讯中心"中的"竞赛公告""系统公告""信息提示"进行查看，了解和分析重要资讯和信息，以为研判、分析证券投资对象、选择投资时机、进行证券投资决策提供基本依据。

（一）查看竞赛规则和持仓限制

竞赛规则包括：交易者参加的竞赛的起止时间、初始资金、交易范围、投资等级等相关规定，交易者可点击"资讯中心"—"竞赛规则"进行查看，如图3－22所示。

另外，如果竞赛对交易者的资金分配比例等有特别的规定，交易者可点击"资讯中心"—"持仓规则"进行查看，并在投资操作中遵守此规定，如图3－23所示。

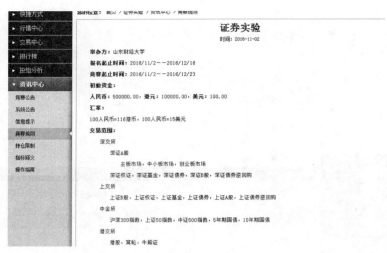

图 3 - 22　竞赛规则的部分界面

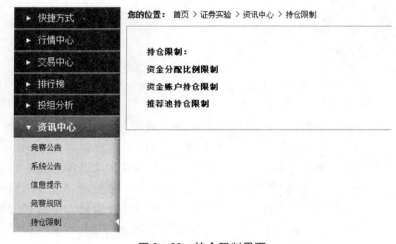

图 3 - 23　持仓限制界面

（二）下载并学习指标释义和操作指南

点击"资讯中心"的"指标释义"和"操作指南"模块，交易者可对证券投资交易的相关指标、专业术语和本虚拟交易所交易端操作指南进行浏览、下载和学习。

（三）查看并分析竞赛公告、系统公告和信息提示中的信息

"竞赛公告"界面，列示了当前竞赛的所有公告资讯；"系统公告"界面，列示了模拟交易所的最新公告以及指导竞赛的老师发布的与投资相关的重要资讯和信息（见图 3 - 24）；"信息提示"界面，列示了交易者持有证券的公司发布的重要信息（见图 3 - 25）。

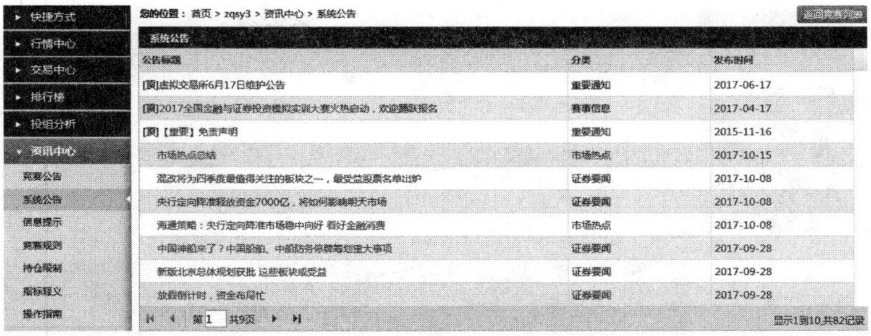

图 3 – 24 系统公告界面

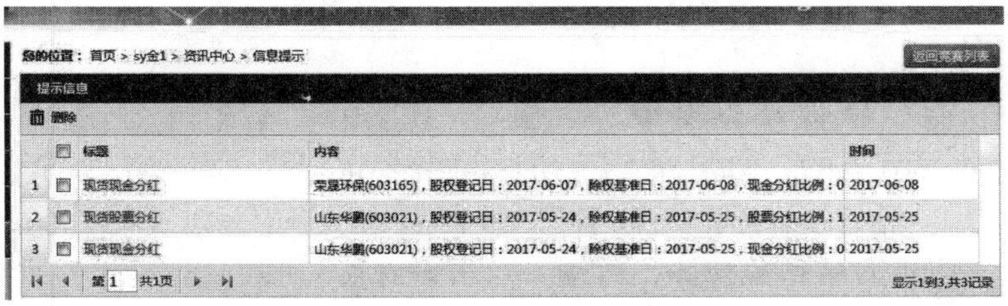

图 3 – 25 信息提示界面

四、交易操作

已报名且已审核成功的实验参与者即取得了该竞赛的交易资格，可以以交易者的身份进入竞赛界面，进行证券投资交易的操作。

（一）进入竞赛首页—竞赛概况

已获取竞赛交易资格的实验参与者（交易者）在登录界面进行登录后进入交易系统界面，点击"已开始的竞赛"模块（见图 3 – 26），点击"进入"即可进入"竞赛首页"。

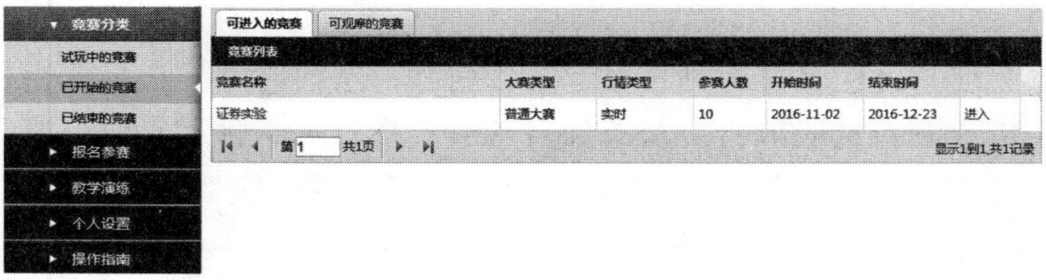

图 3 – 26 交易系统界面中的已开始的竞赛界面

"竞赛首页"为进入竞赛的默认展示页—"竞赛概况"界面，主要列示当前排名、资产情况、持仓明细等，如图 3 – 27 所示。

图 3 - 27　竞赛首页—竞赛概况

（二）查看行情中心

竞赛首页的"行情中心"模块为当前竞赛投资品种的行情信息栏目，包括自选、推荐池、各种投资品种行情（上海证券、深圳证券）、明星商品和预警等，可逐一点击查看。

1. 自选

自选行情，列示了参赛者所有自选投资品种的行情信息，如图 3 - 28 所示。

图 3 - 28　自选界面

自选界面包括两部分：自选组行情和自选组管理。在自选组行情界面可查看自选股的行情及添加自选股；在自选组管理界面可通过选择"添加""编辑""删除"按钮对自选组进行相应处理。

2. 查看和了解各类投资品种的行情信息

投资品种包括证券、期货、期权及明星商品，以上海证券为例，点击"上海证券"，行情展示区切换为上海证券行情信息内容，图 3 - 29 为点击"上海证券"后出现的界面，可点击界面中"品种""行业""板块"选项下的下拉按钮，选择需要查看的证券行情。

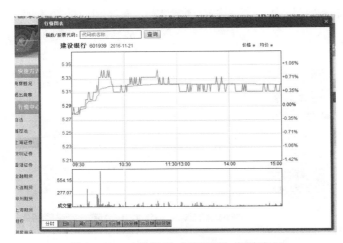

图 3 – 29　上证 A 股行情界面

在"搜索"处，输入要查询证券的代码、名称、拼音等关键字，如601939，点击"查询"按钮，如图 3 – 30 所示。

图 3 – 30　证券行情搜索

点击上图中的"关注"可将此股加入到自选股中，点击"图表"，可弹出相应的行情窗口，如图 3 – 31 所示。

图 3 – 31　建设银行（601939）行情窗口

点击"资讯"可查看该股的最新动态、公司概况、股东股本、高管研究等各种信息，图3-32为浦发银行的"资讯"中最新动态。

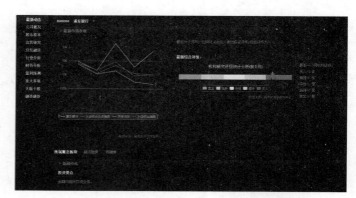

图3-32　浦发银行（600000）最新动态

（三）进入交易中心，进行交易操作

"交易中心"包括下单、持仓明细、交易查询、银证转账、违规记录、操作点评六个栏目。

1. 银证转账

在第三方存管制度下，投资者的资金存放于投资者在开户时指定的银行账户中，银行账户资金转入证券交易结算资金户后，才能进行买入证券的操作。在实验操作中，交易者进入交易中心进行下单交易前，需先进行银证转账，将一定数量的资金转入交易资金账户中。另外，在模拟操作过程中也可进行反向操作，将资金户中的资金转入银行账户中。

点击"交易中心"—"银证转账"，选择相应的转出账户、转入账户，输入一定金额，点击"确定"，完成转账（见图3-33）。

图3-33　银证转账界面

在转账区域，可以进行不同账户和币种之间的资金划拨；在转账记录区域，可以查询转账信息的历史记录。

2. 下单

点击"交易中心"—"下单"进入下单界面，下单界面的交易品种包括：沪深证券、香港证券、金融期货、商品期货、个股/ETF期权；功能两种：下单、配股（见图3－34）。

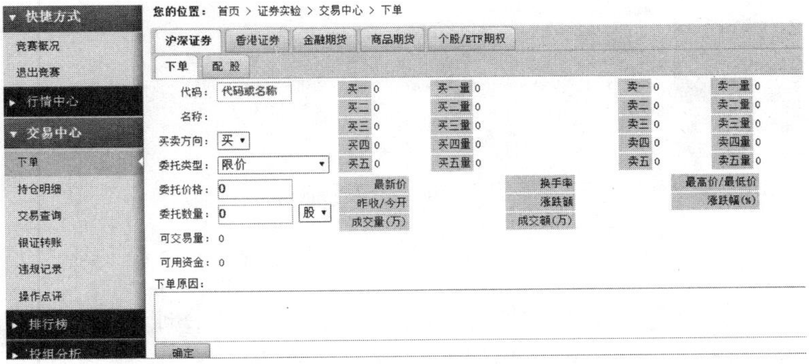

图 3－34　下单界面

（1）普通下单。在代码框，可手动输入交易品种的代码，也可点击行情展示区中对应品种的代码，由系统自动将代码填入代码框。交易信息区会自动根据代码框中的代码，显示该交易品种的详细行情信息。

买卖方向、委托类型、委托价格和委托数量均由交易者进行设置和填写。其中，当委托类型为市价时，委托价格不可设置；在填写委托数量时，可将系统自动结合当前的可用资金、交易价格或持仓中的可用数量，估算出的可交易数量（不含交易费用）作为参考。

在下单原因区域，交易者可写出交易的原因，便于竞赛管理员进行查看和指导。对于下单原因中出现的敏感字段，系统自动将其以"＊"屏蔽。设置完毕后，点击"发送"按钮，发送下单委托，系统弹出下单成功提示，如图3－35所示。

图 3－35　下单成功提示信息界面

（2）配股。当交易者买入并持有的股票发生配股时，系统会弹框提示配股信息，交易者也可以在"配股"界面查看配股信息，主要包含：代码、名称、可配股量、配股价、配股登记日、配股缴款开始日、配股缴款截止日、上市流通日等信息。

在配股缴款开始日到配股缴款截止日之间，交易可以点击相应的配股信息进行查看，并进行配股下单（见图3-36）。

图3-36 配股界面

3. 交易查询

交易者可通过行情中心中"交易查询""持仓明细""违规记录"查询和了解自己的交易情况、持仓情况及是否有违规扣分等。

（1）交易查询。"交易查询"支持交易者对今日委托、今日成交、今日资金流水、历史委托、历史成交、历史资金流水、期货结算单七个栏目的查询，如图3-37-1所示。

图3-37-1 交易查询界面（1）

如果"状态"栏显示的是"已报"或"未报"，可以点击"撤单"栏中的"撤"进行撤单处理（见图3-37-2）。

图3-37-2 交易查询界面（2）

（2）"持仓明细"。"持仓明细"在列表区域列示了交易者在当前竞赛中的持仓情况，在下单区域支持及时的下单委托，如图3－38所示。

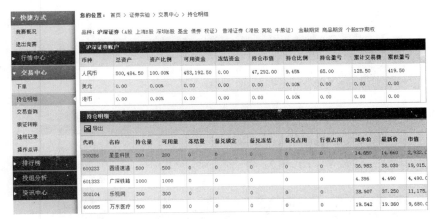

图3－38　持仓明细界面（部分）

4. 违规查询

"违规记录"界面，列示了交易者触发当前竞赛违规扣分的原因、状态、时间等详细信息，交易者可通过此进行查询是否存在违规情况（见图3－39）。

图3－39　违规记录界面

五、查看排行

点击"排行榜"—"个人排行榜"，查看交易者个人排行情况信息，如图3－40所示。

通过"日期"筛选，可调出查看对应日期的竞赛参考者的排行情况；点击"个人排名走势"，可查询和导出交易者本人的月度排行信息，如图3－41所示。

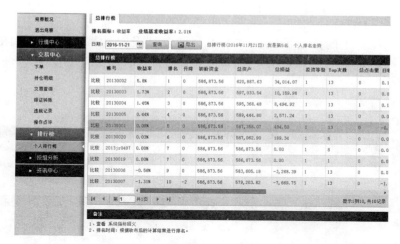

图 3 – 40　个人排行榜界面

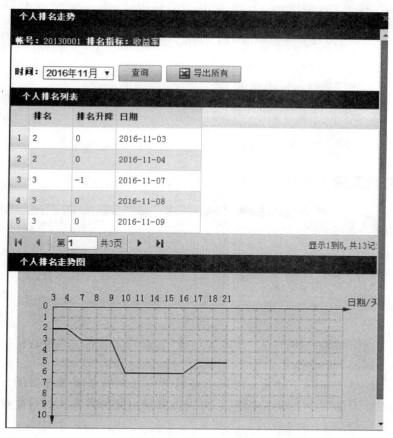

图 3 – 41　个人排名走势

六、投组分析

"投组分析"包括"资产概况""历史持仓""投资损益""行业收益""风险管理""数据导出""报告点评"等栏目，如图 3 – 42 所示。

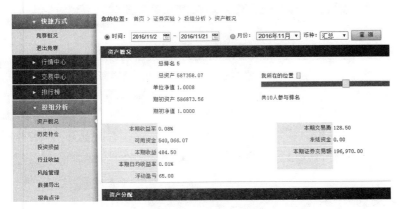

图 3 – 42 投组分析界面

（一）资产概况

点击"投组分析"—"资产概况"，可查看交易者的总资产、单位净值、期初资产、期初净值、总排名、可用资金、收益、交易费用等信息，如图 3 – 43 所示。

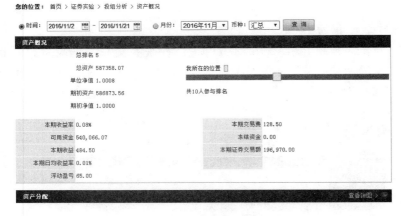

图 3 – 43 资产概况界面

点击"资产概况"界面右下角的"查看饼图"可查看交易者账户中资产的分配情况，如图 3 – 44 所示。

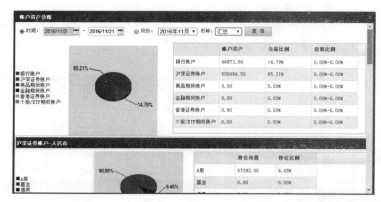

图 3 – 44　账户资产分配界面（部分界面）

（二）历史持仓

点击"投组分析"—"历史持仓"，可以查看交易者在竞赛期间所有历史交易日收市后的持仓情况，如图 3 – 45 所示。

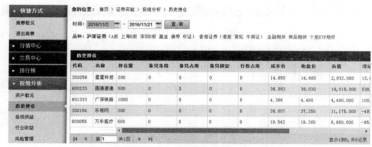

图 3 – 45　历史持仓界面

（三）投资损益

点击"投组分析"—"投资损益"，查看交易者的投资损益情况。交易者可点击界面的"品种""币种"查看相应的投资损益信息，如图 3 – 46 所示。

图 3 – 46　投资损益界面

（四）行业收益

“行业收益”界面为交易者提供了不同行业的 A 股、B 股、港股在不同时间段或月份的收益情况，市场区间收益率情况。投资者可点击“投组分析”—“行业收益”进行查看，如图 3－47 所示。

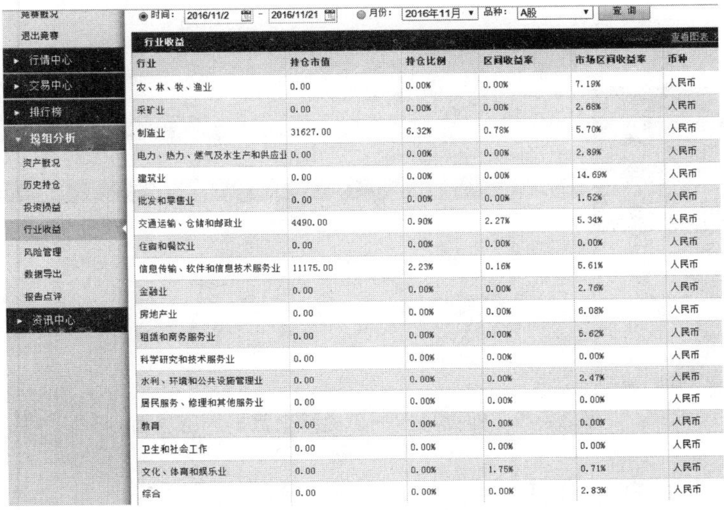

行业	持仓市值	持仓比例	区间收益率	市场区间收益率	币种
农、林、牧、渔业	0.00	0.00%	0.00%	7.19%	人民币
采矿业	0.00	0.00%	0.00%	2.68%	人民币
制造业	31627.00	6.32%	0.78%	5.70%	人民币
电力、热力、燃气及水生产和供应业	0.00	0.00%	0.00%	2.89%	人民币
建筑业	0.00	0.00%	0.00%	14.69%	人民币
批发和零售业	0.00	0.00%	0.00%	1.52%	人民币
交通运输、仓储和邮政业	4490.00	0.90%	2.27%	5.34%	人民币
住宿和餐饮业	0.00	0.00%	0.00%	0.00%	人民币
信息传输、软件和信息技术服务业	11175.00	2.23%	0.16%	5.61%	人民币
金融业	0.00	0.00%	0.00%	2.76%	人民币
房地产业	0.00	0.00%	0.00%	6.08%	人民币
租赁和商务服务业	0.00	0.00%	0.00%	5.62%	人民币
科学研究和技术服务业	0.00	0.00%	0.00%	0.00%	人民币
水利、环境和公共设施管理业	0.00	0.00%	0.00%	2.47%	人民币
居民服务、修理和其他服务业	0.00	0.00%	0.00%	0.00%	人民币
教育	0.00	0.00%	0.00%	0.00%	人民币
卫生和社会工作	0.00	0.00%	0.00%	0.00%	人民币
文化、体育和娱乐业	0.00	0.00%	1.75%	0.71%	人民币
综合	0.00	0.00%	0.00%	2.83%	人民币

图 3－47　行业收益界面

（五）风险管理

“风险管理”界面，包括风险收益指标、股票归因分析两个部分，为交易者提供其投资组合的风险收益水平的分析信息，如图 3－48 所示。

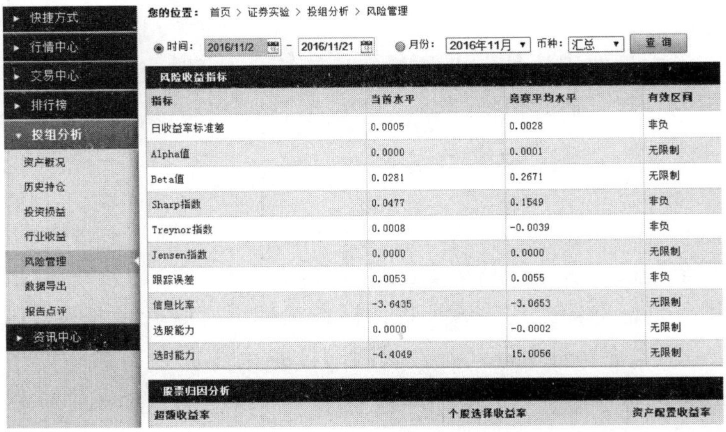

指标	当前水平	竞赛平均水平	有效区间
日收益率标准差	0.0005	0.0028	非负
Alpha值	0.0000	0.0001	无限制
Beta值	0.0281	0.2671	无限制
Sharp指数	0.0477	0.1549	非负
Treynor指数	0.0008	-0.0039	非负
Jensen指数	0.0000	0.0000	无限制
跟踪误差	0.0053	0.0055	非负
信息比率	-3.6435	-3.0653	无限制
选股能力	0.0000	-0.0002	无限制
选时能力	-4.4049	15.0056	无限制

股票归因分析

超额收益率	个股选择收益率	资产配置收益率

图 3－48　风险管理界面

（六）数据导出

"数据导出"为交易者提供资产概况、历史持仓、投资损益、行业收益、风险管理五个模块的数据导出服务。交易者点击"投组分析"—"数据导出"，进入"数据导出"界面，根据需要选择相应模块后，点击"导出"按钮，即可对相应数据进行导出（见图3-49）。

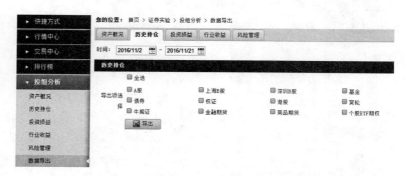

图3-49　数据导出—历史持仓数据导出界面

（七）报告点评

交易者通过点击"投组分析"—"报告点评"进入"报告点评"界面，可依次查看竞赛管理员对从开赛到当前日跨越的所有完整月份的报告的点评内容。

第三节　证券交易费用

证券交易费用就是指投资者在委托买卖证券时应支付的各种税收和费用的总和。通常包括佣金、印花税、过户费、其他费用等。

一、佣金

佣金是投资者在委托买卖证券成交后按成交金额的一定比例支付的费用，是证券经纪商为客户提供证券代理买卖服务收取的费用。

从2002年5月1日开始，我国的证券交易佣金由固定佣金制度改为有最高上限3‰向下浮动佣金制度。我国的佣金还包括证券交易所手续费及证券交易监管费。

在浮动佣金制下，证券交易佣金比例由证券经纪商根据投资者的资金规模的大小及交易频率进行协商确定，按有关规定证券经纪商向客户收取的佣金不得高于证券交易金额的3‰但也不得低于代收的证券交易监管费和证券交易所手续费等，单笔交易佣金不满5元按5元收取；证券交易所交易手续费标准由交易所制定，报证监会和发改委报备，无异议后实施；证券交易监管费标准由证监会确定。具体收费标准如表3-1、表3-2和表3-3所示。

表3-1　　　　　　　　　上海证券交易所收费一览表

	业务类别	收费项目	收费标准*	最终收费对象
交易	A股	经手费	成交金额的0.00487%（双向）	会员等交上交所
	B股	经手费	成交金额的0.00487%（双向）	会员等交上交所
	优先股	经手费	成交金额的0.0001%（双向）	会员等交上交所
	基金（封闭式基金、ETF、LOF）	经手费	成交金额的0.0045%（双向），货币ETF、债券ETF暂免	会员等交上交所
	权证	经手费	成交金额的0.0045%（双向）	会员等交上交所
	债券现券（含资产支持证券）*	经手费	成交金额的0.0001%（双向）（固定收益平台现券交易，最高不超过100元/笔）	会员等交上交所
	债券质押式回购、国债买断式回购、债券质押式协议回购*	经手费	暂免	会员等交上交所
	质押式报价回购	经手费	暂免	会员等交上交所
	股票质押式回购	经手费	按每笔初始交易金额的0.001%收取，起点5元人民币，最高不超过100元人民币	会员等交上交所
	资产管理计划份额转让	经手费	按转让金额的0.00009%的标准向转让双方收取转让经手费，最高不超过100元/笔	会员等交上交所
	约定购回式证券交易	经手费	按现有股票、基金或债券现券交易收费标准在初始交易及购回交易中收取	会员等交上交所
	期权	经手费	合约标的为股票的，交易经手费为每张3元；合约标的为交易所交易基金的，交易经手费为每张1.3元；暂免收取卖出开仓交易经手费	会员等交上交所

121

续表

业务类别		收费项目	收费标准*	最终收费对象
交易	国债预发行	经手费	暂免	会员等交上交所
	股份协议转让	经手费	同二级市场交易经手费，双向收取，单向每笔最低50元、最高10万元	协议双方交上交所
发行	新股认购、优先股发行、可转换公司债券认购	经手费	暂免	会员等交上交所
	配股、公开增发	经手费	暂免	会员等交上交所

资料来源：http：//www.sse.com.cn/。

表3-2　　　　　　上海证券交易所代收税费一览表

业务类别	收费项目	收费标准	最终收费对象
A股	证管费	成交金额的0.002%（双向）	会员等交中国证监会（上交所代收）
	印花税	成交金额的0.1%（单向）	投资者交税务机关（上交所代收）
B股	证管费	成交金额的0.002%（双向）	会员等交中国证监会（上交所代收）
优先股	证管费	成交金额的0.002%（双向）	会员等交中国证监会（上交所代收）
	印花税	成交金额的0.1%（单向）	投资者交税务机关（上交所代收）
基金（封闭式基金、ETF、LOF）	证管费	免收	会员等交中国证监会（上交所代收）
权证	证管费	免收	会员等交中国证监会（上交所代收）
债券现券（含资产支持证券）	证管费	免收	会员等交中国证监会（上交所代收）

注：债券现券包括国债、地方政府债、政策性金融债、公司债、企业债、可转债、可分离交易可转债、可交换债及其他债券。

资料来源：http：//www.sse.com.cn/。

表3－3　　　　　　　　**深圳证券交易所收费一览表**

收费项目	收费标的	收费标准	备注
证券交易经手费	A 股	按成交额双边收取0.0487‰	会员等交深交所
	B 股		
	基金		
	优先股	试点期间按普通股标准的80%收取	
	权证	按成交额双边收取0.045‰	
	国债现货	成交金额在100万元以下（含）每笔收0.1元；成交金额在100万元以上每笔收10元	
	企业债/公司债现货		
	专项资产管理计划		
	中小企业私募债		
	债券质押式回购（含国债回购与其他债券回购）	成交金额在100万元以下（含）每笔收0.1元，反向交易不再收取；成交金额在100万元以上每笔收1元，反向交易不再收取。（暂免收取）	
	股票质押式回购	按每笔初始交易质押标的证券面值1‰收取，最高不超过100元	
	可转债	按成交金额双边收取0.04‰	
证券交易监管费	A 股	按成交额双边收取0.02‰	代中国证监会收取
	B 股		
	优先股		
证券交易印花税	A 股	对出让方按成交金额的1‰征收，对受让方不再征税	代国家税务局扣缴
	B 股		
	优先股		

资料来源：http://www.szse.cn/。

二、印花税

证券交易印花税是从普通印花税发展而来的，是专门针对证券交易发生额征收的一种税。因证券交易印花税是针对证券交易行为征收的税种，可称之为交易行为税。

目前，我国证券交易印花税只对股票征收，债券、基金交易免收印花税。印花税双边征收是指根据国家税法规定，在A股和B股成交后对买卖双方投资者按照规定的税率分别征收税金。印花税由证券经纪商代扣，由中国结算公司向税务机关缴纳。

2008年9月19日，证券交易印花税实行单边征收，只对卖出方按1‰税率征收，对买入方不再征收。

印花税率的高低可以直接地改变股票的交易成本，因此监管层通过调整印花税率可以起到调控股票市场的作用。我国历次对印花税的调整及对股市的影响如表3-4所示。

表3-4　　　　　印花税历次调整及对股市影响一览表

调整时间	调整幅度	股票市场变化
1991年10月	深市调至3‰，沪市开始双边征收3‰	大牛市行情启动，半年后上证指数从180点飙升至1429点，升幅高达694%
1992年6月12日	按3‰税率缴纳印花税	当天指数没剧烈反应，盘整一月后从1100多点跌到300多点，跌幅超70%
1997年5月12日	从3‰上调至5‰	当天形成大牛市顶峰，此后股指下跌500点，跌幅达到30%
1998年6月12日	从5‰下调至4‰	当日沪指小幅收涨2.65%
1999年6月1日	B股交易印花税降低为3‰	上证B指一月内从38点升至62.5点，涨幅高达50%
2001年11月16日	从4‰调整为2‰	股市产生一波100多点的波段行情
2005年1月23日	从2‰调整为1‰	1月24日沪指上涨1.73%
2007年5月30日	从1‰调整为3‰	两市收盘跌幅均超6%，跌停个股达859家，12346亿元市值在一日间被蒸发
2008年4月24日	从3‰调整为1‰	两市收盘涨幅均超9%，几乎所有股票涨停，创七年来涨幅最高纪录
2008年9月19日	单边征收1‰	两市再一次大涨，沪市涨幅为9.45%，深市涨9%

资料来源：http://focus.jrj.com.cn/xtyhs.html。

三、过户费

过户费是指委托买卖的股票、基金成交后买卖双方为变更股权登记所支付的费用。过户费属于中国结算公司的收入，由证券经纪商在同投资者清算交收时代为扣收。中国证券登记结算有限责任公司2015年7月9日晚间发布《关于调整A股交易过户费收费标准有关事项的通知》，于8月1日起调整沪深市场A股交易过户费的收费标准，A股交易过户费由沪市按照成交面值0.3‰、深市按照成交金额0.0255‰向买卖双方投资者分别收取，统一调整为按照成交金额0.02‰向买卖双方投资者分别收取。

本章小结

1. 证券交易市场是投资者进行投资交易的场所，一般地，证券交易市场按组织方式可分为两种：场内交易市场（又称证券交易所交易市场）和场外交易市场。

2. 我国证券市场场内交易的主要程序包括：

（1）开户。开户是指投资者（包括个人或机构）开设证券账户和资金账户的行为。证券账户用来记载投资者所持有的证券种类、数量和相应的变动情况，资金账户则用来记载和反映投资者买卖证券的货币收付和结存数额。目前我国投资者的开户方式有两种：现场开户和非现场开户。

（2）下单。下单又称发出委托指令（简称"委托"），是指投资者按规定方式向证券公司发出买入、卖出证券指令的行为。按规定，投资者不能进入证券交易所进行直接交易，必须通过向证券公司发出委托指令的方式进行证券交易所上市交易的证券的买卖。

（3）竞价成交。投资者的委托指令经证券商审核、按"时间优先、价格优先"原则申报进入证券交易所电脑撮合主机后，通过竞价方式由撮合主机进行撮合成交。

（4）清算交割。成交后的后续处理工作即证券结算包括清算和交割两个过程。清算是指买卖双方在证券交易所进行的证券买卖成交后，通过证券交易所的结算系统将各证券商之间代理买卖股票的数量和金额分别予以抵消，计算应收、应付股票和资金差额的过程。包括证券清算和资金清算、交易所与证券商之间的一级清算和证券商与投资者之间的二级清算。

清算后，即办理交割手续。所谓交割就是卖方向买方交付股票、买方向卖方支付价款的行为。

（5）过户。过户是投资者买入股票后，办理变更股东名称的过程，即将股票所有权从原持有方（股票卖方）名下转到新持有方（股票买方）名下的过程。

3. 本书中的证券交易实验操作流程以国泰安虚拟交易所 VE（Virtual Exchange）提供的模拟交易平台为依托进行介绍，证券交易实验操作流程包括：

（1）注册或登录进入交易系统；

（2）进行个人设置，报名参赛；

（3）查看资讯中心；

（4）交易操作；

（5）查看排行；

（6）投组分析。

4. 证券交易费用。

证券交易费用就是指投资者在委托买卖证券时应支付的各种税收和费用的总和。通常包括佣金、印花税、过户费、其他费用等。

知识拓展

深港通

中国证监会与香港证监会于 2016 年 12 月 25 日晚间联合宣布正式启动深港股票交易互联互通机制，相关股票交易于 2016 年 12 月 5 日开始，A 股市场和港股市场互联互通机制进一步扩大。

什么是深港通？深港通有什么具体规定？投资者如何投资？

一、什么是深港通？深港通的交易程序是怎样的？

深圳证券交易所对深港通的界定如图 3 - 50 所示。

图 3 - 50　深港通

深港通的交易程序如图 3 - 51 所示。

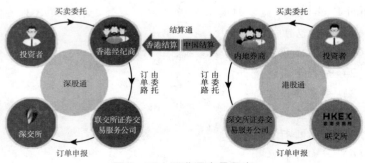

图 3 - 51　深港通交易程序

二、深港通包括哪些标的股票？

与之前开通的"沪港通"相比，"深港通"下的港股通股票范围更大，品种更丰富，涵盖了部分主板、中小板和创业板上市公司。"深股通"标的展现了深圳证券交易所新兴行业集中、成长特征鲜明的市场特色。深股通标的股票如图 3 – 52 所示。

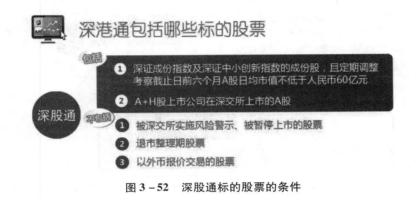

图 3 – 52　深股通标的股票的条件

港股通标的股票如图 3 – 53 所示。

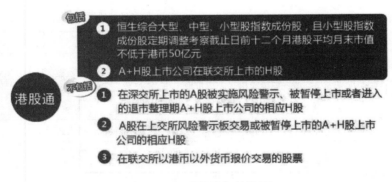

图 3 – 53　港股通标的股票

三、深港通交易有额度控制吗？

深港通不设总额度限制，但为防范资金每日大进大出的跨境流动风险，深港通设置了每日额度的限制，如图 3 – 54 所示。

四、投资者开通深港通的条件是什么？如何开通？

内地投资者首先要保证证券账户和资金账户里的资产合起来达到50 万元人民币（不含融资融券）。

开通程序可分为三步：第一步，客户申请；第二步，参加证券公司对知识水平、风险承受能力等的评估；第三步，签署协议，完成开通。

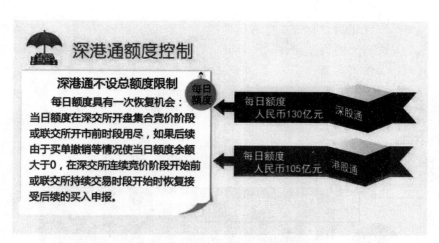

图 3 - 54 额度控制图

注：深港通下的港股通和沪港通下的港股通每日额度由深沪证券交易所分别控制，互不影响、也不相互调剂。

五、投资港股，哪些交易规则投资者是必须要掌握的？

投资者除了要了解的香港联交所的交易规则外，还要了解港股通的有关交易规定，如表 3 - 5 所示。

表 3 - 5   港股和港股通主要交易规则表

交易规则	港股交易规则		港股通交易规则
交割制度	T+0，当天买卖次数无限制；T+2交收，股票卖出2天后可取出资金		T+0，当天买卖次数无限制；T+2交收，卖出股票的资金T+3日可取
交易品种	港币		以港币报价，以人民币交收
交易时间	连续竞价	9：30～12：00	同港股
		13：00～16：00	
	收市竞价	16：00～16：10	同港股规则
涨跌幅	无涨跌幅限制		同港股规则
订单类型	竞价盘、竞价限价盘、增强限价盘		竞价限价盘、增强限价盘
委托/申报价格最小变动单位	不同价位的股票，最小价格变动单位不同		同港股规则
交易单位	由发行公司自行规定，每手股数不相等		同港股规则

续表

交易规则	港股交易规则	港股通交易规则
	每个买卖手数上限为 3000 手，每一个经纪代号的未执行买卖盘不设上限。每个买卖股数上限为 999999999（系统上限）	实行每日额度控制，每日额度使用完毕，将拒绝或停止买单申报，只可申报卖出

资料来源：深圳证券交易所深港通业务，http：//www. szse. cn/main/szhk/ggtywgz/。

（资料来源：证券时报，http：//www. cs. com. cn/gppd/scyj/201611/t20161126_5104115. html。）

实验任务

1. 准备能够上网的电脑、手机和本人身份证，综合考虑证券公司的佣金费率、服务内容和水平等各方面的因素，选择一家证券公司进行网上开户。登录该证券公司的官方网站，找到有网上开户标识的开户入口，点击进入，按其提示和要求逐步进行各个步骤，最终完成整个开户流程。

2. 登录上海证券交易所官方网站（http：//www. sse. com. cn/），点击"服务—投资者服务—投资者教育—模拟交易"（http：//edu. sse. com. cn/2015/simulationt/）选择"证券模拟交易平台"，证券模拟交易平台包括交易体验区、理财测试区、休闲游戏区和帮助说明区四个部分。通过参与股票、基金、融资融券等模拟交易和操作，亲身体验证券投资的收益与风险，学习证券交易相关知识，加深对证券市场及交易过程的了解和把握，为树立正确的投资理念、学习和培养正确的投资思维和方法做好充分的准备。

3. 登录上海证券交易所官方网站（http：//www. sse. com. cn/），点击"服务—沪港通"（http：//www. sse. com. cn/services/hkexsc/home/），了解沪港通的相关业务规则、信息披露、成交信息等。点击"服务—投资者服务—投资者教育—模拟交易"，选择"沪港通模拟交易"，进入沪港通模拟交易平台，注册后，进行沪港通业务的模拟交易。

4. 登录深圳证券交易所官方网站（http：//www. szse. cn/）点击信息导航中的"深港通业务"，了解和学习有关深港通业务规则、港股通标的证券、港股通投资指南后，通过深圳证券交易所提供的港股通模拟交易平台进行港股通模拟交易。

第四章
金融衍生工具交易实验

【实验目的与要求】

◇了解我国资本市场上的金融衍生工具

◇学习股指期货和股票期权的交易规则和交易程序

◇学习和掌握证券行情软件的使用

第一节　我国资本市场上的金融衍生品种

目前，我国资本市场上流通转让的金融衍生工具有股指期货、国债期货和股票期权。股指期货和国债期货在中国金融期货交易所挂牌交易，而股票期权在上海证券交易所挂牌交易。

一、股指期货

股指期货即股票价格指数期货，是以反映股票价格总水平的某种股票指数为标的资产的标准化的期货合约。股指期货合约到期时，股指期货通过现金结算差价的方式来进行交割。

期货合约是指由交易所统一制定的、规定在将来某一特定的时间和地点交割一定数量标的物的标准化合约。

我国股指期货市场的参与者包括投资者、期货公司、中金所、监管机构、自律组织以及相关服务机构等。

目前，在中国金融期货交易所挂牌交易的股指期货有：沪深300指数期货、上证50股指期货和中证500股指期货。

沪深300股指期货合约于2010年4月16日在中国金融期货交易所正式挂牌上市，这是我国资本市场上的首只金融衍生品种，标志着我国资本市场进入金融创新时代。《沪深300指数期货合约》主要内容如表 4 - 1 所示。

表 4 - 1　　　　　　　　　　沪深 300 指数期货合约表

合约标的	沪深 300 指数
合约乘数	每点 300 元
报价单位	指数点
最小变动价位	0.2 点
合约月份	当月、下月及随后两个季月
交易时间	上午：9：30 ~ 11：30，下午：13：00 ~ 15：00
每日价格最大波动限制	上一个交易日结算价的 ± 10%
最低交易保证金	合约价值的 8%
最后交易日	合约到期月份的第三个周五，遇国家法定假日顺延
交割日期	同最后交易日
交割方式	现金交割
交易代码	IF
上市交易所	中国金融期货交易所

　　经中国证监会批准，上证 50 股指期货和中证 500 股指期货均于 2015 年 4 月 16 日在中国金融金融交易所正式挂牌交易。《上 50 股指期货合约》主要内容如表 4 - 2 所示，《中证 500 股指期货合约》主要内容如表 4 - 3 所示。

表 4 - 2　　　　　　　　　　上证 50 股指期货合约表

合约标的	上证 50 指数
合约乘数	每点 300 元
报价单位	指数点
最小变动价位	0.2 点
合约月份	当月、下月及随后两个季月
交易时间	上午：9：30 ~ 11：30，下午：13：00 ~ 15：00
每日价格最大波动限制	上一个交易日结算价的 ± 10%
最低交易保证金	合约价值的 8%
最后交易日	合约到期月份的第三个周五，遇国家法定假日顺延
交割日期	同最后交易日
交割方式	现金交割
交易代码	IH
上市交易所	中国金融期货交易所

表 4 – 3   中证 500 股指期货合约

合约标的	中证 500 指数
合约乘数	每点 200 元
报价单位	指数点
最小变动价位	0.2 点
合约月份	当月、下月及随后两个季月
交易时间	上午：9：30 ~ 11：30，下午：13：00 ~ 15：00
每日价格最大波动限制	上一个交易日结算价的 ±10%
最低交易保证金	合约价值的 8%
最后交易日	合约到期月份的第三个周五，遇国家法定假日顺延
交割日期	同最后交易日
交割方式	现金交割
交易代码	IC
上市交易所	中国金融期货交易所

沪深 300 指数和上证 50 指数代表大市值上市公司整体状况，而中证 500 指数代表沪深中小市值公司整体状况，沪深 300 指数期货、上证 50 指数期货和中证 500 指数期货基本能够满足投资者对大盘蓝筹股票和中小市值股票的财富管理和风险管理需求。

二、国债期货

国债期货，是指以某一政府债券为标的资产的标准化的期货合约。

国债期货合约交易是指买卖双方通过有组织的交易场所，约定在未来特定时间，按预先确定的价格和数量进行券钱交收的国债派生交易方式。

在国际市场上，国债期货是历史悠久、运作成熟的基础类金融衍生产品之一。我国的上海证券交易所于 1992 年 12 月开放了国债期货交易，共推出 12 个品种的国债期货合约，1995 年国债期货交易日趋火爆，1995 年 2 月 23 日发生了轰动市场的"327 国债事件"，由于缺乏相应的市场基础和完善的规章制度，1995 年 5 月 17 日中国证监会发出通知，暂停国债期货交易。

2013 年 9 月 6 日，5 年期国债期货中国金融期货交易所正式挂牌交易，首批上市的 5 年期国债期货合约分别为 2013 年 12 月、2014 年 3 月及 6 月合约。时隔 18 年后，我国的国债期货市场重启，这是继股指期货之后，我国期货衍生品市场创新的又一重要突破。

《5 年期国债期货合约》主要内容如表 4-4 所示。

表 4-4　　　　　　　　　5 年期国债期货合约表

合约标的	面值为 100 万元人民币、票面利率为 3% 的名义中期国债
可交割国债	合约到期月份首日剩余期限为 4~5.25 年的记账式附息国债
报价方式	百元净价报价
最小变动价位	0.005 元
合约月份	最近的三个季月（3 月、6 月、9 月、12 月中的最近三个月循环）
交易时间	09：15~11：30，13：00~15：15
最后交易日交易时间	09：15~11：30
合约月份	最近的三个季月（3 月、6 月、9 月、12 月中的最近三个月循环）
交易时间	09：15~11：30，13：00~15：15
最后交易日交易时间	09：15~11：30
每日价格最大波动限制	上一交易日结算价的 ±1.2%
最低交易保证金	合约价值的 1%
最后交易日	合约到期月份的第二个星期五
最后交割日	最后交易日后的第三个交易日
交割方式	实物交割
交易代码	TF
上市交易所	中国金融期货交易所

10 年期国债期货于 2015 年 3 月 20 日在中国金融期货交易所挂牌交易，首批上市合约分别为 2015 年 9 月（T1509）、2015 年 12 月（T1512）和 2016 年 3 月（T1603），这标志着中国国债期货市场又向前迈进了一步。《10 年期国债合约》主要内容如表 4-5 所示。

表 4-5　　　　　　　　　10 年期国债期货合约表

合约标的	面值为 100 万元人民币、票面利率为 3% 的名义长期国债
可交割国债	合约到期月份首日剩余期限为 6.5~10.25 年的记账式附息国债
报价方式	百元净价报价
最小变动价位	0.005 元
合约月份	最近的三个季月（3 月、6 月、9 月、12 月中的最近三个月循环）
交易时间	9：15~11：30，13：00~15：15
最后交易日交易时间	9：15~11：30
每日价格最大波动限制	上一交易日结算价的 ±2%

续表

最低交易保证金	合约价值的 2%
最后交易日	合约到期月份的第二个星期五
最后交割日	最后交易日后的第三个交易日
交割方式	实物交割
交易代码	T
上市交易所	中国金融期货交易所

三、股票期权

股票期权最早是作为企业管理中的一种激励手段，源于 20 世纪 50 年代的美国，70 年代后走向成熟，为西方大多数公众企业所采用。我国的股票期权激励计划始于 20 世纪末期。

目前，股票期权已成为国际资本市场成熟的基础性的金融衍生产品，是精细化的风险管理工具。股票期权主要包括以单只股票为标的的个股期权和以跟踪股票指数为标的的 ETF 期权两种。

2015 年 1 月 9 日，中国证监会批准上海证券交易所以上证 50ETF 为标的，开展期权交易试点。2015 年 2 月 9 日，上证 50ETF 期权在上海证券交易所上市交易。股票期权交易的推出，丰富了我国的交易品种、交易机制资本市场风险管理工具和交易机制，是我国多层次资本市场的重要构成部分。

上证 50ETF 期权合约是上交所统一制定的、规定期权买方有权在将来特定时间以特定价格买入或者卖出约定股票或者跟踪股票指数的交易型开放式指数基金（ETF）等标的物的标准化合约。上证 50ETF 股票期权合约基本条款如表 4 – 6 所示。

表 4 – 6　　　　　　　　**上证 50ETF 股票期权合约表**

合约标的	上证 50 交易型开放式指数证券投资基金（"50ETF"）
合约类型	认购期权和认沽期权
合约单位	10000 份
合约到期月份	当月、下月及随后两个季月
行权价格	5 个（1 个平值合约、2 个虚值合约、2 个实值合约）
行权价格间距	3 元或以下为 0.05 元，3 元至 5 元（含）为 0.1 元，5 元至 10 元（含）为 0.25 元，10 元至 20 元（含）为 0.5 元，20 元至 50 元（含）为 1 元，50 元至 100 元（含）为 2.5 元，100 元以上为 5 元
行权方式	到期日行权（欧式）

续表

交割方式	实物交割（业务规则另有规定的除外）
到期日	到期月份的第四个星期三（遇法定节假日顺延）
行权日	同合约到期日，行权指令提交时间为 9：15～9：25，9：30～11：30，13：00～15：30
交收日	行权日次一交易日
交易时间	上午 9：15～9：25，9：30～11：30（9：15～9：25 为开盘集合竞价时间） 下午 13：00～15：00（14：57～15：00 为收盘集合竞价时间）
委托类型	普通限价委托、市价剩余转限价委托、市价剩余撤销委托、全额即时限价委托、全额即时市价委托以及业务规则规定的其他委托类型
买卖类型	买入开仓、买入平仓、卖出开仓、卖出平仓、备兑开仓、备兑平仓以及业务规则规定的其他买卖类型
最小报价单位	0.0001 元
申报单位	1 张或其整数倍
涨跌幅限制	认购期权最大涨幅＝$\max\{$合约标的前收盘价$\times 0.5\%$，$\min[(2 \times$合约标的前收盘价－行权价格)，合约标的前收盘价$] \times 10\%\}$ 认购期权最大跌幅＝合约标的前收盘价$\times 10\%$ 认沽期权最大涨幅＝$\max\{$行权价格$\times 0.5\%$，$\min[(2 \times$行权价格－合约标的前收盘价)，合约标的前收盘价$] \times 10\%\}$ 认沽期权最大跌幅＝合约标的前收盘价$\times 10\%$
熔断机制	连续竞价期间，期权合约盘中交易价格较最近参考价格涨跌幅度达到或者超过 50% 且价格涨跌绝对值达到或者超过 5 个最小报价单位时，期权合约进入 3 分钟的集合竞价交易阶段
开仓保证金最低标准	认购期权义务仓开仓保证金＝$[$合约前结算价＋$\mathrm{Max}(12\% \times$合约标的前收盘价－认购期权虚值，$7\% \times$合约标的前收盘价$)] \times$合约单位 认沽期权义务仓开仓保证金＝$\mathrm{Min}[$合约前结算价＋$\mathrm{Max}(12\% \times$合约标的前收盘价－认沽期权虚值，$7\% \times$行权价格)，行权价格$] \times$合约单位
维持保证金最低标准	认购期权义务仓维持保证金＝$[$合约结算价＋$\mathrm{Max}(12\% \times$合约标的收盘价－认购期权虚值，$7\% \times$合约标的收盘价$)] \times$合约单位 认沽期权义务仓维持保证金＝$\mathrm{Min}[$合约结算价＋$\mathrm{Max}(12\% \times$合标的收盘价－认沽期权虚值，$7\% \times$行权价格)，行权价格$] \times$合约单位

第二节　主要交易规则

一、股指期货的主要交易规则

本部分内容来自《中国期货交易所交易规则》《中国期货交易所　　135

交易细则》《中国金融期货交易所结算细则》《中国金融期货交易所风险控制管理办法》等。合约标的、交易时间、每日价格最大波动限制等部分交易细则已列示在上节的期货合约表中，本节介绍未列示在期货合约表中的主要交易规则。

（一）交易业务规则

1. 交易单位

股指期货合约的交易单位为手，合约交易以交易单位的整数倍进行。每次最小下单数量为 1 手，市价指令每次最大下单数量为 50 手，限价指令每次最大下单数量为 100 手。

2. 交易方式

股指期货合约采用集合竞价和连续竞价两种交易方式。

集合竞价时间为每个交易日 9：25 ~ 9：30，其中 9：25 ~ 9：29 为指令申报时间，9：29 ~ 9：30 为指令撮合时间。连续竞价时间为每个交易日的 9：30 ~ 11：00（第一节）和 13：00 ~ 15：00（第二节）。

（二）结算业务规则

1. 当日结算价

股指期货合约的当日结算价为合约最后一小时成交价格按照成交量的加权平均价。计算结果保留至小数点后一位。

2. 手续费

手续费包括交易手续费和申报费两部分，交易手续费标准为成交金额的万分之零点二三；申报费根据客户沪深 300、上证 50 和中证 500 股指期货各合约的申报数量收取，每笔申报费为 1 元。

3. 交割结算价

股指期货合约的交割结算价为最后交易日标的指数最后 2 小时的算术平均价。计算结果保留至小数点后两位。

4. 交割手续费

交割手续费标准为交割金额的万分之一。

5. 交割方式

股指期货合约采用现金交割方式。

（三）风险管理规则

1. 最低交易保证金

股指期货的最低交易保证金标准为合约标的的 8%。

2. 熔断制度

股指期货合约交易实行熔断制度。以沪深 300 指数为基准指数，设置 5% 和 7% 两档熔断幅度。

基准指数较前一交易日收盘首次上涨或下跌达到或超过 5% 时，合约进入 12 分钟的熔断期间，暂停交易；基准指数较前一交易日收盘首次上涨或下跌达到或超过 7% 时，或者合约收市前 15 分钟内基准指数较前一交易日收盘首次上涨或下跌达到或超过 5%，合约暂停交易至当日收市；合约最后交易日第二节交易时间内不适用熔断制度。

3. 每日价格涨跌停板幅度

合约每日价格涨跌停板幅度为上一交易日结算价的 ±10%；到期月份合约最后交易日涨跌停板幅度为上一交易日结算价的 ±20%。

4. 持仓限额制度

股指期货合约实行持仓限额制度，进行投资交易的客户某一合约单边持仓的限额，沪深 300 指数期货合约为 5000 手，上证 50 指数期货合约和中证 500 指数期货合约为 1200 手；某一合约结算后单边总持仓量超过 10 万手的，结算会员下一交易日该合约单边持仓量不得超过该合约单边持仓量的 25%。

5. 强行平仓制度

会员或者客户存在违规超仓、未按规定及时追加保证金等违规行为或者交易所规定的其他情形的，交易所有权对相关会员或者客户采取强行平仓措施。

二、国债期货的主要交易规则

本部分内容来自《中国金融期货交易所 5 年期国债期货合约交易细则》、《中国金融期货交易所 10 年期国债期货合约交易细则》，主要介绍未列示在第一节国债期货合约表中的交易规则。

（一）交易业务规则

1. 交易单位
交易单位为手，合约交易以交易单位的整数倍进行。

交易指令每次最小下单数量为 1 手，市价指令每次最大下单量为 50 手，限价指令每次最大下单数量为 200 手。

2. 交易方式
国债期货合约采用集合竞价和连续竞价两种交易方式。

集合竞价时间为每个交易日 9:10~9:15，其中 9:10~9:14 为指令申请时间，9:14~9:15 为指令撮合时间。

连续竞价的时间为每个交易日 9:15~11:30（第一节）和 13:00~15:15（第二节），最后交易日连续竞价时间为 9:15~11:30。

（二）结 算 业 务 规 则

1. 结算价

当日结算价为合约最后一小时成交价格按照成交量的加权平均价。计算结果保留至小数点后三位。

2. 手续费

国债期货合约的手续费标准一般每一笔不高于 5 元。

3. 交割方式

国债期货合约采用实物交割方式。

（三）风 险 管 理 细 则

1. 最低交易保证金

（1）5 年期国债期货合约的最低交易保证金的相关规定：最低交易保证金标准为合约价值的 1%；临近交割月份，交易所将分阶段逐步提高合约交易保证金标准：a. 交割月份前一个月下旬的前一交易日结算时起，交易保证金标准为合约价值的 1.5%。b. 交割月份第一个交易日的前一交易日结算时起，交易保证金标准为合约价值的 2%。

（2）10 年期国债期货合约的最低交易保证金的相关规定：最低交易保证金标准为合约价值的 2%；临近交割月份，交易所将分阶段逐步提高合约交易保证金标准：a. 交割月份前一个月下旬的前一交易日结算时起，交易保证金标准为合约价值的 3%。b. 交割月份第一个交易日的前一交易日结算时起，交易保证金标准为合约价值的 4%。

2. 每日价格涨跌停板幅度

5 年期国债期货合约每日价格涨跌停板幅度，为上一交易日结算价的 ±1.2%，合约上市首日涨跌停板幅度为挂盘基准价的 ±2.4%。

10 年期国债期货合约每日价格涨跌停板幅度，为上一交易日结算价的 ±2%，合约上市首日涨跌停板幅度为挂盘基准价的 ±4%。

3. 持仓限额制度

（1）进行投机交易的客户某一合约在不同阶段的单边持仓限额规定如下：

a. 合约上市首日起，持仓限额为 1000 手；

b. 交割月份前一个月下旬的第一个交易日期起，持仓限额为 600 手；

c. 交割月份第一个交易日起，持仓限额为 300 手。

（2）某一合约结算后单边持仓量超过 60 万手的，结算会员下一交易日该合约单边持仓量不得超过该合约单边持仓量的 25%。

4. 大户持仓报告制度

（1）达到下列标准之一的，客户或者会员应当向交易所发行报告义务：

a. 单个客户国债期货某一合约单边投机持仓达到交易所规定的投机持仓限额80%以上（含）的；

b. 当全市场单边总持仓达到5万手时，单个客户国债期货单边总持仓占市场单边总持仓量超过5%的。

（2）达到下列标准之一的，交易所可以要求相关客户或者会员履行报告义务：

a. 前5名客户国债期货单边总持仓占市场单边总持仓量超过10%的；

b. 前10名客户国债期货单边总持仓占市场单边总持仓量超过20%的。

三、股票期权的主要交易规则

上海证券交易所根据《证券法》《期货交易管理条例》《股票期权交易试点管理办法》等法律法规、规章以及《上海证券交易所章程》等规定并于2015年1月9日发布并实施《上海证券交易所股票期权试点交易规则》。部分交易规则已在第一节中的50ETF股票期权合约表中已列示了，现补充如下：

（一）交易规则

1. 交易单位

期权合约的交易单位为张。

2. 申报数量

期权交易的申报数量为1张或者其整数倍，限价申报的单笔申报最大数量为10张，市价申报的单笔申报最大数量为5张。

3. 申报价格最小变动单位

合约标的为股票期权交易的委托、申报及成交价格为每股股票对应的权利金金额，申报价格最小变动单位为0.001元人民币；合约标的为交易所交易基金期权交易的委托、申报及成交价格为每份交易所交易基金对应的权利金金额，申报价格最小变动单位为0.0001元人民币。

4. 价格涨跌停制度

期权交易实行价格涨跌停制度，申报价格超过涨跌停价格的申报无效。

期权合约的最后交易日，合约价格不设跌幅限制。

上海证券交易所于每个交易日开盘前，公布期权合约当日的涨跌停价格。

5. 交易方式

期权竞价交易采用集合竞价和连续竞价两种方式。

6. 结算价格

期权合约的结算价格为该合约当日收盘集合竞价的成交价格。

期权合约挂牌首日,以上海证券交易所公布的开盘参考价作为合约前结算价格。

合约标的出现除权、除息的,合约前结算价格应相应进行调整。

当日收盘集合竞价未形成成交价格或者成交价格明显不合理的,由上海证券交易所另行计算该合约的结算价格。

(二) 行权规则

期权的买方可以决定在合约规定期间内是否行权。即是否以特定价格买入或者卖出相应数量的合约标的。

投资者申报行权,应当确保其相应账户在规定时间内有足额合约、合约标的或者资金,用于行权结算。

1. 行权申报时间

行权申报时间为股票期权合约行权日的9:15~9:25、9:30~11:30、13:00~15:30。

2. 行权申报数量

期权合约行权的申报数量为1张或其整数倍。当日多次申报行权的,按照累计有效申报数量行权。不得超过其申报时合约账户内该期权合约权利仓持仓超出义务仓持仓的数量。

3. 行权结算价格

期权合约标的为股票的,行权现金结算价格为合约标的在最近一个交易日实际交易时段最后30分钟内的时间加权平均价。

期权合约标的为交易所交易基金的,行权现金结算价格的计算公式为:

$$行权现金结算价格 = 交易所交易基金前 - 交易日的单位净值$$
$$\times (1 + 对应指数当日涨跌幅)$$

(三) 风险控制规则

1. 保证金制度

期权交易实行保证金制度。保证金用于结算和担保期权合约履行,包括结算准备金和交易保证金。交易保证金分为开仓保证金和维持保证金。

保证金最低标准由上海证券交易所与中国证券登记结算有限责任公司(中国结算)规定并向市场公告。

2. 持仓限额制度

期权经营机构、投资者对单个合约品种的权利仓持仓数量、总持仓数量、单日买入开仓数量，以及个人投资者持有的权利仓对应的总成交金额，均不得超过上海证券交易所规定的额度。上海证券交易所可根据市场情况及风险控制的需要对持仓限额进行调整，最新的持仓限额规定如下：

（1）新开立合约账户的投资者，权利仓持仓限额为 20 张，总持仓限额为 50 张，单日买入开仓限额为 100 张。

（2）合约账户开立满 1 个月且期权合约成交量达到 100 张的投资者，权利仓持仓限额为 1000 张。对于经评估认为风险承受能力较强且具备三级交易权限的客户，期权经营机构可以适当缩短其合约账户开立时限要求。

（3）对于经评估认为风险承受能力较强且符合一定条件的客户，可以由期权经营机构根据本通知第三条的规定确定其权利仓持仓限额。

（4）总持仓限额和单日买入开仓限额根据权利仓持仓限额相应进行调整，总持仓限额为权利仓持仓限额的 2 倍，单日买入开仓限额为权利仓持仓限额的 10 倍。

3. 强行平仓制度

期权交易实行强行平仓制度。

结算参与人结算准备金余额小于零且未能在规定时间内补足或自行平仓，或者备兑证券数量不足且未能在规定时间内补足或者自行平仓的，中国结算将对其实施强行平仓。

投资者合约账户持仓数量超出本所规定的持仓限额，期权经营机构未及时根据经纪合同约定或者本所要求对其实施强行平仓的，上海证券交易所可以对该投资者实施强行平仓。

客户保证金不足或者备兑证券不足且未能在期权经营机构规定时间内补足或自行平仓，期权经营机构应当对其实施强行平仓。

第三节　金融期货、股票期权交易程序

一、金融期货的交易程序

金融期货的交易程序主要包括开户、下单、结算、平仓或交割四个环节。

（一）开户

投资者要参与股指期货交易，需要与符合规定的期货公司或依法接受期货公司委托协助办理开户手续的证券公司签署风险揭示书和期货经纪合同，开立交易编码，完成期货账户程序。

1. 开户要求

（1）适当性标准。金融期货交易的开户除了符合一般投资者开户要求外，还需要符合金融期货投资者适当性制度的要求。根据中国金融期货交易所制定并颁布的《金融期货投资者适当性制度操作指引》，开户要求包括金融期货投资者适当性标准操作要求和金融期货投资者适当性综合评估操作要求两部分。

金融期货投资者适当性标准操作要求的具体内容如表4-7所示。

表4-7　　　　　金融期货投资者适当性标准操作要求

开户要求	自然人投资者	一般法人投资者
可用资金	投资者前一交易日日终保证金账户可用资金余额不低于人民币50万元	同自然人投资者
知识测试	具备股指期货基础知识，根据中国金融期货交易所统一编制的试卷对投资者进行测试，合格分数线为80分。由本人参加测试，不得由他人替代	具备股指期货基础知识，根据中国金融期货交易所统一编制的试卷对投资者进行测试，合格分数线为80分。期货公司会员客户开发人员不得兼任开户知识测试人员
交易经历	投资者的金融期货仿真交易经历应当包括累计10个交易日、20笔以上（含）的金融期货仿真交易成交记录	同自然人投资者
法人投资者的特殊要求		应当具备符合企业实际的参与金融期货交易的内部控制、风险管理等相关制度，并提供加盖公章的证明文件
禁止开户	存在严重不良诚信纪录；证券、期货市场禁入者；存在法律、行政法规和交易所业务规则禁止或限制从事金融期货交易的情形	同自然人投资者

按《金融期货投资者适当性制度实施办法》规定，特殊单位客户参与金融期货交易，不对其进行适当性管理及综合评估。特殊单位客户包括：证券公司、基金管理公司、信托公司、银行和其他金融机构，社会保障类公司、合格境外机构投资者等法律、行政法规和规章

规定的需要资产分户管理的单位客户，以及交易所认定的其他单位客户。

（2）自然人投资者的综合评估。金融期货投资者适当性综合评估操作要求是指期货公司会员或证券公司（IB）按照《金融期货投资者适当性制度操作指引》制定本公司金融期货投资者适当性综合评估的实施办法，对自然人投资者的基本情况、相关投资经历、财务状况和诚信状况等方面进行适当性综合评估，评估其是否适合参与金融期货交易。综合评估得分在70分以下（不含）的投资者不予开户。金融期货投资者适当性综合评估的具体操作要求如表4-8所示。

表4-8　　　　　金融期货投资者适当性综合评估操作要求

	评估内容	投资者提供的文件	评估得分
基本情况评估	年龄与学历	投资者需提供有效身份证明文件及复印件。投资者提供的学历或者学位证明应当为毕业证书或者学位证书等证明文件及复印件	估分值上限分别为10分与5分，两项评分相加为投资者基本情况得分。期货公司会员应当按照实名制开户的要求核实投资者身份和年龄
投资经历评估	期货交易经历与金融现货交易经历	投资者应当提供加盖相关期货公司结算专用章的最近三年内的期货交易结算单，作为期货交易经历证明；提供加盖相关机构业务专用章的最近三年内的股票、债券或者外汇等交易对账单作为金融现货交易经历证明	评估分值上限分别为20分与10分，两项评分较高者为投资经历得分。期货公司会员应当根据投资者的交易和风险控制等情况对其投资经历进行评分
财务状况评估	金融类资产或者年收入	投资者可以提供本人的年收入证明文件或者近一个月内的金融类资产证明文件作为财务状况证明	分值上限为50分，期货公司会员分别评分后，取其最高得分作为投资者财务状况评估得分
诚信状况评估	个人诚信记录	投资者可以提供近两个月内的中国人民银行征信中心个人信用报告或者其他信用证明文件	期货公司会员应当通过多种渠道了解投资者诚信信息，结合投资者个人信用报告等信用证明文件和中国期货业协会的投资者信用风险信息数据库的信息，对投资者的诚信状况进行综合评估

资料来源：《金融期货投资者适当性制度操作指引》。

期货公司制定的金融期货自然人投资者适当性综合评估表如表4-9所示。

表 4 - 9　金融期货自然人投资者适当性综合评估表（期货公司模版）

指标项目	指标明细		分值	得分	计分原则
一、基本情况			≤15 分		以下两者得分相加计算得分
年龄	18～22 岁（含） □		1		限选一栏
	22～60 岁（含） □		10		
	60～70 岁（不含） □		1		
学历	硕士及以上 □		5		限选一栏
	本科 □		4		
	大专 □		3		
	大专以下 □		1		
二、相关投资经历			≤20 分		以下两者得分取最高值纳入计算
期货交易经历 □			≤20		根据交易情况、风险控制情况等综合评估
金融现货交易经历 □			≤10		
三、财务状况			≤50 分		以下两者得分取最高值纳入计算
金融类资产	30 万元（含）以下 □		1		限选一栏
	30 万～50 万元（含） □		≤20		
	50 万～100 万元（含） □		≤40		
	100 万元以上 □		50		
本人年收入	12 万元（含）以下 □		1		限选一栏
	12 万～20 万元（含） □		≤20		
	20 万～30 万元（含） □		≤40		
	30 万元以上 □		50		
四、诚信状况			≤15 分		
个人诚信记录	有诚信证明材料且无不良诚信记录				应当根据情况在综合评估总分中扣减相应分数。扣减分数不设上限。不得为存在严重不良诚信记录的投资者开立交易编码
	存在不良诚信记录		扣分项		
总得分					

资料来源：《金融期货投资者适当性制度操作指引》附则。

2. 开户流程

金融期货的简易开户流程如图 4 - 1 所示。

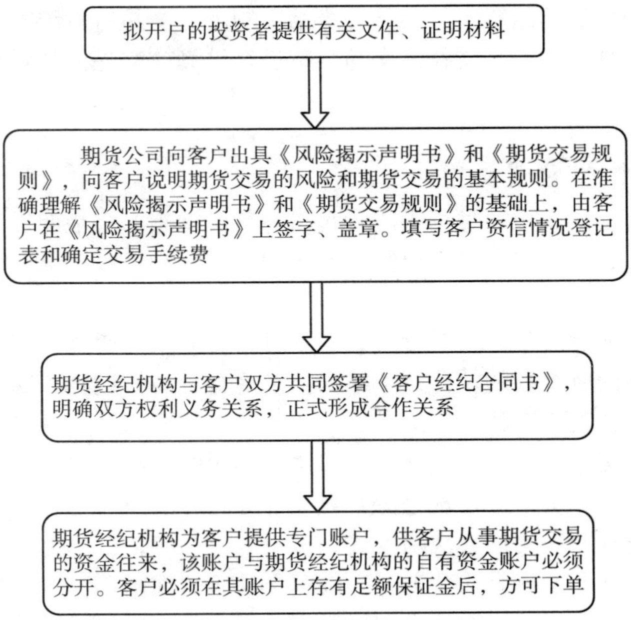

图 4-1　金融期货开户流程图

（二）下单

下单是指客户在每笔交易前向期货公司下达交易指令，说明拟买卖合约的种类、方向、数量、价格等的行为。

1. 交易指令的种类

金融期货的交易指令分为四种：买入开仓、卖出开仓、买入平仓、卖出平仓。

2. 委托方式

发出交易指令的委托方式根据《中国金融期货交易所交易规则》中的规定，客户下达交易指令的委托方式主要包括：书面、电话、互联网及中国证监会规定的其他方式。

3. 交易指令的报价方式

交易指令的报价方式主要包括限价指令和市价指令。

4. 交易方式

期货交易方式采用场内交易方式即在期货交易所进行集中交易，不得进行场外交易；撮合成交后，交易即告成立；成交后，客户将会收到中国金融期货交易所发送的成交回报。

（三）结算

结算是指中国金融期货交易所根据公布的结算价格和交易所对交易双方的交易结果进行资金清算和划转的业务活动。

金融期货的结算实行会员分级结算制度：交易所对结算会员进行结算，结算会员对其受托的交易会员进行结算，交易会员对其客户进行结算。

（四）平仓或交割

平仓是指客户通过买入或者卖出与其所持有的金融期货合约的相同标的、数量及交割月份但交易方向相反的合约，以了结期货交易的行为。

金融期货交割是指期货合约到期时，交易双方通过该期货合约所载标的物的所有权的转移，了结到期未平仓合约的过程。期货交割方式有现金交割、实物交割两类。

现金交割是指合约到期时，按照交易所的规则和程序，交易双方按照规定结算价格进行现金差价结算，了结到期未平仓合约的过程。股指期货合约采用现金交割方式。

实物交割是指合约到期时，按照交易所的规则和程序，交易双方通过该合约所载标的物所有权的转移，了结到期未平仓合约的过程。国债期货合约采用实物交割方式。

二、股票期权的交易程序

股票期权的交易程序主要包括开户、委托与申报、竞价成交、行权、结算等步骤。

（一）开户

与金融期货相同，我国的股票期权市场也实行投资者适当性制度。上海证券交易所根据中国证监会《股票期权交易试点管理办法》要求，制定了《上海证券交易所股票期权试点投资者适当性管理指引》（以下简称《适当性指引》），建立了与期权风险特征相匹配的投资者适当性制度，为期权市场的投资者准入设置适当的程序和要求。

1. 投资者开户要求

按规定，投资者要参与期权交易，应当向证券公司或期货公司等期权经营机构申请开立衍生品合约账户和保证金账户。合约账户用于记录投资者期权合约持仓和变动情况，并用于期权合约的交易申报和行权申报。

投资者申请开立合约账户，应当具有上海证券交易所市场的证券账户，合约账户注册信息应当与证券账户注册信息一致。

根据投资者适当性制度的规定，拟参与上海证券交易所股票期权交易的投资者，应当符合中国证监会和上海证券交易所规定的适当性标准，个人投资者还应当通过期权经营机构组织的期权投资者适当性综合评估。

（1）适当性标准。适当性标准规定了个人投资者和一般机构投资者的准入门槛，具体内容如表4-10所示。

表4-10　　　个人投资者和一般机构投资者的适当性标准

	个人投资者	一般机构投资者
最低资金规模	申请开户时托管在其委托的期权经营机构的证券市值与资金账户可用余额（不含通过融资融券交易融入的资金或证券），合计不低于人民币50万元	申请开户时托管在其委托的证券公司的证券市值与资金账户可用余额（不含通过融资融券交易融入的证券和资金），合计不低于人民币100万元；上一季度末净资产不低于人民币100万元（新成立的机构取最近净资产）
交易经历	在证券公司6个月以上并具备融资融券业务参与资格或者金融期货交易经历；或者在期货公司开户6个月以上并具有金融期货交易经历	
测试	具备期权基础知识，通过上海证券交易所认可的相关测试。70分为合格分数线	期权投资决策人员以及下单人员等相关业务人员具备期权基础知识，通过上海证券交易所认可的相关知识测试。80分为合格分数线
模拟交易经历	依据投资者参与上海证券交易所期权模拟交易的记录数据予以核定期权模拟交易经历	相关业务人员具有与三级期权交易权限相对应的本所认可的期权模拟交易经历（通过该机构开设的期权模拟账户来完成）
风险承受能力	期权经营机构对投资者的风险承受能力进行评估。风险承受能力评估结果需在"稳健"以上	
不存在严重不良诚信记录，不存在法律、法规、规章和上海证券交易所业务规则禁止或者限制从事期权交易的情形		

（2）综合性评估。《适当性指引》规定，开展股票期权经纪业务的证券公司或期货公司需对申请开户的个人投资者的基本情况、风险承受能力、相关投资经历、金融类资产状况、期权知识水平等方面进行综合评估。个人投资者适当性评估参考样表如表4-11所示。

表 4 – 11　　　　　股票期权投资者适当性综合评估参考表

指标项目		是否达到要求（勾选）
一、相关投资经历		
具备拟申请交易权限要求的期权模拟交易经历		
沪市 A 股账户开立合计 6 个月以上		
具备融资融券业务参与资格或者金融期货交易经历		
二、金融类资产状况		
证券市值与资金账户可用余额（不含融资融券客户信用证券账户内的证券市值和信用资金账户内的资金）人民币 50 万元以上		
三、期权基础知识水平		
期权知识测试成绩	一级知识测试通过	
	二级知识测试通过	
	三级知识测试通过	
	综合知识测试通过	
四、风险评估		
通过风险承受能力评估		
五、不良诚信记录		
无不良诚信记录		
本人承诺		
1. 本人对所提供相关证明材料的真实性负责，并自愿承担因材料不实导致的一切后果。		
2. 本人不存在重大未申报的不良信用记录。		
3. 本人不存在证券市场禁入以及法律、行政法规、规章和上海证券交易所业务规则禁止从事期权交易的情形。		
4. 本人身体健康，不存在不适宜从事期权交易的情形。		
投资者（签字）：　　　　　　　日期：		
分支机构开户经办人（签字）：		
日期：		
分支机构负责人或其授权人（签字）：		
日期：		
评估意见：		
经综合考虑，建议授予投资者级股票期权交易权限。		
提示：评估意见不构成投资建议，亦不构成对投资者的获利保证。		

资料来源：《上海证券交易所股票期权试点投资者适当性管理指引》附件。

根据《上海证券交易所股票期权试点交易规则》规定，证券公司或期货公司等期权经营机构应当根据客户适当性综合评估的结果，对个人投资者参与期权交易的权限进行分级管理。满足规定条件的投资者，可在对应级别的权限范围内从事期权交易，如表4－12所示。

表4－12　　　　　　　　　　　　股票期权分级管理表

个人投资者交易权限级别	可进行的期权交易
一级交易权限	在持有期权合约标的时，进行相应数量的备兑开仓；在持有期权合约标的时，进行相应数量的认沽期权买入开仓；对所持有的合约进行平仓或者行权
二级交易权限	一级交易权限对应的交易；买入开仓
三级交易权限	二级交易权限对应的交易；保证金卖出开仓

《适当性指引》规定，除法律、法规、规章以及监管机构另有规定外，下列专业机构投资者参与期权交易，不对其进行适当性管理及综合评估：

①商业银行、期权经营机构、保险机构、信托公司、基金管理公司、财务公司、合格境外机构投资者等专业机构及其分支机构；

②证券投资基金、社保基金、养老基金、企业年金、信托计划、资产管理计划、银行及保险理财产品、在中国证券投资基金业协会备案的私募基金，以及由第一项所列专业机构担任管理人的其他基金或者委托投资资产；

③监管机构及本所规定的其他专业机构投资者。

2. 开户流程

股票期权的开户流程如图4－2所示。

（二）委托与申报

1. 委托方式

投资者可通过书面或电话、自助终端、互联网等委托方式发出委托指令。

2. 委托指令的内容

投资者的委托指令包括：合约账户号码；合约交易代码；买卖类型；委托数量；委托类型与价格；上海证券交易所及期权经营机构要求的其他内容。

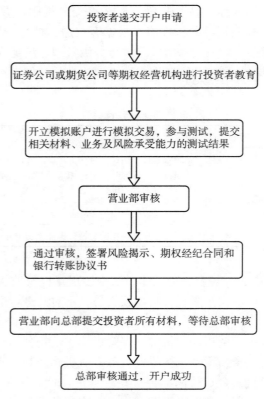

图 4 – 2　股票期权开户流程图

3. 委托指令的种类

股票期权委托指令包括买入开仓、卖出平仓、卖出开仓、买入平仓、备兑开仓和备兑平仓指令。各委托指令的含义如表 4 – 13 所示。

表 4 – 13　　　　　　股票期权委托指令的种类及含义表

委托指令	含义
买入开仓	包括认购期权买入开仓和认沽期权买入开仓,是指投资者买入在未来日期以特定价格买入或卖出标的证券的权力的行为。买方是期权交易中的权利方
卖出开仓	包括认购期权卖出开仓和认沽期权卖出开仓,是指投资者卖出未来日期以特定价格买入或卖出标的证券的权力的行为。卖方是期权交易中的义务方
卖出平仓	投资者卖出之前买入的认购期权合约或认沽期权合约
买入平仓	买入平仓指的是投资者作为义务方买入之前卖出的认购期权合约或认沽期权合约

续表

委托指令	含义
备兑开仓	备兑开仓是投资者在拥有标的证券（含当日买入）的基础上，卖出相应数量的认购期权（百分之百现券担保，不需现金保证金），即通过备兑开仓增加备兑持仓头寸
备兑平仓	指按申报数量冻结可平备兑持仓头寸

4. 委托指令的报价

申报指令包括限价申报指令和市价申报指令两种，上海证券交易所接受交易参与者的限价申报和市价申报指令包括：普通限价申报；市价剩余转限价申报；市价剩余撤销申报；全额即时限价申报；全额即时市价申报；上海证券交易所规定的其他申报类型。

（三）竞价成交

1. 竞价方式

期权竞价交易采用集合竞价和连续竞价两种方式。

2. 竞价原则

期权竞价交易按价格优先、时间优先的原则撮合成交。

连续竞价交易时段，以涨跌停价格进行的申报，按照平仓优先、时间优先的原则撮合成交。连续竞价时，成交价格的确定原则为：

（1）最高买入申报价格与最低卖出申报价格相同，以该价格为成交价格；

（2）买入申报价格高于即时揭示的最低卖出申报价格的，以即时揭示的最低卖出申报价格为成交价格；

（3）卖出申报价格低于即时揭示的最高买入申报价格的，以即时揭示的最高买入申报价格为成交价格。

集合竞价时，成交价格的确定原则依次为：

（1）可实现最大成交量的价格；

（2）高于该价格的买入申报与低于该价格的卖出申报全部成交的价格；

（3）与该价格相同的买方或卖方至少有一方全部成交的价格；

（4）有两个以上申报价格符合上述条件的，以在该价格以上的买入申报累计数量与在该价格以下的卖出申报累计数量之差最小的申报价格为成交价格；

（5）仍有两个以上申报价格符合上述条件的，以最接近前结算价格的申报价格为成交价格；

（6）仍有两个申报价格符合上述条件的，以其中间价为成交价格。

买卖申报经上海证券交易所撮合成交后，交易即告成立。

（四）行　权

期权买方可以决定在合约规定期间内是否行权。买方决定行权的，可以特定价格买入或者卖出相应数量的合约标的。

期权卖方应当按照上海证券交易所及中国结算的规定履行相应义务。

1. 行权申报时间

期权买方行权，应当在期权合约行权日委托期权经营机构通过上海证券交易所申报。申报行权，应当确保其相应账户在规定时间内有足额合约、合约标的或者资金，用于行权结算。

行权申报的时间，为期权合约行权日的 9：15～9：25、9：30～11：30、13：00～15：30。

2. 行权申报数量

期权合约行权的申报数量为 1 张或其整数倍。当日多次申报行权的，按照累计有效申报数量行权。

（五）结　算

结算业务包括日常交易结算和行权结算，期权结算业务实行保证金制度，保证金以现金、上海证券交易所及中国结算认可的证券方式交纳。

1. 分级结算制度

股票期权结算业务实行分级结算制度。

中国证券登记结算有限责任公司（中国结算）作为期权结算的共同对手方，负责办理与结算参与人之间的集中结算，结算参与人承担对中国结算的最终交收责任；结算参与人负责办理与客户、非结算参与人机构之间的结算；非结算参与人机构负责办理与所属客户之间的结算。

结算参与人与客户、非结算参与人机构以及非结算参与人机构所属客户之间的合约标的划转应当委托中国结算代理。

2. 资金收付顺序

中国结算办理当日期权结算的资金收付的顺序为：

（1）期权合约交易的资金交收；

（2）行权资金交收；

（3）资金保证金收取。

第四节　金融期货、期权行情软件的使用

证券行情软件一般都提供期货、期权的行情及下单交易菜单，投资者可下载并安装使用；另外，投资者到证券经营机构开户后，证券经营机构会为投资者提供专业的金融期货或期权行情软件［如中信证券的股票期权汇点版网上交易系统（见图4-3）；中泰证券的期货交易系统博易大师（见图4-4）］，投资者下载安装之后，就可以使用行情软件查看行情、参与交易。

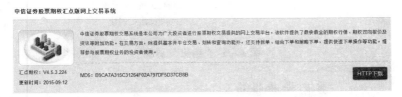

图4-3　中信证券股票期权汇点版网上交易系统下载界面

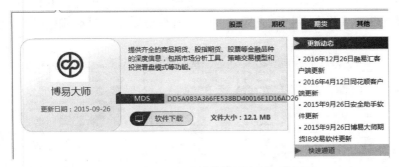

图4-4　中泰证券提供的博易大师下载界面

一、证券行情软件中的金融期货行情界面简介

登录证券行情交易系统后，点击主菜单栏中的"期货"菜单后打开的下拉单中提供了"股指期货报价""股指期货多窗看盘""国债期货报价""商品期货报价"等子项目，选中并点击鼠标左键后即可进入相应项目界面（见图4-5）。画圈部分投资者需要付费后才可开通。

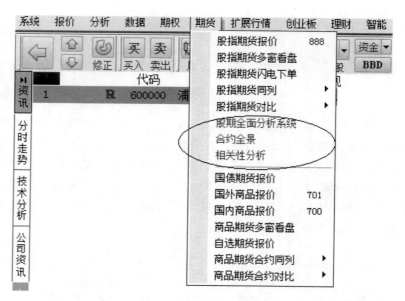

图 4-5 "期货"界面

（一）"金融期货报价"

鼠标左键点击"股指期货报价"进入"股指期货报价"界面，该界面分为两部分，上半部分为股指期货行情浏览界面，下半部分为股指期货或投资者自选股指期货的实时行情界面（见图 4-6）。

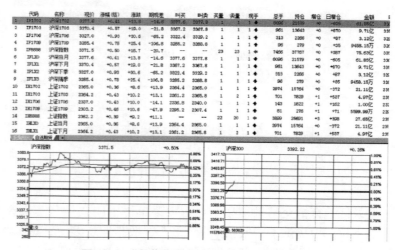

图 4-6 "股指期货报价"界面（部分界面）

鼠标左键点击"国债期货报价"进入"国债期货报价"界面，此界面组成与股指期货报价界面相同（见图 4-7）。

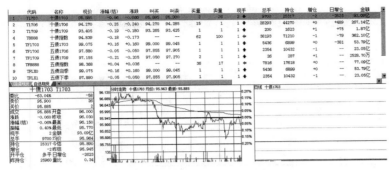

图 4-7 "国债期货报价"界面

选中或将光标移至要查看的股指期货品种，鼠标左键点击或按 Enter 键即进入该股指期货品种的实时行情界面，与股票实时行情界面相比，增加了"持仓量"的显示。图 4-8 为沪深 1703（IF1703）的实时行情界面。

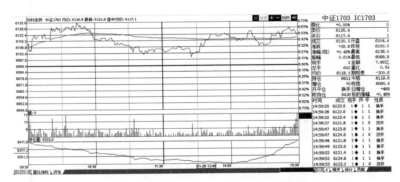

图 4-8 沪深 1703（IF1703）实时行情界面

（二）"股指期货多窗看盘"

鼠标左键点击"股指期货多窗看盘"即进入多窗看盘界面，在该界面鼠标选中某股指期货品种，界面中即出现该股指期货的报价信息及历史行情小窗口，在历史行情窗口下面有持仓量、技术分析、TICK 走势等选项条（图 4-9 中圆圈处），投资者可根据需要点击查看（见图 4-9）。

行情软件中金融期货界面的组成及基本操作与证券行情软件股票部分相同，投资者可参考本书第二章第二节，在此不再赘述。

（三）"金融期货报价界面"中的"代码"释义

图 4-10 和图 4-11 分别为股指期货和国债期货的行情浏览界面的部分截图，第二栏为股指期货和国债期货的代码，其含义如表 4-14 所示。

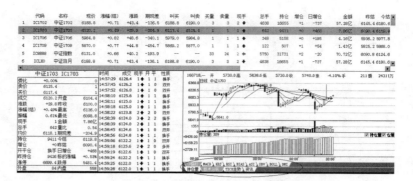

图 4-9　"股指期货多窗看盘"界面

	代码	名称	现价	涨幅(结)	涨跌	期现差	叫买	叫卖	买量	卖量
1	IF1702	沪深1702	3380.6	+0.47	+15.8	-15.7	3380.6	3381.2	3	1
2	IF1703	沪深1703	3364.2	+0.39	+13.2	-32.1	3364.0	3364.8	1	1
3	IF1706	沪深1706	3308.2	+0.20	+6.6	-88.1	3308.0	3311.4	2	1
4	IF1709	沪深1709	3268.0	+0.36	+11.8	-128.3	3264.0	3271.2	1	1
5	IF8888	沪深指数	3368.4	+0.42	+14.1	-27.9	--	--	50	34
6	IFLX0	沪深当月	3380.6	+0.47	+15.8	-15.7	3380.6	3381.2	3	1
7	IFLX1	沪深下月	3364.2	+0.39	+13.2	-32.1	3364.0	3364.8	1	1
8	IFLX2	沪深下季	3308.2	+0.20	+6.6	-88.1	3308.0	3311.4	2	1
9	IFLX3	沪深隔季	3268.0	+0.36	+11.8	-128.3	3264.0	3271.2	1	1
10	IH1702	上证1702	2351.2	+0.45	+10.6	-3.7	2351.0	2351.8	1	1
11	IH1703	上证1703	2348.2	+0.44	+10.2	-6.7	2348.2	2350.0	1	1
12	IH1706	上证1706	2331.6	+0.53	+12.2	-23.3	2329.4	2334.2	1	1
13	IH1709	上证1709	2294.0	+0.53	+12.0	-60.9	2292.0	2297.0	1	1
14	IH8888	上证指数	2347.4	+0.45	+10.6	-7.5	--	--	23	33
15	IHLX0	上证当月	2351.2	+0.45	+10.6	-3.7	2351.0	2351.8	1	1
16	IHLX1	上证下月	2348.2	+0.44	+10.2	-6.7	2348.2	2350.0	1	1
17	IHLX2	上证下季	2331.6	+0.53	+12.2	-23.3	2329.4	2334.2	1	1
18	IHLX3	上证隔季	2294.0	+0.53	+12.0	-60.9	2292.0	2297.0	1	1
19	IC1702	中证1702	6284.8	+0.64	+39.8	-46.4	6284.8	6287.0	1	1
20	IC1703	中证1703	6210.0	+0.67	+41.2	-121.2	6209.0	6212.6	1	1
21	IC1706	中证1706	6013.0	+0.64	+38.4	-318.2	6010.4	6014.4	1	1
22	IC1709	中证1709	5876.8	+0.40	+23.2	-454.4	5873.0	5879.0	1	1
23	IC8888	中证指数	6203.4	+0.64	+39.7	-127.8	--	--	39	24
24	ICLX0	中证当月	6284.8	+0.64	+39.8	-46.4	6284.8	6287.0	1	1
25	ICLX1	中证下月	6210.0	+0.67	+41.2	-121.2	6209.0	6212.6	1	1
26	ICLX2	中证下季	6013.0	+0.64	+38.4	-318.2	6010.4	6014.4	1	1
27	ICLX3	中证隔季	5876.8	+0.40	+23.2	-454.4	5873.0	5879.0	1	1

图 4-10　股指期货行情浏览界面（部分）

	代码	名称	现价	涨幅(结)	涨跌	叫买	叫卖	买量	卖量
1	T1703	十债1703	95.950	+0.45	+0.430	95.935	95.970	6	1
2	T1706	十债1706	94.550	+0.67	+0.630	94.535	94.555	2	29
3	T1709	十债1709	93.555	+0.65	+0.600	93.525	93.570	10	2
4	T8888	十债指数	94.836	+0.62	+0.583	--	--	86	129
5	TF1703	五债1703	99.275	+0.18	+0.180	99.275	99.330	4	1
6	TF1706	五债1706	98.115	+0.36	+0.355	98.100	98.125	11	1
7	TF1709	五债1709	97.430	+0.30	+0.295	97.400	97.500	2	1
8	TF8888	五债指数	98.278	+0.33	+0.326	--	--	58	41
9	TFLX0	五债当季	99.275	+0.18	+0.180	99.275	99.330	4	1
10	TFLX1	五债下季	98.115	+0.36	+0.355	98.100	98.125	11	1
11	TFLX2	五债隔季	97.430	+0.30	+0.295	97.400	97.500	2	1
12	TLX0	十债当季	95.950	+0.45	+0.430	95.935	95.970	6	1
13	TLX1	十债下季	94.550	+0.67	+0.630	94.535	94.555	2	29
14	TLX2	十债隔季	93.555	+0.65	+0.600	93.525	93.570	10	2

图 4-11　国债期货行情浏览界面（部分）

合约代码	含义
IF1702	2017 年 2 月交割的沪深 300 指数期货合约
IF8888	将沪深 300 当月、沪深 300 下月、沪深 300 下季、沪深 300 隔季 4 个合约按照成交量情况进行加权平均处理。目的：反映当前市场的股指期货波动情况，并能够使沪深 300 股指期货时间序列得以连续
IFLXO	沪深 300 当月连续。当月连续不是特定的期货合约，而是指所有的最近一个月份的合约连续起来即将主力合约连续起来显示。当月连续的"当月"不是一个固定的月份而是变动的。目的：因为期货到期后，就不再有交易行情，当月连续使期货交易行情可以连续，供投资者进行长期趋势的分析和研究
IFLX1	沪深 300 下月连续。下月连续指将主力合约之后的那个月的合约连续起来显示
IFLX2	沪深 300 下季连续
IFLX3	沪深 300 隔季连续

表 4 – 14 以沪深 300 指数期货合约为例对期货合约代码含义进行了说明，上证 50 指数期货合约、中证 500 指数期货合约及 5 年期国债期货合约、10 年期国债期货合约代码的含义均可参考此表。

二、证券行情软件中股票期权行情界面简介

登录证券行情交易系统后，点击主菜单栏中的"期权"菜单后打开的下拉单中提供了"上海股票期权"、"期权 T 型报价"、"交易策略"三个子项目小菜单。

（一）"上海股票期权报价"界面

鼠标左键点击"上海股票期权"选项，进入"上海股票期权报价"界面，如图 4 – 12 所示。

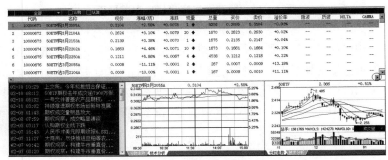

图 4 – 12 "上海股票期权报价"界面

“上海股票期权报价”界面包括两个部分：上半部分为各股票期权合约的报价浏览，下半部分又包括两部分：左边为资讯，中间和右边为选中的股票期权合约和合约标的50ETF的分时走势界面或历史走势界面（点击界面下端的技术分析，进入历史走势界面）。

“上海股票期权报价”界面最上边的一栏为报价信息指标，拉动界面中间的滚动条或点击界面右边的带圆圈的三角形，可查看股票期权的所有报价信息指标，图4－13－1和图4－13－2显示了股票期权的所有报价信息指标。

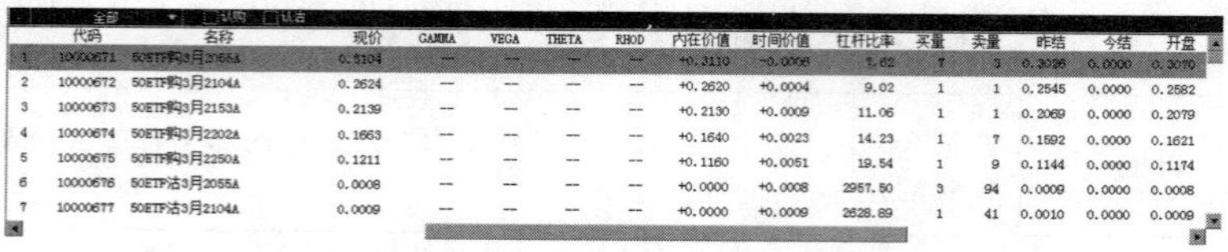

	代码	名称	现价	GAMMA	VEGA	THETA	RHOD	内在价值	时间价值	杠杆比率	买量	卖量	昨结	今结	开盘
1	10000671	50ETF购3月2055A	0.3104	—	—	—	—	+0.3110	−0.0006	7.62	7	3	0.3026	0.0000	0.3070
2	10000672	50ETF购3月2104A	0.2624	—	—	—	—	+0.2620	+0.0004	9.02	1	1	0.2545	0.0000	0.2582
3	10000673	50ETF购3月2153A	0.2139	—	—	—	—	+0.2130	+0.0009	11.06	1	1	0.2069	0.0000	0.2079
4	10000674	50ETF购3月2202A	0.1663	—	—	—	—	+0.1640	+0.0023	14.23	1	7	0.1592	0.0000	0.1621
5	10000675	50ETF购3月2250A	0.1211	—	—	—	—	+0.1160	+0.0051	19.54	1	9	0.1144	0.0000	0.1174
6	10000676	50ETF沽3月2055A	0.0008	—	—	—	—	+0.0000	+0.0008	2957.50	3	94	0.0009	0.0000	0.0008
7	10000677	50ETF沽3月2104A	0.0009	—	—	—	—	+0.0000	+0.0009	2628.89	1	41	0.0010	0.0000	0.0009

图4－13－1　股票期权报价信息界面（1）

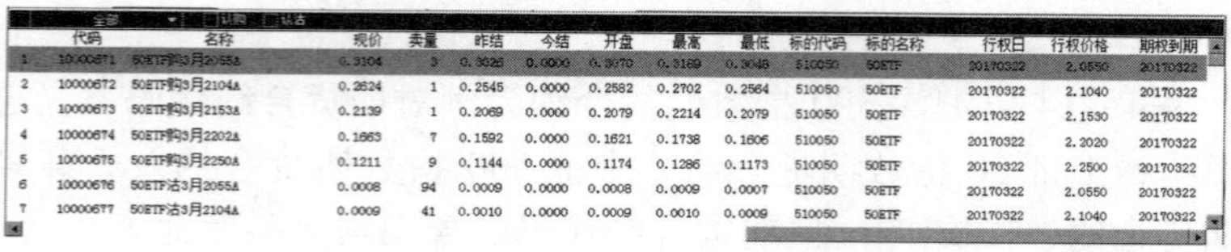

	代码	名称	现价	卖量	昨结	今结	开盘	最高	最低	标的代码	标的名称	行权日	行权价格	期权到期
1	10000671	50ETF购3月2055A	0.3104	3	0.3026	0.0000	0.3070	0.3169	0.3048	510050	50ETF	20170322	2.0550	20170322
2	10000672	50ETF购3月2104A	0.2624	1	0.2545	0.0000	0.2582	0.2702	0.2564	510050	50ETF	20170322	2.1040	20170322
3	10000673	50ETF购3月2153A	0.2139	1	0.2069	0.0000	0.2079	0.2214	0.2079	510050	50ETF	20170322	2.1530	20170322
4	10000674	50ETF购3月2202A	0.1663	7	0.1592	0.0000	0.1621	0.1738	0.1606	510050	50ETF	20170322	2.2020	20170322
5	10000675	50ETF购3月2250A	0.1211	9	0.1144	0.0000	0.1174	0.1286	0.1173	510050	50ETF	20170322	2.2500	20170322
6	10000676	50ETF沽3月2055A	0.0008	94	0.0009	0.0000	0.0008	0.0009	0.0007	510050	50ETF	20170322	2.0550	20170322
7	10000677	50ETF沽3月2104A	0.0009	41	0.0010	0.0000	0.0009	0.0010	0.0009	510050	50ETF	20170322	2.1040	20170322

图4－13－2　股票期权报价信息界面（2）

拉动界面右边的滚动条或点击界面右边的带方框的三角形，可查看当前交易的所有股票期权合约，目前共有90个股票期权合约在交易，如图4－14所示。

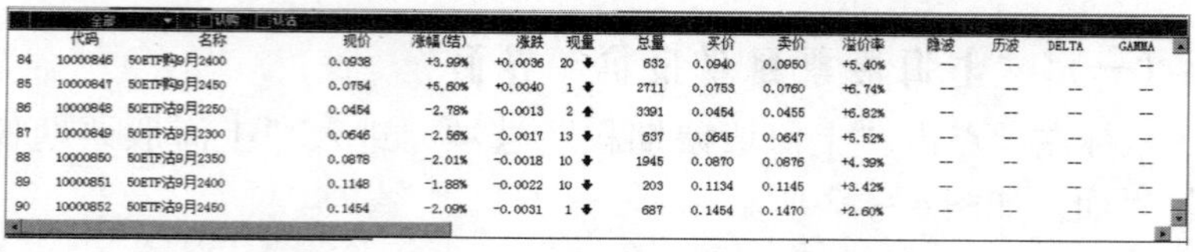

	代码	名称	现价	涨幅(结)	涨跌	现量	总量	买价	卖价	溢价率	隐波	历波	DELTA	GAMMA
84	10000846	50ETF购9月2400	0.0938	+3.99%	+0.0036	20 ↓	632	0.0940	0.0950	+5.40%	—	—	—	—
85	10000847	50ETF购9月2450	0.0754	+5.60%	+0.0040	1 ↓	2711	0.0753	0.0760	+6.74%	—	—	—	—
86	10000848	50ETF沽9月2250	0.0454	−2.78%	−0.0013	2 ↑	3391	0.0454	0.0455	+6.82%	—	—	—	—
87	10000849	50ETF沽9月2300	0.0646	−2.56%	−0.0017	13 ↓	637	0.0645	0.0647	+5.52%	—	—	—	—
88	10000850	50ETF沽9月2350	0.0878	−2.01%	−0.0018	10 ↓	1945	0.0870	0.0876	+4.39%	—	—	—	—
89	10000851	50ETF沽9月2400	0.1148	−1.88%	−0.0022	10 ↓	203	0.1134	0.1145	+3.42%	—	—	—	—
90	10000852	50ETF沽9月2450	0.1454	−2.09%	−0.0031	1 ↓	687	0.1454	0.1470	+2.60%	—	—	—	—

图4－14　股票期权交易信息浏览界面

选中或光标移至要查看的股票期权合约，鼠标左键点击或按Enter键即进入该股票期权合约的实时行情界面，如图4－15所示。

点击该界面上部圆圈处的“标的股”选项，可进入股票期权标的上证50交易型开放式指数证券投资基金的实时行情界面，（见图4－16）。

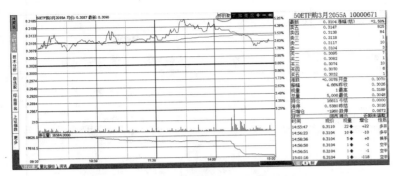

图 4-15 股票期权合约的实时行情界面

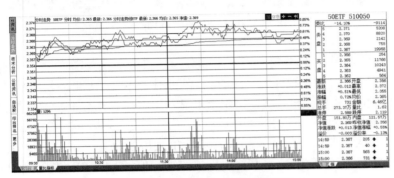

图 4-16 "50ETF" 实时行情界面

在股票期权合约的实时行情界面按 Enter 键或按热键 F5 即进入该股票期权合约的历史行情界面，如图 4-17 所示。

图 4-17 股票期权合约历史行情界面

股票期权合约的实时行情界面和历史行情界面的操作与股票行情界面的操作基本相同，具体操作方法可参照本书第三章第二节。

(二) "期权 T 型报价"

鼠标左键点击"期权 T 型报价"选项，进入"期权 T 型报价"

界面，如图 4 – 18 所示。

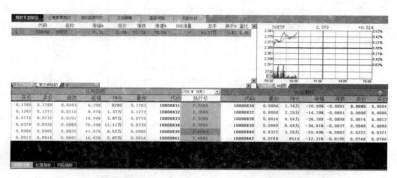

图 4 – 18 "期权 T 型报价"界面——实时行情

该界面由三部分组成：左上部分为期权标的（50ETF）的行情信息；右上部分为期权标的（50ETF）的分时走势图；下半部分为期权标的（50ETF）的报价。报价以 T 字形显示：中间为执行价格即行权价，行权价的左边是该行权价的认购期权的行情及相关指标，右边是该行权价的认沽期权的行情及相关指标。相关指标分为三组：实时行情、比值指标和风险指标。各指标界面如图 4 – 18、图 4 – 19 和图 4 – 20 所示。比值指标和风险指标可为投资者提供更为深入、专业的分析数据。

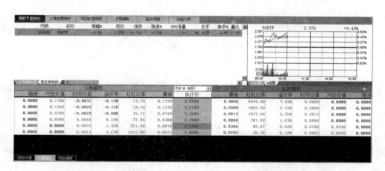

图 4 – 19 "期权 T 型报价"界面——比值指标

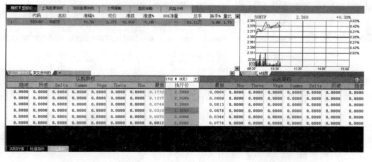

图 4 – 20 "期权 T 型报价"界面——风险指标

　　行权价的上方点击小黑三角形可以选择查看不同月份的合约。通过 T 型报价页面，投资者可以查找期权合约的时间、行权价和类型，快速锁定想要查看的期权合约，并可很方便地与其他期权合约进行对比。

（三）"交易策略"界面

　　"交易策略"界面主要包括期权标的行情信息界面、T 型策略界面和各种策略选择下的损益分析界面，如图 4-21 所示。

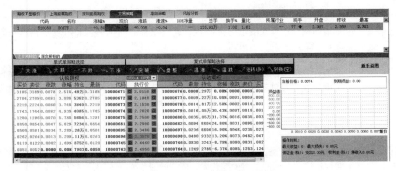

图 4-21　"交易策略"界面

　　投资者可根据当前的行情情况，选择适合的策略，点击界面右边即进入该策略下的损益分析界面，如图 4-22 所示。

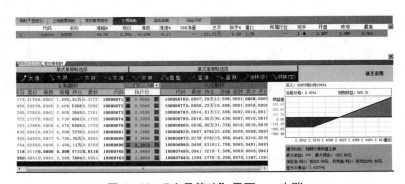

图 4-22　"交易策略"界面——大涨

（四）"上海股票期权报价"界面中的特定指标释义

　　在"上海股票期权报价"界面提供了若干个报价信息指标，部分信息指标属于股票期权的特定指标，其含义如表 4-15 所示。

　　金融衍生工具交易的实验操作程序请参考本书第三章第二节。

表 4 - 15　　　　　　　　　　股票期权的特定指标

特定指标	含义
代码	又称合约编码，用于识别和记录期权合约，唯一且不重复使用。上证 50ETF 期权合约编码由 8 位数字构成，从 10000001 起按顺序对挂牌合约进行编排。例如：图 4 - 14 中的 10000848
名称	又称合约简称，是对期权合约要素的简要说明。上证 50ETF 期权的合约简称不超过 20 个字符，具体组成依次为"50ETF"（合约标的简称）、"购"或"沽"、"到期月份"、"行权价格"、标志位（期初无标志位，期权合约首次调整时显示为"A"，第二次调整时显示为"B"，依此类推）例如："50ETF 购 3 月 2055A"的含义为 3 月份到期的以 20.55 元为行权价的标的为 50ETF 的认购期权
溢价率	是指期权合约现在的市场价格高出其内在价值的比率。如市场价格低于其内在价值，溢价率为负值
隐波	即隐含波动率，根据 B—S 公式反推出的标的波动率（故称为隐含波动率），是市场参与者对未来波动率的预期值，当某一合约的隐含波动率显著高于其他合约时，则该合约被高估，反之则被低估
历波	即历史波动率，是基于过去的波动率统计得出的，对未来期权合约价格波动的判断具有一定的参考意义
DELTA	期权价格关于标的价格的变化率，即标的股价变动 1 元，期权价格变化多少
GAMMA	期权标的价格变化对 Delta 值的影响程度
VEGA	期权价格关于波动率的变化率，即波动率变化了 1%，期权的价格变化多少
THETA	期权价格关于到期时间的变化率，即时间过了一天，期权的价格变化多少
RHO	期权价格关于无风险利率的变化率，即无风险利率变化了 1%，期权价格变化多少
内在价值	又称履约价值，是指期权持有者立即行使该期权合约所赋予的权利时所能获得的收益，只能为正数或者为零
时间价值	指在期权剩余有效期内，合约标的价格变动有利于期权权利方的可能性即表示期权增值的可能性。时间价值和内在价值共同构成期权的总价值
杠杆比率	是指将购买"上证 50 交易型开放式指数证券投资基金"的资金购买 50ETF 期权所提高的资金利用效率
行权价格	是指期权的买方在期权到期时执行买入或卖出期权合约的价格
多开	多头开仓，即买入认购期权
空开	空头开仓，即买入认沽期权
多平	多头主动平仓
空平	空头主动平仓
换手	包括多头换手和空头换手。多头换手是指原有的多头卖出平仓，新多头买入开仓，持仓量不变；空头换手是指原有的空头买进平仓，新空头卖出开仓，持仓量不变

本章小结

（1）我国资本市场上流通转让的金融衍生工具有股指期货、国债期货和股票期权。股指期货和国债期货在中国金融期货交易所挂牌交易，股票期权在上海证券交易所挂牌交易。

（2）股指期货即股票价格指数期货，就是以反映股票价格总水平的某种股票指数为标的资产的标准化的期货合约。在合约到期后，股指期货通过现金结算差价的方式来进行交割。

目前，在中国金融期货交易所挂牌交易的股指期货分别是：沪深300指数期货、上证50股指期货和中证500股指期货。

（3）国债期货，是指以某一政府债券为标的资产的标准化的期货合约。

国债期货合约交易是指买卖双方通过有组织的交易场所，约定在未来特定时间，按预先确定的价格和数量进行券钱交收的国债派生交易方式。

（4）目前，在中国金融期货交易所挂牌交易的国债期货是：5年期国债期货和10年期国债期货。

（5）股票期权主要包括以单只股票为标的个股期权和以跟踪股票指数为标的的ETF期权。目前，我国证券市场上挂牌交易的是上证50ETF期权。上证50ETF期权合约是上交所统一制定的、规定买方有权在将来特定时间以特定价格买入或者卖出约定股票或者跟踪股票指数的交易型开放式指数基金（ETF）等标的物的标准化合约。

（6）我国期货交易细则由中国金融期货交易所根据《中国金融期货交易所交易规则》及相关实施细则制定。主要包括：交易业务细则、结算业务细则、风险管理细则等。

（7）我国股票期权的交易规则目前是由上海证券交易所根据《证券法》《期货交易管理条例》《股票期权交易试点管理办法》等法律法规、规章以及《上海证券交易所章程》等规定并于2015年1月9日发布并实施的《上海证券交易所股票期权试点交易规则》。主要包括：交易规则、行权规则、风险控制规则等。

（8）金融期货的交易程序主要包括开户、下单、结算、平仓或交割四个环节。

（9）股票期权的交易程序主要包括金融期货的交易程序，主要包括开户、委托与申报、竞价成交、行权、结算等步骤。

（10）期货、期权行情软件的使用

证券行情软件一般都会提供期货、期权的行情及下单交易菜单，投资者可下载并安装使用；另外，投资者到证券经营机构开户后，证券经营机构会为投资者提供专业的金融期货或期权行情软件。行情软件的操作使用可参考第三章第二节。

知识拓展

常用期货术语

1. 开仓：又称建仓，指交易者新买入或新卖出一定数量的期货合约。

2. 平仓：买入后卖出，或卖出后买入原先所做的新单。

3. 锁仓：开立与原先买卖方向相反、数量相等或相近的头寸，而不是对原先头寸的平仓。

4. 分仓：交易所会员或客户为了超量持仓，以影响价格，操纵市场，借用其他会员席位或其他客户名义在交易所从事期货交易，规避交易所持仓限量规定，其在各个席位上总的持仓量超过了交易所对该客户或会员的持仓限量。

5. 移仓（倒仓）：交易所会员为了制造市场假象，或者为转移盈利，把一个席位上的持仓转移到另外一个席位上的行为。

6. 逼仓：期货交易所会员或客户利用资金优势，通过控制期货交易头寸或垄断可供交割的现货商品，故意抬高或压低期货市场价格，超量持仓、交割，迫使对方违约或以不利的价格平仓以牟取暴利的行为。根据操作手法不同，又可分为"多逼空"和"空逼多"两种方式。

7. 头寸：在交易中所持有的未平仓的期货合约数。

8. 多头：看涨买入。

9. 空头：看跌卖出。

10. 对敲：交易所会员或客户为了制造市场假象，企图或实际严重影响期货价格或者市场持仓量，蓄意串通，按照事先约定的方式或价格进行交易或互为买卖的行为。

11. 升水：（1）交易所条例所允许的，对高于期货合约交割标准的商品所支付的额外费用。（2）指某一商品不同交割月份间的价格关系。当某月价格高于另一月份价格时，我们称较高价格月份对较低价格月份升水。（3）当某一证券交易价格高于该证券面值时，亦称为升水或溢价。

12. 交割：期货合约卖方与期货合约买方之间进行的现货商品转移。各交易所对现货商品交割都规定有具体步骤。某些期货合约，如股票指数合约的交割采取现金结算方式。

13. 结算：指根据交易结果和交易所有关规定对会员交易保证金、盈亏、手续费、交割货款及其他有关款项进行计算、划拨的业务活动。

14. 套利：投机者或对冲者都可以使用的一种交易技术，即在某市场买进现货或期货商品，同时在另一个市场卖出相同或类似的商品，并希望两个交易会产生价差而获利。

15. 空盘量：尚未经相反的期货或期权合约相对冲，也未进行实货交割或履行期权合约的某种商品期货或期权合约总数量。

16. 抢帽子者：仅做当日交易，以利用微小、短期合约价差获利为目的的交易行为。

17. 强行平仓：当客户交易亏损，导致保证金不足，而客户没有补足有效的保证金时，交易所或经纪公司按规定对该客户所持有的头寸进行强制平仓处理。

18. 交易编码：为避免出现交易混乱，期货交易所采用一户一码制度，每个客户在交易所都有固定的客户编码。

19. 正向市场：反映同一商品现货价与期货价的关系，在正常情况下，现货价低于期货价，或近期合约价格低于远期合约价格。反向市场的这种比价关系正好相反。

20. 限仓制度：是期货交易所为了防止市场风险过度集中于少数交易者和防范操纵市场行为，对会员和客户的持仓数量进行限制的制度。

（资料来源：http：//baike. baidu. com/link？ ur。）

实验任务

1. 登录中国金融期货交易所官网（http：//www. cffex. com. cn/），点击"法律法规"菜单，查看"交易所规则"、"交易细则"、"业务规定"、"期货法规"等项目，了解和熟悉股指期货和国债期货的交易规则、交易细则、法律法规及相关业务规定等，如图4-23所示。

图4-23 中国金融交易所——"法律法规界面"

2. 登录中国金融期货交易所官网（http：//www. cffex. com. cn/），点击"投资者教育"——"仿真交易"，进入"仿真交易"界面，了解仿真交易的相关内容，有条件的可进行仿真交易的申请（见图4-24）。

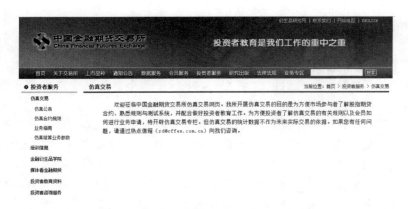

图 4 - 24　中国金融交易所——"仿真交易界面"

3. 登录上海证券交易所官网（http：//www. sse. com. cn/），点击 "规则"——"股票期权类规则"，查看和熟悉股票期权的交易规则 及其他相关事项的规则及规定等（见图4 - 25）。

图 4 - 25　中国金融交易所——"股票期权类规则界面"

4. 登录上海证券交易所官网（http：//www. sse. com. cn/），点击 "服务"—"投资者服务"—"投资者教育"—"股票期权专 区"—"全真模拟交易"，全面学习和掌握股票期权的相关基础知 识、股票期权的基本运用及组合策略、股票期权的收益和风险、股票 期权的具体业务方案等，以认真负责的态度参与股票期权的全真模拟 交易。

第五章
基本分析实验

【实验目的与要求】

◇ 了解中国经济现状、经济与股市的关系

◇ 了解中国证券市场的主要行业，能够运用所学理论对这些行业的现状进行分析，并对其未来发展趋势进行预测

◇ 了解公司分析的主要内容和方法，熟悉各种估值模型，能够综合运用所学知识对目标公司进行较为全面的分析，最终确定其是否具有投资价值

基本分析是指根据经济学、金融学、财务学、管理学等基本原理，通过对决定证券价值及价格的基本要素，如宏观经济指标、经济政策走势、行业发展状况、产品市场状况、公司销售和财务状况等进行分析，评估证券的投资价值，判断证券的合理价位，提出相应的投资建议的一种分析方法。基本分析的核心是价值发现，其内容主要包括宏观经济分析、行业分析和区域分析以及公司分析三个层次。基本分析能够比较全面地把握证券价格的基本走势和应用，较为规范、简单。从长期来看，基本分析方法是一种有效的分析工具，而对短线投资者的指导作用比较弱。

第一节　宏观经济分析实验

证券市场的波动总是与整体的经济变化密切联系在一起，证券市场素有经济晴雨表之称，它一方面表明证券市场是宏观经济的先行指标；另一方面也表明，宏观经济的走向决定了证券市场的长期趋势。宏观经济分析有助于把握证券市场的总体变动趋势、判断整个证券市场的投资价值、掌握宏观经济政策对证券市场的影响力度与方向。宏

观经济分析的主要内容可以分为三个方面：宏观经济指标分析、宏观经济运行分析和宏观经济政策分析。

一、宏观经济数据的获取

（一）获取宏观经济数据的网络资源

1. 政府部门网站

获取宏观经济数据最便捷的网站是中华人民共和国国家统计局网站，其统计数据板块（见图 5-1），可以免费查询到月度、季度、年度的宏观经济数据，并提供数据库查询，其网址为 http：//www. stats. gov. cn/tjsj/。该板块还汇总了多个部门的统计数据链接地址（见图 5-2）。

图 5-1　中华人民共和国国家统计局数据统计页面

此外，中华人民共和国国家发展和改革委员会网站的经济形势分析板块，也有汇总的地方经济及行业数据。

2. 专业财经类网站

该类网站的主要代表有和讯网、金融界、证券之星、东方财富等，通常该类网站提供的宏观经济数据一目了然，且并配以直观的图表。以东方财富网为例，该网站数据中心的"经济数据"板块提供了我国及主要发达国家的宏观经济数据（见图 5-3、图 5-4），其网址为 http：//data. eastmoney. com/center/macro. html，其免费行情软件"东方财富通"也提供了相应的数据。

图 5-2 中华人民共和国国家统计局汇总的各部门统计数据链接

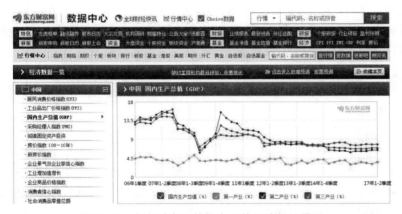

图 5-3 东方财富网数据中心的经济数据界面

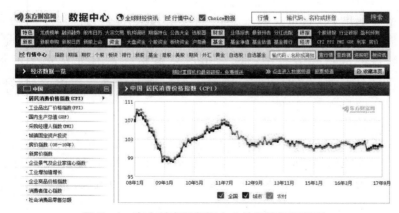

图 5-4 东方财富网数据中心的经济数据界面

3. 教育科研机构网站

代表网站有国务院发展研究中心信息网、中国经济信息网（简称"中经网"）、中国宏观经济信息网（简称"中宏网"），其数据库通常由高等学校图书馆实验室等购买。

4. 媒体网站

此类网站的主要代表有中国经济网、人民网等，通常以专题界面来提供免费的具体数据信息。

（二）我国宏观经济数据公布时间

宏观经济数据及其变化，是投资者判断宏观经济形势的重要依据，每逢重大经济数据的公布，尤其是实际数据与预期数据相差较多时，市场都会受到明显的影响。因此掌握宏观经济数据的公布时间、第一时刻获取这些数据并进行科学的解读以指导自己的投资决策是非常重要的宏观基本分析环节，表5-1是中华人民共和国国家统计局2017年度重要经济统计信息发布日程表，此外，2017年中国人民银行在每月15日左右公布货币供应量、金融机构人民币信贷收支表等数据，季后15日左右公布黄金储备、外汇储备、汇率等数据。

（三）主要的宏观经济指标

1. GDP

国内生产总值（GDP）是指一个国家（或地区）所有常住单位在一定时期内（一般按年统计）生产活动的最终成果（见图5-3、表5-2）。从支出角度看，GDP是最终需求—投资、消费、净出口这三种需求之和，因此经济学上常把投资、消费、出口比喻为拉动GDP增长的"三驾马车"。

国内生产总值的增长速度一般用来衡量经济增长率（也称经济增长速度），它是反映一定时期经济发展水平变化程度的动态指标，也是反映一个国家经济是否具有活力的基本指标。因此，在宏观经济指标分析中，国内生产总值指标占有非常重要的地位，具有十分广泛的用途。国内生产总值的持续、稳定增长是政府追求的目标之一。

2. CPI、PPI

消费者物价指数（CPI），是反映与居民生活有关的商品及劳务价格的统计指标，是观察通货膨胀水平的重要指标（见图5-4、表5-3）。如果CPI升幅过大，表明通胀已经成为经济不稳定因素。

表 5－1

2017 年国家统计局经济统计信息发布日程表

序号	内容	1月	2月	3月	4月	5月	6月	7月	8月	9月	10月	11月	12月
1	国民经济运行情况新闻发布会	20/五 10:00	……	14/二 10:00	17/二 10:00	15/一 10:00	14/三 10:00	17/一 10:00	14/一 10:00	14/四 10:00	19/四 10:00	14/二 10:00	14/四 10:00
2	2016 年国民经济和社会发展统计公报	……	28/二 9:30	……	……								
3	季度主要行业增加值初步核算报告	21/六 9:30	……	……	18/二 9:30			18/二 9:30			20/五 9:30		
4	中国制造业采购经理指数月度报告	1/日 9:00	1/三 9:00	1/三 31/五 9:00	30/日 9:00	31/三 9:00	30/五 9:00	31/一 9:00	31/三 9:00	30/六 9:00	31/二 9:00	30/四 9:00	31/日 9:00
5	中国非制造业商务活动指数月度报告	1/日 9:00	1/三 9:00	1/三 31/五 9:00	30/日 9:00	31/三 9:00	30/五 9:00	31/一 9:00	31/三 9:00	30/六 9:00	31/二 9:00	30/四 9:00	31/日 9:00
6	居民消费价格指数月度报告	10/二 9:30	14/二 9:30	9/四 9:30	12/三 9:30	10/三 9:30	9/五 9:30	10/一 9:30	9/三 9:30	9/六 9:30	16/一 9:30	9/四 9:30	9/六 9:30
7	工业生产者价格指数月度报告	10/二 9:30	14/二 9:30	9/四 9:30	12/三 9:30	10/三 9:30	9/五 9:30	10/一 9:30	9/三 9:30	9/六 9:30	16/一 9:30	9/四 9:30	9/六 9:30
8	规模以上工业生产月度报告	20/五 10:00	……	14/二 10:00	17/二 10:00	15/一 10:00	14/三 10:00	17/一 10:00	14/一 10:00	14/四 10:00	19/四 10:00	14/二 10:00	14/四 10:00

续表

序号	内容	1月	2月	3月	4月	5月	6月	7月	8月	9月	10月	11月	12月
9	固定资产投资（不含农户）月度报告	20/五 10:00	……	14/二 10:00	17/一 10:00	15/一 10:00	14/三 10:00	17/一 10:00	14/一 10:00	14/四 10:00	19/四 10:00	14/二 10:00	14/四 10:00
10	民间固定资产投资月度报告	20/五 10:00	……	14/二 10:00	17/一 10:00	15/一 10:00	14/三 10:00	17/一 10:00	14/一 10:00	14/四 10:00	19/四 10:00	14/二 10:00	14/四 10:00
11	房地产开发和销售情况月度报告	20/五 10:00	……	14/二 10:00	17/一 10:00	15/一 10:00	14/三 10:00	17/一 10:00	14/一 10:00	14/四 10:00	19/四 10:00	14/二 10:00	14/四 10:00
12	社会消费品零售总额月度报告	20/五 10:00	……	14/二 10:00	17/一 10:00	15/一 10:00	14/三 10:00	17/一 10:00	14/一 10:00	14/四 10:00	19/四 10:00	14/二 10:00	14/四 10:00
13	全国居民收支情况季度报告	……	……	……	17/一 10:00	……	……	17/一 10:00	……	……	19/四 10:00	……	……
14	70个大中城市住宅销售价格月度报告	18/三 9:30	22/三 9:30	18/六 9:30	18/三 9:30	18/四 9:30	19/一 9:30	18/三 9:30	18/五 9:30	18/一 9:30	23/一 9:30	18/六 9:30	18/一 9:30
15	工业经济效益月度报告	26/四 9:30	……	27/一 9:30	27/四 9:30	27/六 9:30	27/二 9:30	27/四 9:30	27/日 9:30	27/三 9:30	27/五 9:30	27/一 9:30	27/三 9:30
16	规模以上文化及相关产业生产经营季度报告	……	6/一 9:30	……	28/五 9:30	……	……	28/五 9:30	……	……	30/一 9:30	……	……

资料来源：国家统计局官网。

表 5 - 2

2013~2017 年二季度我国 GDP 数据一览表

季度	国内生产总值		第一产业		第二产业		第三产业	
	绝对值（亿元）	同比增长（%）	绝对值（亿元）	同比增长（%）	绝对值（亿元）	同比增长（%）	绝对值（亿元）	同比增长（%）
2017 年第 1~2 季度	381490.00	6.90	21987.00	3.50	152987.40	6.40	206515.60	7.70
2017 年第 1 季度	180682.70	6.90	8654.00	3.00	70004.50	6.40	102024.20	7.70
2016 年第 1~4 季度	744127.20	6.70	63670.70	3.30	296236.00	6.10	384220.50	7.80
2016 年第 1~3 季度	532845.90	6.70	40665.70	3.50	210534.50	6.10	281645.70	7.60
2016 年第 1~2 季度	342316.40	6.70	22096.70	3.10	134977.60	6.10	185242.10	7.50
2016 年第 1 季度	161572.70	6.70	8803.00	2.90	61325.00	5.90	91444.70	7.60
2015 年第 1~4 季度	689052.10	6.90	60862.10	3.90	282040.30	6.20	346149.70	8.20
2015 年第 1~3 季度	496200.20	6.90	38344.60	3.80	203537.40	6.20	254318.10	8.20
2015 年第 1~2 季度	319489.70	7.00	20257.10	3.50	131872.10	6.30	167360.50	8.10
2015 年第 1 季度	150986.70	7.00	7770.40	3.10	60724.70	6.40	82491.60	7.80
2014 年第 1~4 季度	643974.00	7.30	58343.50	4.10	277571.80	7.40	308058.60	7.80
2014 年第 1~3 季度	462791.50	7.30	36820.90	4.10	199787.40	7.60	226183.30	7.60

续表

季度	国内生产总值		第一产业		第二产业		第三产业	
	绝对值（亿元）	同比增长（%）	绝对值（亿元）	同比增长（%）	绝对值（亿元）	同比增长（%）	绝对值（亿元）	同比增长（%）
2014 年第 1~2 季度	297079.70	7.40	19145.30	3.70	128762.60	7.70	149171.70	7.60
2014 年第 1 季度	140618.30	7.40	7491.90	3.20	59221.50	7.60	73905.00	7.60
2013 年第 1~4 季度	595244.40	7.80	55329.10	3.80	261956.10	8.00	277959.30	8.30
2013 年第 1~3 季度	426619.30	7.80	34605.00	3.30	187743.60	7.90	204270.70	8.40
2013 年第 1~2 季度	273713.90	7.70	18011.90	2.80	120993.60	7.70	134708.40	8.30
2013 年第 1 季度	129747.00	7.90	7169.60	3.00	55862.30	7.80	66715.00	8.40

表 5 - 3 2016 年 3 月～2017 年 9 月我国 CPI 数据一览表

月份	全国				城市				农村			
	当月	同比增长（%）	环比增长（%）	累计	当月	同比增长（%）	环比增长（%）	累计	当月	同比增长（%）	环比增长（%）	累计
2017 年 9 月	101.6	1.6	0.5	101.5	101.7	1.7	0.5	101.6	101.4	1.4	0.6	101.1
2017 年 8 月	101.8	1.8	0.4	101.5	101.9	1.9	0.4	101.6	101.5	1.5	0.5	101.1
2017 年 7 月	101.4	1.4	0.1	101.4	101.5	1.5	0.1	101.5	101.0	1.0	0.0	101.0
2017 年 6 月	101.5	1.5	-0.2	101.4	101.7	1.7	-0.1	101.5	101.0	1.0	-0.2	101.0
2017 年 5 月	101.5	1.5	-0.1	101.4	101.7	1.7	-0.1	101.5	101.1	1.1	-0.1	101.1
2017 年 4 月	101.2	1.2	0.1	101.4	101.3	1.3	0.1	101.5	100.8	0.8	0.0	101.1
2017 年 3 月	100.9	0.9	-0.3	101.4	101.0	1.0	-0.3	101.5	100.6	0.6	-0.4	101.1
2017 年 2 月	100.8	0.8	-0.2	101.7	100.9	0.9	-0.2	101.8	100.6	0.6	-0.1	101.4
2017 年 1 月	102.5	2.5	1.0	102.5	102.6	2.6	1.0	102.6	102.2	2.2	0.9	102.2
2016 年 12 月	102.1	2.1	0.2	102.0	102.1	2.1	0.2	102.1	101.9	1.9	0.3	101.9
2016 年 11 月	102.3	2.3	0.1	102.0	102.3	2.3	0.1	102.0	102.0	2.0	0.2	101.9
2016 年 10 月	102.1	2.1	-0.1	102.0	102.2	2.2	-0.1	102.0	101.8	1.8	-0.1	101.8
2016 年 9 月	101.9	1.9	0.7	102.0	102.0	2.0	0.7	102.0	101.6	1.6	0.7	101.8
2016 年 8 月	101.3	1.3	0.1	102.0	101.4	1.4	0.1	102.0	101.0	1.0	0.1	101.9
2016 年 7 月	101.8	1.8	0.2	102.1	101.8	1.8	0.3	102.1	101.5	1.5	0.0	102.0

续表

月份	全国				城市				农村			
	当月	同比增长（%）	环比增长（%）	累计	当月	同比增长（%）	环比增长（%）	累计	当月	同比增长（%）	环比增长（%）	累计
2016年6月	101.9	1.9	-0.1	102.1	101.9	1.9	-0.1	102.1	101.9	1.9	-0.1	102.1
2016年5月	102.0	2.0	-0.5	102.1	102.0	2.0	-0.5	102.2	102.1	2.1	-0.4	102.1
2016年4月	102.3	2.3	-0.2	102.2	102.3	2.3	-0.2	102.2	102.4	2.4	-0.2	102.1
2016年3月	102.3	2.3	-0.4	102.1	102.3	2.3	-0.4	102.1	102.2	2.2	-0.4	102.0

生产者物价指数（PPI），是衡量工业企业产品出厂价格变动趋势和变动程度的指数，是反映某一时期生产领域价格变动情况的重要经济指标，也是制定有关经济政策和国民经济核算的重要依据（见图5-5、表5-4）。根据价格传导规律，PPI 对 CPI 有一定的影响。PPI 反映生产环节价格水平，CPI 反映消费环节的价格水平。整体价格水平的波动一般首先出现在生产领域，然后通过产业链向下游产业扩散，最后波及消费品。但由于 CPI 不仅包括消费品价格，还包括服务价格，CPI 与 PPI 在统计口径上并非严格的对应关系，因此 CPI 与 PPI 的变化出现不一致的情况是可能的。

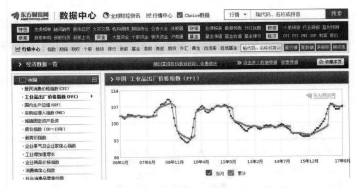

图5-5　东方财富网数据中心的经济数据界面

表5-4　　　　2016 年 3 月~2017 年 9 月我国 PPI 数据一览表

月份	当月	当月同比增长（%）	累计
2017 年 9 月	106.9	6.90	106.50
2017 年 8 月	106.4	6.30	106.40
2017 年 7 月	105.5	5.50	106.40
2017 年 6 月	105.5	5.50	106.60
2017 年 5 月	105.5	5.50	106.80
2017 年 4 月	106.4	6.40	107.20
2017 年 3 月	107.6	7.60	107.40
2017 年 2 月	107.8	7.80	107.30
2017 年 1 月	106.9	6.90	106.90
2016 年 12 月	105.5	5.50	98.60
2016 年 11 月	103.3	3.30	98.00
2016 年 10 月	101.2	1.20	97.50
2016 年 9 月	100.1	0.10	97.10
2016 年 8 月	99.2	-0.80	96.80
2016 年 7 月	98.3	-1.70	96.40

续表

月份	当月	当月同比增长（%）	累计
2016 年 6 月	97.4	-2.60	96.10
2016 年 5 月	97.2	-2.80	95.90
2016 年 4 月	96.6	-3.40	95.53
2016 年 3 月	95.7	-4.30	95.16

3. 消费指标

消费在各国 GDP 中通常占有最大的比重，因而消费增长对经济增长影响较大，保持消费的稳定增长对于宏观经济的稳定增长具有重要作用。由于居民消费是社会最终消费，因此通过稳健的宏观调控，保证居民消费的稳步增长才是宏观经济长期稳定发展的科学选择。社会消费品零售总额是最重要的消费指标，指各种经济类型的批发零售贸易业、餐饮业、制造业和其他行业对城乡居民和社会集团的消费品零售额和农民对非农业居民零售额的总和（见图 5 - 6、表 5 - 5）。

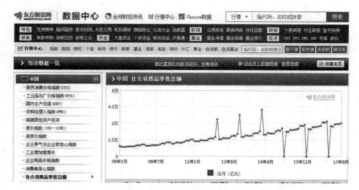

图 5 - 6　东方财富网数据中心的经济数据界面

表 5 - 5　　　　　　　2016～2017 年 8 月我国社会消费品
零售总额数据一览表

月份	当月（亿元）	同比增长（%）	环比增长（%）	累计（亿元）	同比增长（%）
2017 年 8 月	30330.00	10.10	2.43	232308.00	10.40
2017 年 7 月	29610.00	10.40	-0.66	201978.00	10.40
2017 年 6 月	29808.00	11.00	1.18	172369.00	10.40
2017 年 5 月	29459.00	10.70	8.00	142561.00	10.30
2017 年 4 月	27278.00	10.70	-2.10	113102.00	10.20
2017 年 3 月	27864.00	10.90	—	85823.00	10.00
2017 年 2 月	—	—	—	57960.00	9.50

续表

月份	当月（亿元）	同比增长（%）	环比增长（%）	累计（亿元）	同比增长（%）
2016 年 12 月	31757.00	10.90	2.58	332316.00	10.40
2016 年 11 月	30959.00	10.80	-0.51	300560.00	10.40
2016 年 10 月	31119.00	10.00	11.23	269601.00	10.30
2016 年 9 月	27976.00	10.70	1.58	238482.00	10.40
2016 年 8 月	27540.00	10.60	2.66	210505.00	10.30
2016 年 7 月	26827.00	10.20	-0.11	182966.00	10.30
2016 年 6 月	26857.00	10.60	0.92	156138.00	10.30
2016 年 5 月	26611.00	10.00	7.97	129281.00	10.20
2016 年 4 月	24646.00	10.10	-1.86	102670.00	10.30
2016 年 3 月	25114.00	10.50	—	78024.00	10.30
2016 年 2 月	—	—	—	52910.00	10.20

4. 进、出口指标

进出口总额是指实际进出我国国境的货物总金额。包括对外贸易实际进出口货物，来料加工装配进出口货物，国家间、联合国及国际组织无偿援助物资和赠送品，华侨、港澳台同胞和外籍华人捐赠品，租赁期满归承租人所有的租赁货物，进料加工进出口货物，边境地方贸易及边境地区小额贸易进出口货物（边民互市贸易除外），中外合资企业、中外合作经营企业、外商独资经营企业进出口货物和公用物品，到、离岸价格在规定限额以上的进出口货样和广告品（无商业价值、无使用价值和免费提供出口的除外），从保税仓库提取在中国境内销售的进口货物，以及其他进出口货物（见图 5 - 7、表 5 - 6）。

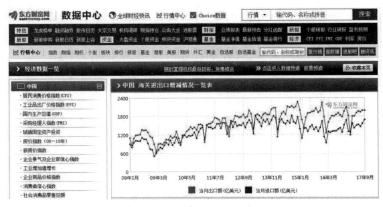

图 5 - 7 东方财富网数据中心的经济数据界面

表 5 - 6

2016 年 3 月～2017 年 9 月我国海关进出口数据一览表

月份	当月出口额			当月进口额			累计出口额		累计进口额	
	金额（亿美元）	同比增长（%）	环比增长（%）	金额（亿美元）	同比增长（%）	环比增长（%）	金额（亿美元）	同比增长（%）	金额（亿美元）	同比增长（%）
2017 年 9 月	1982.59	8.10	-0.49	1697.92	18.70	7.98	16324.55	7.50	13368.73	17.30
2017 年 8 月	1992.29	5.50	2.88	1572.38	13.30	7.03	14363.54	7.60	11648.98	16.90
2017 年 7 月	1936.46	7.20	-1.50	1469.09	11.00	-4.50	12408.06	8.30	10091.24	17.70
2017 年 6 月	1965.91	11.30	2.91	1538.26	17.20	2.40	10472.73	8.50	8622.08	18.90
2017 年 5 月	1910.30	8.70	6.13	1502.20	14.80	5.82	8533.46	8.20	7095.80	19.50
2017 年 4 月	1800.04	8.00	-0.34	1419.56	11.90	-9.40	6627.40	8.10	5594.03	20.80
2017 年 3 月	1806.09	16.40	50.41	1566.84	20.30	21.25	4827.92	8.20	4171.83	24.00
2017 年 2 月	1200.79	-1.30	-34.30	1292.27	38.10	-1.66	3028.12	4.00	2606.87	26.40
2017 年 1 月	1827.57	7.90	-12.73	1314.09	16.70	-22.06	1827.57	7.90	1314.09	16.70
2016 年 12 月	2094.17	-6.10	6.41	1685.99	3.10	10.78	20974.44	-7.70	15874.81	-5.50
2016 年 11 月	1968.06	0.10	10.45	1521.96	6.70	17.87	18971.66	-7.50	14220.75	-6.20
2016 年 10 月	1781.78	-7.30	-3.43	1291.21	-1.40	-9.40	17115.48	-7.70	12699.34	-7.50
2016 年 9 月	1845.08	-10.00	-3.19	1425.19	-1.90	2.87	15370.12	-7.50	11406.55	-8.20
2016 年 8 月	1905.92	-2.80	3.17	1385.43	1.50	4.62	13529.30	-7.10	9980.38	-9.00
2016 年 7 月	1847.33	-4.40	2.41	1324.25	-12.50	0.11	11676.49	-7.40	8601.07	-10.50

续表

月份	当月出口额			当月进口额			累计出口额		累计进口额	
	金额（亿美元）	同比增长（%）	环比增长（%）	金额（亿美元）	同比增长（%）	环比增长（%）	金额（亿美元）	同比增长（%）	金额（亿美元）	同比增长（%）
2016年6月	1803.83	-4.80	-0.38	1322.75	-8.40	0.91	9854.79	-7.70	7271.94	-10.20
2016年5月	1810.64	-4.10	4.80	1310.84	-0.40	3.05	8138.12	-7.30	5963.14	-10.30
2016年4月	1727.63	-1.80	7.43	1272.00	-10.90	-2.87	6366.29	-7.60	4654.28	-12.80
2016年3月	1608.13	11.50	27.48	1309.56	-7.60	39.98	4639.31	-9.60	3382.05	-13.50

进出口总额用以观察一个国家在对外贸易方面的总规模。我国规定出口货物按离岸价格统计，进口货物按到岸价格统计。

5. 投资指标

投资是拉动 GDP 增长的主要变量，具体可分为私人投资（民间投资）和政府投资。就政府投资而言，通过发行国债或者增发货币的发式获得资金，并增加投资力度，能够短期内带来 GDP 的明显增长。但政府投资普遍存在效率低、浪费大等问题，因此其短期刺激经济增长的副作用往往需要在更长的时期内进行消化。因此，采取有效措施保护、引导和鼓励民间投资的增长，是促进 GDP 健康稳定增长的重要方法。投资指标主要有固定资产投资（包括房地产投资、企业投资、政府投资）和外商投资（见图 5 - 8、表 5 - 7）。

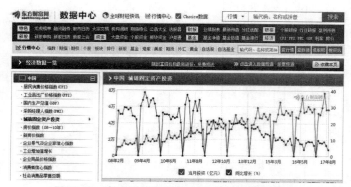

图 5 - 8　东方财富网数据中心的经济数据界面

表 5 - 7　　2016 ~ 2017 年 8 月我国城镇固定资产投资数据一览表

月份	当月（亿元）	同比增长（%）	环比增长（%）	自年初累计（亿元）
2017 年 8 月	56741	3.84	- 0.11	394150
2017 年 7 月	56804	6.51	- 26.12	337409
2017 年 6 月	76887	8.77	29.46	280605
2017 年 5 月	59391	7.83	17.49	203718
2017 年 4 月	50550	8.13	- 3.53	144327
2017 年 3 月	52399	9.54	0.00	93777
2017 年 2 月	0	0.00	0.00	41378
2016 年 12 月	57953	6.52	7.08	596501
2016 年 11 月	54119	8.77	- 5.92	538548
2016 年 10 月	57523	8.75	- 5.03	484429
2016 年 9 月	60567	9.02	10.84	426906
2016 年 8 月	54645	8.19	2.46	366339
2016 年 7 月	53334	3.89	- 24.55	311694

月份	当月（亿元）	同比增长（%）	环比增长（%）	自年初累计（亿元）
2016 年 6 月	70689	7.29	28.34	258360
2016 年 5 月	55079	7.44	17.82	187671
2016 年 4 月	46749	10.08	−2.27	132592
2016 年 3 月	47835	11.16	0.00	85843
2016 年 2 月	0	0.00	0.00	38008

6. PMI

采购经理指数 PMI 是综合性的经济先行指标体系，涵盖生产与流通、制造业与非制造业等领域，分为制造业 PMI、服务业 PMI，也有一些国家建立了建筑业 PMI。生产、新订单、雇员、供应商配送与库存五项类指标加权计算得到制造业 PMI 综合指数。服务业 PMI 指标则包括：商业活动、投入品价格指数、费用水平、雇员、未来商业活动预期等（见图 5−9、表 5−8）。

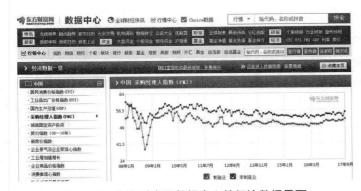

图 5−9　东方财富网数据中心的经济数据界面

表 5−8　　2016 年 3 月～2017 年 9 月采购经理人指数一览表

月份	制造业		非制造业	
	指数	同比增长（%）	指数	同比增长（%）
2017 年 9 月	52.4	3.97	55.4	3.17
2017 年 8 月	51.7	2.58	53.4	−0.19
2017 年 7 月	51.4	3.01	54.5	1.11
2017 年 6 月	51.7	3.40	54.9	2.23
2017 年 5 月	51.2	2.20	54.5	2.64
2017 年 4 月	51.2	2.20	54.0	0.93

续表

月份	制造业		非制造业	
	指数	同比增长（%）	指数	同比增长（%）
2017 年 3 月	51.8	3.19	55.1	2.42
2017 年 2 月	51.6	5.31	54.2	2.85
2017 年 1 月	51.3	3.85	54.6	2.06
2016 年 12 月	51.4	3.42	54.5	0.18
2016 年 11 月	51.7	4.23	54.7	2.05
2016 年 10 月	51.2	2.81	54.0	1.69
2016 年 9 月	50.4	1.20	53.7	0.56
2016 年 8 月	50.4	1.41	53.5	0.19
2016 年 7 月	49.9	−0.20	53.9	0.00
2016 年 6 月	50.0	−0.40	53.7	−0.19
2016 年 5 月	50.1	−0.20	53.1	−0.19
2016 年 4 月	50.1	0.00	53.5	0.19
2016 年 3 月	50.2	0.20	53.8	0.19

7. M_0、M_1、M_2

我国现行货币统计制度将货币供应量划分为三个层次：流通中现金（M_0），是指银行体系以外各个单位的库存现金和居民的手持现金之和；狭义货币供应量（M_1），是指 M_0 加上企业、机关、团体、部队、学校等单位在银行的活期存款；广义货币供应量（M_2），是指 M_1 加上企业、机关、团体、部队、学校等单位在银行的定期存款和城乡居民个人在银行的各项储蓄存款以及证券客户保证金。M_2 与 M_1 的差额，即单位的定期存款和个人的储蓄存款之和，通常称作准货币（见图 5－10、表 5－9）。

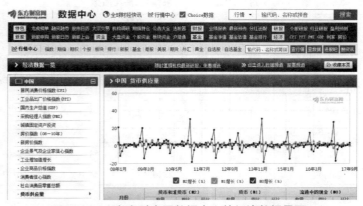

图 5－10　东方财富网数据中心的经济数据界面

表5-9　2016年3月~2017年9月我国货币供应量一览表

月份	货币和准货币（M₂）			货币（M₁）			流通中的现金（M₀）		
	数量（亿元）	同比增长（%）	环比增长（%）	数量（亿元）	同比增长（%）	环比增长（%）	数量（亿元）	同比增长（%）	环比增长（%）
2017年9月	1655700.00	9.20	0.64	517900.00	14.00	-0.04	69700.00	7.20	3.11
2017年8月	1645200.00	8.90	0.99	518100.00	14.00	1.49	67600.00	6.50	0.75
2017年7月	1629000.00	9.20	-0.14	510500.00	15.30	0.06	67100.00	6.10	0.15
2017年6月	1631300.00	9.40	1.87	510200.00	15.00	2.78	67000.00	6.60	-0.45
2017年5月	1601400.00	9.60	0.32	496400.00	17.00	1.26	67300.00	7.30	-1.61
2017年4月	1596300.00	10.50	-0.21	490200.00	18.50	0.29	68400.00	6.20	-0.29
2017年3月	1599600.00	10.60	1.06	488800.00	18.80	2.58	88600.00	6.10	-4.32
2017年2月	1582900.00	11.10	0.44	476500.00	21.40	0.85	71700.00	3.30	-17.21
2017年1月	1575900.00	11.30	1.66	472500.00	14.50	-2.90	86600.00	19.40	26.79
2016年12月	1550100.00	11.30	1.29	486600.00	21.40	2.36	68300.00	8.10	5.24
2016年11月	1530400.00	11.40	0.72	475400.00	22.70	2.15	64900.00	7.60	1.09
2016年10月	1519500.00	11.60	0.20	465400.00	23.90	2.44	64200.00	7.20	-1.38
2016年9月	1516400.00	11.50	0.36	454300.00	24.70	-0.04	65100.00	6.60	2.52
2016年8月	1511000.00	11.40	1.30	454500.00	25.30	2.62	63500.00	7.40	0.32

续表

月份	货币和准货币（M₂）			货币（M₁）			流通中的现金（M₀）		
	数量（亿元）	同比增长（%）	环比增长（%）	数量（亿元）	同比增长（%）	环比增长（%）	数量（亿元）	同比增长（%）	环比增长（%）
2016 年 7 月	1491600.00	10.20	0.07	442900.00	25.40	-0.16	63300.00	7.20	0.80
2016 年 6 月	1490500.00	11.80	1.97	443600.00	24.60	4.55	62800.00	7.20	0.00
2016 年 5 月	1461700.00	11.80	1.14	424300.00	23.70	2.61	62800.00	6.30	-2.48
2016 年 4 月	1445200.00	12.80	-0.07	413500.00	22.90	0.46	64400.00	6.30	-0.46
2016 年 3 月	1446200.00	13.40	1.52	411600.00	22.10	4.87	64700.00	4.40	-6.77

8. 新增信贷

由央行公布的"金融机构人民币信贷收支表"中的"资金运用总计"下"各项贷款"科目统计而来，主要用于考察国内金融机构一个时期的信贷供给情况，其中当月新增信贷是指在上个月的基础上增加了多少信贷，当期累计新增信贷则是指从该年 1 月至统计月的期间新增信贷之和（见图 5 – 11、表 5 – 10）。

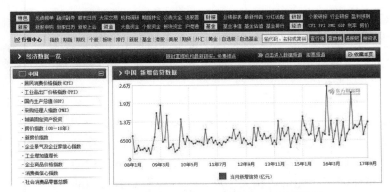

图 5 – 11 东方财富网数据中心的经济数据界面

表 5 – 10 2016 年 3 月~2017 年 9 月我国新增信贷数据一览表

月份	当月（亿元）	同比增长（%）	环比增长（%）	累计（亿元）	同比增长（%）
2017 年 9 月	12700.00	0.57	16.51	113951.28	14.00
2017 年 8 月	10900.00	36.78	32.04	101251.28	15.94
2017 年 7 月	8255.00	81.43	– 42.97	90351.28	13.85
2017 年 6 月	14474.00	10.14	22.87	82096.28	9.74
2017 年 5 月	11780.36	25.67	9.02	67622.28	9.66
2017 年 4 月	10805.69	91.52	– 6.74	55841.92	6.79
2017 年 3 月	11586.06	– 12.06	12.30	45036.23	– 3.46
2017 年 2 月	10317.32	27.29	– 55.40	33450.17	– 0.08
2017 年 1 月	23132.85	– 8.82	132.65	23132.85	– 8.82
2016 年 12 月	9943.00	19.46	17.49	124371.07	10.36
2016 年 11 月	8463.00	– 4.62	40.82	114428.07	9.64
2016 年 10 月	6010.00	7.83	– 52.41	105965.07	10.96
2016 年 9 月	12628.00	21.22	58.46	99955.07	11.16
2016 年 8 月	7969.00	2.75	75.14	87327.07	9.84

续表

月份	当月（亿元）	同比增长（%）	环比增长（%）	累计（亿元）	同比增长（%）
2016 年 7 月	4550.00	-22.76	-65.38	79358.07	10.60
2016 年 6 月	13141.00	-0.74	40.18	74808.07	13.59
2016 年 5 月	9374.27	10.15	66.15	61667.39	17.19
2016 年 4 月	5642.05	-29.87	-57.10	52293.13	18.55
2016 年 3 月	13175.56	32.82	62.55	46651.07	29.35

9. 利率

利率（或称利息率）是指在借贷期内所形成的利息额与本金的比率。利率直接反映的是信用关系中债务人使用资金的代价，也是债权人出让资金使用权的报酬。利率，特别是基准利率是中央银行一项行之有效的货币政策工具，其波动反映市场资金供求的变动状况。除了与整体经济状况密切相关之外，利率还影响着人们的储蓄、投资和消费行为，利率结构也影响着居民金融资产的选择和证券的持有结构等（见图 5-12、表 5-11）。

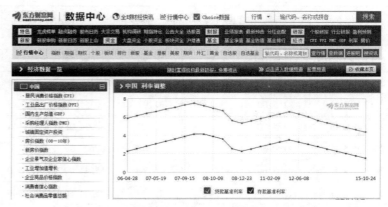

图 5-12　东方财富网数据中心的经济数据界面

10. 存款准备金率

存款准备金，也称为法定存款准备金或存储准备金，是指金融机构为保证客户提取存款和资金清算需要而准备的中央银行的存款（见图 5-13、表 5-12）。

表 5-11

2008～2017 年 9 月我国利率调整情况一览表

公布时间	生效时间	存款基准利率			贷款基准利率			消息公布次日指数涨跌	
		调整前	调整后	调整幅度	调整前	调整后	调整幅度	上海	深圳
2015 年 10 月 23 日	2015 年 10 月 24 日	1.75%	1.50%	-0.25%	4.60%	4.35%	-0.25%	0.50%	0.73%
2015 年 8 月 25 日	2015 年 8 月 26 日	2.00%	1.75%	-0.25%	4.85%	4.60%	-0.25%	-1.27%	-2.92%
2015 年 6 月 27 日	2015 年 6 月 28 日	2.25%	2.00%	-0.25%	5.10%	4.85%	-0.25%	-3.34%	-5.78%
2015 年 5 月 10 日	2015 年 5 月 11 日	2.50%	2.25%	-0.25%	5.35%	5.10%	-0.25%	3.04%	3.20%
2015 年 2 月 28 日	2015 年 3 月 1 日	2.75%	2.50%	-0.25%	5.60%	5.35%	-0.25%	0.79%	1.07%
2014 年 11 月 21 日	2014 年 11 月 22 日	3.00%	2.75%	-0.25%	6.00%	5.60%	-0.40%	1.85%	2.95%
2012 年 7 月 5 日	2012 年 7 月 6 日	3.25%	3.00%	-0.25%	6.31%	6.00%	-0.31%	1.01%	2.95%
2012 年 6 月 7 日	2012 年 6 月 8 日	3.50%	3.25%	-0.25%	6.56%	6.31%	-0.25%	-0.51%	-0.50%
2011 年 7 月 6 日	2011 年 7 月 7 日	3.25%	3.50%	0.25%	6.31%	6.56%	0.25%	-0.58%	-0.26%
2011 年 4 月 5 日	2011 年 4 月 6 日	3.00%	3.25%	0.25%	6.06%	6.31%	0.25%	1.14%	0.33%
2011 年 2 月 8 日	2011 年 2 月 9 日	2.75%	3.00%	0.25%	5.81%	6.06%	0.25%	-0.89%	-1.53%
2010 年 12 月 25 日	2010 年 12 月 26 日	2.50%	2.75%	0.25%	5.56%	5.81%	0.25%	-1.90%	-2.02%
2010 年 10 月 19 日	2010 年 10 月 20 日	2.25%	2.50%	0.25%	5.31%	5.56%	0.25%	0.07%	1.23%
2008 年 12 月 22 日	2008 年 12 月 23 日	2.52%	2.25%	-0.27%	5.58%	5.31%	-0.27%	-4.55%	-4.69%
2008 年 11 月 26 日	2008 年 11 月 27 日	3.60%	2.52%	-1.08%	6.66%	5.58%	-1.08%	1.05%	2.30%
2008 年 10 月 29 日	2008 年 10 月 30 日	3.87%	3.60%	-0.27%	6.93%	6.66%	-0.27%	2.55%	1.87%
2008 年 10 月 8 日	2008 年 10 月 9 日	4.14%	3.87%	-0.27%	7.20%	6.93%	-0.27%	-0.84%	-2.40%
2008 年 9 月 15 日	2008 年 9 月 16 日	4.14%	4.14%	—	7.47%	7.20%	-0.27%	-4.47%	-0.89%

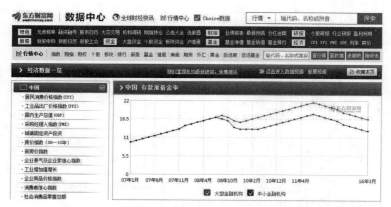

图 5-13　东方财富网数据中心的经济数据界面

　　中央银行要求的存款准备金占其存款总额的比例就是存款准备金率。中央银行通过调整存款准备金率，可以影响金融机构的信贷扩张能力，从而间接调控货币供应量。

　　11. 汇率

　　汇率是外汇市场上一国货币与他国货币相互交换的比率。一国汇率的水平及其变化状况综合地反映了其所处的国际经济环境状况：一方面，一国的汇率会因该国的国际收支状况、通货膨胀率、利率、经济增长率等的变化而波动；另一方面，汇率波动又会影响一国的进出口额和资本流动，并影响一国的经济发展。对于一个开放度和经济对外依存度较高的国家，汇率的变动对其国内经济、对外经济以及国际间的经济联系都产生着重大影响。因此，各国政府和中央银行为防止汇率过分波动危及经济发展和对外经济关系的协调，都或多或少地通过直接参与外汇交易的手段来干预外汇市场。

　　不同国家和地区汇率的变动情况还与其实行的汇率制度有关，在不同的汇率制度下，政府干预外汇市场的力度和汇率的波动幅度是不同的。较固定的汇率水平不能及时根据实际经济状况进行调整，而浮动汇率制度则会增加对外经济活动的风险。对于进行国际投资的投资者来说，汇率变动的状况直接影响其以本币计量的收益水平。

表 5 – 12

2010 年 5 月～2017 年 9 月我国存款保证金率调整情况一览表

公布时间	生效日期	大型金融机构			中小金融机构			消息公布次日指数涨跌	
		调整前	调整后	调整幅度	调整前	调整后	调整幅度	上证	深证
2016 年 2 月 29 日	2016 年 3 月 1 日	17.00%	16.50%	-0.50%	13.50%	13.00%	-0.50%	1.68%	2.47%
2015 年 10 月 23 日	2015 年 10 月 24 日	17.50%	17.00%	-0.50%	14.00%	13.50%	-0.50%	0.50%	0.73%
2015 年 8 月 25 日	2015 年 9 月 6 日	18.00%	17.50%	-0.50%	14.50%	14.00%	-0.50%	-1.27%	-2.92%
2015 年 6 月 27 日	2015 年 6 月 28 日	18.50%	18.00%	-0.50%	15.00%	14.50%	-0.50%	-3.34%	-5.78%
2015 年 4 月 19 日	2015 年 4 月 20 日	19.50%	18.50%	-1.00%	16.00%	15.00%	-1.00%	-1.64%	-1.96%
2015 年 2 月 4 日	2015 年 2 月 5 日	20.00%	19.50%	-0.50%	16.50%	16.00%	-0.50%	-1.18%	-0.46%
2012 年 5 月 12 日	2012 年 5 月 18 日	20.50%	20.00%	-0.50%	17.00%	16.50%	-0.50%	-0.59%	-1.16%
2012 年 2 月 18 日	2012 年 2 月 24 日	21.00%	20.50%	-0.50%	17.50%	17.00%	-0.50%	0.27%	0.01%
2011 年 11 月 30 日	2011 年 12 月 5 日	21.50%	21.00%	-0.50%	18.00%	17.50%	-0.50%	2.29%	2.32%
2011 年 6 月 14 日	2011 年 6 月 20 日	21.00%	21.50%	0.50%	17.50%	18.00%	0.50%	-0.90%	-0.99%
2011 年 5 月 12 日	2011 年 5 月 18 日	20.50%	21.00%	0.50%	17.00%	17.50%	0.50%	0.95%	0.70%
2011 年 4 月 17 日	2011 年 4 月 21 日	20.00%	20.50%	0.50%	16.50%	17.00%	0.50%	0.22%	0.27%
2011 年 3 月 18 日	2011 年 3 月 25 日	19.50%	20.00%	0.50%	16.00%	16.50%	0.50%	0.08%	-0.62%
2011 年 2 月 18 日	2011 年 2 月 24 日	19.00%	19.50%	0.50%	15.50%	16.00%	0.50%	1.12%	2.06%
2011 年 1 月 14 日	2011 年 1 月 20 日	18.50%	19.00%	0.50%	15.00%	15.50%	0.50%	-3.03%	-4.55%
2010 年 12 月 10 日	2010 年 12 月 20 日	18.00%	18.50%	0.50%	14.50%	15.00%	0.50%	2.88%	3.57%
2010 年 11 月 19 日	2010 年 11 月 29 日	17.50%	18.00%	0.50%	14.00%	14.50%	0.50%	-0.15%	0.06%
2010 年 11 月 10 日	2010 年 11 月 16 日	17.00%	17.50%	0.50%	13.50%	14.00%	0.50%	1.04%	-0.15%
2010 年 5 月 2 日	2010 年 5 月 10 日	16.50%	17.00%	0.50%	13.50%	13.50%	0.00%	-1.23%	-1.81%

二、宏观经济数据分析方法

（一）总量分析法

总量分析法是指对影响宏观经济运行总量指标的因素及其变动规律进行分析，如对国内生产总值、固定资产投资、货币供应量及物价水平等指标的变动规律的分析等，进而说明整个经济的状态和全貌。总量分析主要是一种动态分析，因为它主要是研究总量指标的变动规律，并根据这些规律预测宏观经济的趋势。同时，也包括静态分析，因为总量分析也考察同一时间内各总量指标的相互关系，如投资额、消费额和国内生产总值的关系等。

（二）结构分析法

结构分析法是指对经济系统中各组成部分及其对比关系变动规律的分析。如国内生产总值的结构、消费和投资的结构、经济增长中各因素作用的结构分析等。结构分析主要是一种静态分析，即对一定时间内经济系统中各组成部分变动规律的分析。如果对不同时期内经济结构变动进行分析，则属于动态分析。

（三）计量经济模型分析法

计量经济模型分析法是通过建立模型并进行预算，从而寻找经济变量之间的关系，并对影响经济变量之间关系的各种因素进行分析的方法。在宏观经济分析中，通过运用各种宏观经济计量模型，可以在宏观总量水平上把握和反映经济运动的各方面动态特征，并了解主要经济指标之间的动态关系。这些模型，还可用于宏观经济的结构分析、决策研究和政策模拟。

（四）概率预测法

概率预测法是在概率论的基础上发展起来的一种预测法，其实质是根据过去预测将来，也就是说，要了解经济活动的规律性，必须掌握它的过去，并加入新的因素进行调整，进而预计将来的发展状况。由于预测时期越长，所受的随机因素的影响也就越大，因此概率预测法应用得较多也较为成功的是宏观经济的短期预测，如通货膨胀率、工业生产总值及其增长率的短期预测等。

三、宏观经济政策分析

宏观经济政策指政府为达到充分就业、经济增长、物价稳定和国际收支平衡，而采取的一系列调节控制宏观经济运行的政策。

（一）财政政策分析

财政政策是政府依据客观经济规律制定的指导财政工作和处理财政关系的一系列方针、准则和措施的总称。财政政策是当代市场经济条件下国家干预经济、与货币政策并重的一项手段。财政政策手段主要包括国家预算、税收、国债、财政补贴、财政管理体制、转移支付制度等。这些手段可以单独使用，也可以配合协调使用。

财政政策分为扩张性财政政策、紧缩性财政政策和中性财政政策。实施紧缩性财政政策时，政府财政在保证各种行政与国防开支外，并不从事大规模的投资。而实施扩张性财政政策时，政府积极投资于能源、交通、住宅等建设，从而刺激相关产业如水泥、钢材、机械等行业的发展。如果政府以发行公债方式增加投资的话，对景气的影响就更为深远。总的来说，紧缩性财政政策将使得过热的经济受到控制，证券市场也将走弱，因为这预示着未来经济将减速增长或走向衰退；而扩张性财政政策刺激经济发展，证券市场则将走强，因为这预示着未来经济将加速增长或进入繁荣阶段。

（二）货币政策分析

货币政策是指政府为实现一定的宏观经济目标所制定的关于货币供应和货币流通组织管理的基本方针和基本准则。货币政策工具又称货币政策手段，是指中央银行为实现货币政策目标所采用的政策手段。货币政策工具可分为一般性政策工具（包括法定存款准备金率、再贴现政策、公开市场业务）和选择性政策工具（包括直接信用控制、间接信用指导等）。

货币政策的运作主要是指中央银行根据客观经济形势采取适当的政策措施调控货币供应量和信用规模，使之达到预定的货币政策目标，并以此影响整体经济的运行。通常，将货币政策的运作分为紧缩的货币政策和宽松的货币政策。从总体上说，宽松的货币政策将使得证券市场价格上扬，紧缩的货币政策将使得证券市场价格下跌。

第二节 行业分析实验

行业分析是介于宏观分析和微观分析之间的中观分析。从某种意义上讲，投资于某上市公司，实际上就是以该上市公司所属行业为投资对象，行业分析的重要任务就是发现最具有投资潜力的行业，进而在此基础上选出最具有投资价值的公司。

一、行业的定义与分类

所谓行业，是指从事国民经济中同性质的生产或其他经济活动的经营单位和个人构成的组织体系结构。

在实践领域中根据不同需要对行业进行分类时，所采取的标准不尽相同，从而形成了不同的行业分类方法，常用的行业分类方法主要有以下几种。

（一）道—琼斯分类法

道—琼斯分类法将大多数股票分为三类：工业、运输业和公用事业，然后选取有代表性的股票。在道—琼斯指数中，工业类股票选取了工业部门的 30 家公司，例如包括了采掘业、制造业和商业。运输业包括了航空、铁路、汽车运输和航运业。公用事业类主要包括电话公司、煤气公司和电力公司。

（二）全球行业分类标准（Global Industry Classification Standard，即 GICS）

GICS 是根据公司所从事的主要活动来进行行业分类的，由摩根士丹利公司和标准普尔公司于 1999 年联合开发并负责维护。GICS 由四个不同层次构成，分别为部门行业群、行业、子行业，在每一层次上，该行业的主要活动都能更精确地得到描述。截至目前，GICS 涵盖了能源、材料、工业、主要消费、可选消费、健康护理、金融、IT、电信服务、公用事业 10 个大经济部门、23 个行业群，59 个行业及 123 个子行业。

（三）我国国民经济的行业分类

2011 年，我国推出了新的《国民经济行业分类》国家标准（GB/T 4754－2011），经过调整与修改，新标准共有行业门类 20 个，分别是农、林、牧、渔业，采矿业，制造业，电力、热力、燃气及水的生产和供应企业，建筑业，批发和零售业，交通运输、仓储和邮政业，住宿和餐饮业，电信传输、软件和信息技术服务业，金融业，房地产业，租赁和商务服务业，科学研究和技术服务业，水利、环境和公共设施管理业，居民服务、修理和其他服务业，教育，卫生和社会工作，文化、体育和娱乐业，公共管理社会保障和社会组织，国际组织。

（四）我国上市公司的行业分类

中国证监会于 2001 年 4 月 4 日公布了《上市公司行业分类指引》，将上市公司共分成 13 个门类：农、林、牧、渔业，采掘业，制造业，电力、煤气及水的生产和供应业，建筑业，交通运输、仓储业，信息技术业，批发和零售贸易，金融、保险业，房地产业，社会服务业，传播与文化产业，综合类。

（五）上海证券交易所上市公司行业分类调整

上海证券交易所与中证指数有限公司于 2007 年 5 月 31 日公布了调整后的沪市上市公司行业分类，将在该交易所上市的公司，共分为金融地产、原材料、工业、可选消费、主要消费、公用事业、能源、电信业务、医药卫生、信息技术十大行业。

二、行业信息获取途径

（一）政府主管部门公布的统计数据

前面提及国家统计局网站提供了 44 个政府主管部门的统计数据链接，通过这些链接，可以获取主要行业的统计数据，例如在中华人民共和国工业和信息化部，可以找到原材料工业、装备工业、消费品工业、通信业、电子信息业、软件业的主要数据及统计分析。此外，国家发改委网站的宏观经济形势分析板块也有权威的行业统计数据。

（二）各行业门户网站

包括行业协会的网站，如中国房地产业协会的"中房网"，以及国家职能部门研究机构建立的网站，如国家安全生产监督管理总局信息研究院的中国煤炭网。通常该类网站会对该行业内的某些与资源、市场、技术、管理、经营业绩等相关的数据进行专门统计和调研。

（三）券商或其他研究机构的报告

随着资本市场的快速发展，国内券商、国外投资银行、咨询公司、研究中心等机构根据其掌握的统计数据、调研成果、预测信息等对某些行业的相关信息数据进行汇总、综合，通常以报告的方式汇总成文。这些报告有的作为内部参考资料，有的需要收费，有的则免费向市场公开。

（四）其他

1. 统计年鉴

统计年鉴记载的数据是政府统计部门按照一定的统计口径、分组、工作方案，在划定总体范围和样本范围后通过各级呈报、分类汇总后得到的统计工作成果，适于时效性要求不高的研究需要。

2. 阿里巴巴数据门户

2011 年 5 月 25 日，阿里巴巴宣布推出数据门户，根据 4500 万中小企业用户的搜索、询单、交易等电子商务行为进行数据分析和挖掘，为中小企业以及电子商务从业人士等第三方提供免费的行业搜索动态趋势图、专业化行业分析报告、细分行业和地区的内贸分析和针对行业各级产品的热点分析，以及实时行业热点资讯等。

3. 百度数据研究中心

作为全球最大的中文搜索引擎，百度每天响应数亿次搜索请求，依据统计学原理建立的搜索关键词数据库能反映中国网民的兴趣点和选择指向。百度数据研究中心于 2006 年 12 月成立，从行业角度对用户搜索行为数据进行综合梳理，挖掘出网民的潜在需求与消费偏好，描绘出品牌竞争格局，并预测行业的发展趋势，为企业提供决策依据与营销效果评估。

4. 收费证券软件、数据库

大智慧投资家经济数据库（EDB），完整覆盖中国宏观经济、中国地区经济、行业经济、全球宏观经济四大领域，目前共收录了 15 个国家、23 个一级行业和 300 多个二级行业的经济数据。Wind 行业数据库，是万得资讯依托多年丰富的金融数据处理经验，结合国家统计局、国务院各部委、行业网站等发布的权威数据信息，由万得资讯自行设计与维护的行业数据库。整个数据库由行业动态与研究和行业数据两大部分组成。

三、行业的一般特征分析

（一）行业的市场结构分析

市场结构就是市场竞争或垄断的程度。根据该行业中公司数量的多少、进入限制程度和产品差别，行业基本上可分为四种市场结构：完全竞争、垄断竞争、寡头垄断、完全垄断。

完全竞争型市场是指竞争不受任何阻碍和干扰的市场结构。在现实经济中，完全竞争的市场类型是少见的，初级产品（如农产品）的市场类型较类似于完全竞争。

垄断竞争型市场是指既有垄断又有竞争的市场结构。在国民经济各行业中，制成品（如纺织、服装等轻工业产品）的市场类型一般都属于垄断竞争。

寡头垄断是指相对少量的生产者在某种产品的生产中占据很大市场份额的情形。资本密集型、技术密集型产品，如钢铁、汽车等，以及少数储量集中的矿产品，如石油等的市场多属这种类型，因为生产这些产品所必需的巨额投资、复杂的技术或产品储量的分布限制了新公司的进入。

完全垄断市场是指公司独家生产某种特质产品的情形，即整个行业的市场完全处于一家公司所控制的市场结构。公用事业和某些资本、技术高度密集型或稀有金属矿藏的开采等行业属于接近完全垄断的市场类型。

（二）行业生命周期分析

通常，每个行业都要经历一个由成长到衰退的发展演变过程。这个过程便称为行业的生命周期。一般地，行业的生命周期可分为四个阶段，即初创阶段（也叫幼稚期）、成长阶段、成熟阶段和衰退阶段。

行业的初创阶段，只有为数不多的创业资本参与，由于初创阶段行业的创立投资和产品的研究、开发费用较高，而产品市场需求狭小，销售收入较低，因此这些创业公司财务上可能不但没有盈利，反而普遍亏损；同时，较高的产品成本和价格与较小的市场需求还使这些创业公司面临很大的投资风险。在初创阶段后期，随着行业生产技术的提高、生产成本的降低和市场需求的扩大，新行业也随之繁荣起来。

在行业的成长阶段，拥有一定市场营销和财务力量的公司逐渐主导市场，这些公司往往是较大的公司，其资本结构比较稳定，因而它们开始定期支付股利并扩大经营。在成长阶段初期，新行业的产品经过广泛宣传和消费者的试用，逐渐以其自身的特点赢得了大众的欢迎或偏好，市场需求开始上升，新行业也随之繁荣起来。由于市场前景良好，新行业会吸引越来越多的投资，产品也逐步从单一、低质、高价向多样、优质和低价方向发展，因而新行业出现了生产厂商和产品相互竞争的局面。在成长阶段的后期，由于产业中生产厂商与产品竞争优胜劣汰规律的作用，市场上生产厂商的数量在大幅度下降之后便开始稳定下来。投资者蒙受经营失败而导致投资损失的可能性大大降低。

行业的成熟阶段是一个相对较长的时期。在这一时期里，在竞争中生存下来的少数大厂商垄断了整个行业的市场，每个厂商都占有一定比例的市场份额。由于彼此势均力敌，市场份额比例发生变化的程度较小。厂商与产品之间的竞争手段逐渐从价格手段转向各种非价格手段，如提高质量、改善性能和加强售后维修服务等。行业的利润由于一定程度的垄断达到了很高的水平，而风险却因市场比例比较稳定，新公司难以打入成熟期市场，其原因是市场已被原有大公司按比例分割，产品的价格比较低。

行业在经历了较长的稳定阶段后，通常会步入衰退阶段。由于新产品和大量替代品的出现，原行业的市场需求开始逐渐减少，产品的销售量也开始下降，某些厂商开始向其他更有利可图的行业转移资金。因而原行业出现了厂商数目减少，利润下降的萧条景象。至此，整个行业便进入了生命周期的最后阶段。在衰退阶段里，厂商的数目逐步减少，市场逐渐萎缩，利润率停滞或不断下降。当正常利润无法维持或现有投资折旧完毕后，整个行业便逐渐解体了。

（三）行业竞争状况分析

行业的竞争状况直接关系到行业的盈利水平及其持续性，通过对行业的竞争状况进行分析，可以了解行业的前景，帮助投资者在行业内部选取优秀的公司。行业竞争状况分析主要依据竞争战略之父迈克尔·波特提出的"五力模型"，波特认为行业盈利的增长潜力取决于行业的竞争激烈程度。

波特认为一个行业内存在着五种基本竞争力量，即供给方的议价能力、需求方的议价能力、潜在进入者的威胁、替代产品的威胁、行业内现有公司的竞争。从静态角度看，这五种基本竞争力量的状况及其综合强度，决定着行业内的竞争激烈程度，决定着行业内的公司可能获得利润的最终潜力。从动态角度看，这五种竞争力量抗衡的结果，共同决定着行业的发展方向。

在进行行业竞争分析时，必须综合考虑以上五个方面的力量，以及他们对行业利润的影响程度。五力模型可以应用于几乎所有行业的竞争性分析，但是由于行业总是处于不断发展变化的状态，要注意根据实际情况不断更新分析结果。

四、影响行业发展的环境因素

通常所指的行业环境主要包括四个方面，即经济环境、社会环境、技术环境和政策环境。了解这些环境因素对行业发展的影响将有助于对行业进行更全面地分析，并得出更可靠的结论。行业分析中常用的 PETS 分析方法，就是通过对行业以上四种环境的分析，来预测行业的发展趋势。

（一）宏观经济环境与行业发展

所有行业的总和构成了整个宏观经济，但是不同的行业对宏观经济波动的反应却是不一样的。当经济处于经济周期的不同阶段时，不同行业的业绩表现也各不相同。例如，当经济处于复苏阶段时，钢铁、汽车制造等顺周期产业往往表现较好，而当经济即将步入衰退阶段时，食品加工、公用事业等行业却能帮助投资者回避一定的风险。根据行业发展与经济周期的关系可以将行业划分为增长型行业、周期型行业、防守型行业。

增长型行业的运动状态与经济活动总水平的周期及其振幅关系并不紧密。在过去的几十年内，计算机和生物医药行业就表现了这种状态。周期型行业的运动状态与经济周期紧密相关，典型的周期型行业主要有消费品业、耐用品制造业及其他需求的收入弹性较高的行业，如耐用消费品、珠宝等。防守型行业的经营状况在经济周期的上升和下降阶段都很稳定，甚至有些行业在经济衰退时期还会有一定的增长。食品加工业和公用事业等属于防御型行业。

（二）技术环境与行业发展

技术进步是影响行业发展的最主要因素，它一方面推动现有行业的技术升级，甚至可以使处于衰退期的行业焕发出新的生命力；另一方面，技术更新也决定了新行业的兴起和旧行业的衰亡。

目前人类社会所处的时代正是科学技术日新月异的时代。不仅新兴学科不断涌现，而且理论科学朝实用技术的转化过程也被大大缩短，速度大大加快。战后工业发展的一个显著特点是，新技术在不断地推出新行业的同时，也在不断地淘汰旧行业。新产品在定型和大批量生产后，其市场价格大幅度下降，从而很快就能被消费者所使用。上述这些特点使得新兴行业能够很快地超过并代替旧行业，或严重地威胁原有行业的生存，如彩色电视机代替黑白电视机；电子表代替机械表，以及数字音像对传统音像行业产生自下而上的严重威胁等情形就是证明。因此，充分了解各种行业技术发展的状况和趋势，对投资者来说是至关重要的。

（三）社会环境与行业发展

对行业发展产生影响的社会环境变化主要来自人口结构的变化和社会习惯的改变。

各年龄层次人口的比例情况称为人口结构，处于不同年龄层次的人有不同的消费需求、储蓄习惯甚至是业余爱好。20～40岁是消费高峰时期，这一年龄层次的人群对房地产、汽车之类的生活必需耐用消费品具有很强的需求。40～60岁是储蓄的高峰期，该年龄层次人群比例的增长会为金融服务行业提供稳定的资金支援。60岁以上的高龄人群对医疗服务的需求会大大高于其他年龄层次的人群。分析社会人口结构的变化趋势对不同行业市场容量的预测有很大帮助，例如美国"二战"以后到20世纪60年代"婴儿潮"时期出生的人口占总人口的比重很大，而他们正在向储蓄的高峰期迈进，这对美国的金融服务业和社会保险行业的发展非常有利。

社会习惯对国民经济构成中的消费、储蓄、投资、生产经营等方面都有较大的影响，这自然也影响到行业的发展和行业结构的演进。现代社会，消费者和政府越来越强调经济行业所应负的社会责任，越来越注重工业化给社会所带来的种种影响。这种日益增强的社会意识或社会倾向对许多行业已经产业了明显的作用，如美国政府要求汽车制造商加固汽车保险杠、安装乘员安全带、改善燃油系统、提高防污染系统的质量等。防止环境污染，保持生态平衡目前已成为工业化国家的一个重要的社会趋势，在发展中国家也正日益受到重视。现在发达国家的工业部门每年都要花费几十亿美元的经费来研制和生产与环境保护有关的各种设备，以便使工业排放的废物、废水和废气能够符合规定的标准。

（四）政策环境与行业发展

行业所处的政策环境指的是行业所受到的政府干预情况和行业政策影响。

政府对不同行业的干预主要是通过财政补贴、税收、信贷和价格等手段实现的，除此之外还可以通过市场准入、公司规模限制、环保标准限制，甚至是直接干预来影响行业的发展。政府对不同类型行业的干预程度往往是不同的，由于政府干预经济的目的是维护经济的公平和竞争，所以其干预的行业主要有以下三类：一是自然垄断型行业，主要包括供水、电力、邮电和公共设施等，对这些行业的干预目标是减轻垄断对经济效率的消极影响；二是关系到经济发展全局的行业，如金融、教育、高科技行业等；三是与国家安全相关的行业，如传媒出版业和国防工业。对于一般的竞争性行业，政府的主要目标是维护行业的健康发展。

政府对于行业的管理和调控主要是通过产业政策来实现的。产业政策是国家干预或参与经济的一种形式，是国家（政府）系统设计的有关产业发展的政策目标和政策措施的总和，正确理解国家产业政策的目的，有助于把握投资机会。一般认为，产业政策可以包括产业结构政策、产业组织政策、产业技术政策和产业布局政策等部分。其中，产业结构政策与产业组织政策是产业政策的核心。

产业结构政策是选择行业发展重点之优先顺序的政策措施，其目标是促使行业之间的关系更协调、社会资源配置更合理，使产业结构高级化。产业结构政策是一个政策系统，主要包括产业结构长期构想、对战略产业的保护和扶植以及对衰退产业的调整和援助。产业组织政策是调整市场结构和规范市场行为的政策，以"反对垄断，促进竞争，规范大型公司集团，扶持中小公司发展"为主要核心，其目的在于实现同一产业内公司的组织形态和公司间关系的合理化。产业组织政策主要包括市场秩序政策、产业合理化政策和产业保护政策。

五、供需分析

供给、需求分析用于预测未来行业的盈利能力。供给、需求同步增长，行业盈利将按趋势线发展；供给过剩意味着产品价格会降低，进而限制行业投资；供给不足，产品价格将会上升，吸引更多投资进入。

投资者通过需求分析能找到未来具有较好成长性的行业。常用的方法是分部研究法，即将客户划分入不同的子市场，研究影响每个子市场需求的因素，从而了解市场的整体需求。供给分析的目的是明了行业供需是否处于均衡状态。供过于求的行业，由于竞争加剧会影响行业的利润水平。从长期来看，行业供给会自动调节规模，最终与需求保持一致。从短期来看，部分资本密集型、智力密集型行业的供给可能受到资本和人才的限制而落后于需求的增加。供给是由未利用的产能和增加新产能的潜力共同决定的。供给与需求预测相符，市场均衡，否则行业产品的价格将会发生变化。

第三节 公司分析实验

根据不同的划分标准，公司可分为各种不同的类型。其中，按公司股票是否上市流通为标准，可将公司分为上市公司和非上市公司。证券投资分析中公司分析的对象主要是指上市公司，但在对上市公司进行分析的过程中往往还关注一些与上市公司之间存在关联关系或收购行为的非上市公司。

在实际投资活动中，投资者对于上市公司的了解是必要的，否则其收益将面临很大的风险。公司分析最重要的信息来源是公司年报，公司年报涵盖了公司的基本情况、员工情况、当年的经营状况、财务数据和其他重要事项等，为投资者提供了一个系统了解公司的信息平台。获取公司年报最直接、最方便、最可靠的途径是证券交易所网站和上市公司网站；中国证监会指定的信息披露媒体网站也是重要途径，主要有《中国证券报》《证券时报》《上海证券报》《金融时报》《中国改革报》《证券日报》《证券市场周刊》、巨潮网站等；专业的财经网站如和讯财经以及行情软件的 F10 资料也是获取公司财务或其他信息的途径。此外，投资者从各种信息渠道甚至日常生活中所获取的一切有关公司的信息都可以作为公司分析的基础。公司分析大致可以分为公司基本素质分析和公司财务分析两大部分。

一、公司基本素质分析

（一）公司竞争地位分析

1. 公司行业地位分析

行业地位分析的目的是判断公司在所处行业中的竞争地位，如是否为领导公司，在价格上是否具有影响力，是否有竞争优势等。在大多数行业中，无论其行业平均盈利能力如何，总有一些公司比其他公司具有更强的获利能力。公司的行业地位决定了其盈利能力是高于还是低于行业平均水平，决定了其在行业内的竞争地位。决定公司竞争地位的首要因素在于公司的技术水平，此外公司的市场开拓能力、经营管理水平、资本与规模效益、产品的研发能力也是重要的决定因素。

2. 公司经济区位分析

区位，或者说经济区位，是指地理范畴上的经济增长点及其辐射范围。区位是资本、技术和其他经济要素高度积聚的地区，也是经济快速发展的地区。区位经济的发展状况构成了公司运营的直接环境，处在经济区位内的上市公司可以获得额外的竞争优势，一般具有较高的投资价值。区位分析主要包括区位内的自然条件与基础条件、区位内政府的产业政策、区位内的经济特色三个方面。

3. 公司产品分析

产品是公司获取收入、实现利润的主要载体，其市场认可程度和竞争力直接决定了公司的盈利能力和竞争地位。公司产品要在激烈的市场竞争中获胜，必须从成本、技术、质量、品牌等方面确立自己的优势。

（二）公司经营管理能力分析

1. 公司法人治理结构

公司法人治理结构有狭义和广义两种定义。狭义上的公司法人治理结构是指有关公司董事会的功能、结构和股东的权利等方面的制度安排；广义上的法人治理结构是指有关公司控制权和剩余索取权分配的一整套法律、文化和制度安排，包括人力资源管理、收益分配和激励机制、财务制度、内部制度和管理等。健全的公司法人治理结构至少体现在以下几个方面：规范的股权结构；有效的股东大会制度；董事会权力的合理界定与约束；完善的独立董事制度；监事会的独立性和监督责任；优秀的职业经理层；相关利益者的共同治理。

2. 员工素质及能力分析

所谓素质，是指一个人的品质、性格、学识、能力、体质等方面特性的总和。上市公司的员工按组织结构通常可以分为三个层面，即决策层、管理层和执行层。

3. 公司内部调控机制效率分析

公司内部应当建立严格的管理制度，共同遵守办事程序和行为准则。在考察公司的管理制度时，可以根据公司的具体经济目标，看公司内部各项规章制度是否健全，是否切实可行；员工是否遵守；各部门是否都有自己的办事程序，是否分工明确、责任清楚，权利是否享受，义务是否履行，是否都熟悉自己的业务，技术水平、文化素质是否较高，操作是否娴熟，是否善于处理复杂问题，适应多变的环境等。据此即可对该公司内部调控机制做出总体评价。

（三）公司战略分析

战略是公司面对激烈的市场变化与严峻挑战，为求得长期生存和不断发展而进行的总体性谋划。它是公司战略思想的集中体现，是公司经营范围的科学规定，同时又是制定规划的基础。公司战略通常可以分为三个层次，即总体战略、经营单位战略、职能部门战略。

1. 公司总体战略分析

公司总体战略即公司的主导战略或核心战略，目标是确定公司的业务领域及其在行业中的地位。一般来说公司的总体战略可以分为稳定型战略、增长型战略和紧缩型战略。

2. 经营单位战略

经营单位是大型公司内部的单位，是从事经营活动最基本的独立事业单位，它为同一市场或不同市场提供某种产品或服务。经营单位战略是公司总体战略的具体表现形式，是在公司总体战略的制约下，指导和管理具体经营单位的计划和行动。经营单位战略是公司总体战略的基础，其核心内容是事业部战略或竞争战略。著名的竞争战略专家迈克尔·波特从最广泛意义上，归纳出三种具有内部一致性的基本竞争战略：总成本领先战略、差异化战略和目标集聚战略。

3. 职能部门战略

职能部门战略指公司各个业务领域中各个具体职能单元的战略。职能部门战略是公司内主要职能部门的短期战略计划，因而又称为职能层战略。职能部门战略可以使职能部门的管理人员更加清楚地认识到本职能部门在实施公司总体战略中的责任和要求，从而有效地运用研究开发、营销、生产、财务、人力资源等方面的经营职能，保证实现公司目标。

二、公司财务分析

公司财务分析以会计核算和报表资料及其他相关资料为依据，采用一系列专门的分析技术和方法，对公司过去和现在的偿债能力、盈利能力和营运能力状况等进行分析与评价，为公司投资者、债权人、经营者及其他相关利益者了解公司过去、评价公司现状、预测公司未来、做出正确决策提供准确的信息或依据。上市公司的财务报告可以在证监会指定的信息披露报刊、网站获得（见图5-14、图5-15）。

图5-14 巨潮资讯网

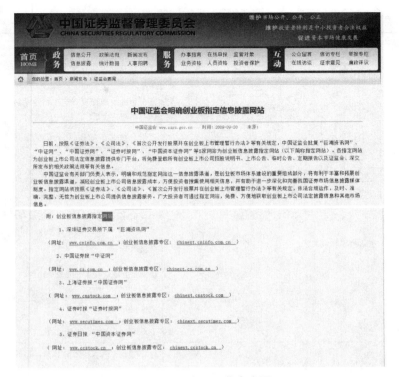

图 5 – 15　中国证监会官网

（一）财务报告的组成

公司的财务报告是关于公司经营活动的原始资料的重要来源，主要包括基本财务报表、附表、附注、审计报告及财务情况说明书等一系列财务资料。其中，作为主体的基本财务报表是反映上市公司某一时刻财务状况与经营成果的书面文件。上市公司必须遵守财务公开的原则，即定期公开自己的财务状况，提供有关财务资料，便于投资者查询。根据我国《企业会计准则》及有关会计制度的规定，上市公司的基本财务报表包括资产负债表、利润及利润分配表（损益表）、现金流量表（财务状况变动表）。

（二）财务比率分析

财务比率分析是利用财务比率，包括一个单独的比率或者一组比率，以判断公司在某一方面的业绩、状况或能力。财务比率分析所建立的财务指标既可以单独用于评价公司财务的状况，也是进行财务比较分析和财务因素分析的基本工具。财务比率分析应结合实际情况，如行业特点、季节性趋势和通货膨胀，等等，同时还应结合财务报表后的"附注"或"注释"部分，以防止企业的"盈利操纵"（见表 5 – 13）。

表 5 –13 　　　　　　　　　　财务比率分析指标体系

类别	指标	计算	目标和含义
流动性	流动比率	流动资产/流动负债	评价企业以短期可变现资产支付短期负债的能力
	速动比率	（流动资产 – 存货）/流动负债	评价企业快速变现资产支付短期负债的能力
	应收款收款期	期末应收款/每日赊销额	评价企业回款效率（分子可使用销售收入）
	日销售变现期	（现金 + 存货）/每日赊销额赊	评价企业应收款和现金管理效率
盈利能力	净资产收益率	净利润/权益资本	评价企业使用股东资本的效益
	资产收益率	净利润/有形总资产	评价企业每使用一元总资产的盈利能力
	投入资本收益率	（1）EBIT/（现金 + WCR + 固定资产净值）	评价企业所投入资本的盈利能力
		主营净利润/主营收入	评价企业销售收入中的盈利比例
	主营业务利润率	毛利/销售收入	假定销售成本中绝大部分是变动成本，销售收入
	毛利率		中贡献于固定成本和利润的比重
负债能力	负债权益比	总负债/权益资本	权益资本与债务资本的关系 – 总体偿债能力
	负债资产比	总负债/总资产	评价企业的总资产中使用债务资本的比例
	偿债倍数	（2）EBIT/｛利息 + ［到期债务/（1 – T）］｝	使用息税前利润偿还利息到期债务的保障程度
		EBIT/利息费用	评价企业使用息税前利润支付利息的程度
	利息保障倍数		
资产周转	总资产周转率	销售收入/有形总资产	一段时期（年）内总资产带来销售收入的次数
	应收账款周转率	赊销收入/平均净增应收账款	评价企业一段时期（年）内应收账款回收次数
	存货周转率	销售收入/平均存货	评价企业一段时期（年）内存货转化为销售的次数（分子可用售货成本）
价值创造	经济增加值	（3）EBIT（1 – T） – （占用资本 * WACC）	评价企业产出的利润和利息是否超出投入的资本的成本
	市场增加值	权益资本的市场价值 – 占用资本	评价企业权益资本的市场价值是否超过占用资本
盈利及市场表现	每股盈利	净利润/发行在外总股数	评价企业发行的股票每股所获得的净利润
	每股股息	支付股利/发行在外总股数	评价企业发行的股票每股所获得的分红
	市盈率	股票价格/每股盈利	评价企业股票价格和每股利润之间的关系，若市场有效，说明企业有发展潜力；若市场无效，说明有泡沫或风险（价格偏离价值或盈利能力）

续表

类别	指标	计算	目标和含义
现金情况	（4）ONCFPS	经营性现金流/每股价格	每股价格拥有的经营性现金，通过比较评价企业现金是否充裕
	经营现金成本比	（4）ONCF/经营成本（不含折旧）	评价经营性现金与经营成本之间的关系，是否满足经营所需现金
	现金负债比	总净现金/到期债务	评价企业现金是否足以偿还到期债务

注：（1）EBIT（Earning Before Interest and Tax）息税前利润；WCR（Working Capital Requirements）营运资本需求量＝应收账款＋其他应收款＋存货－应付账款－其他应付款。

（2）T为税率。

（3）WACC（Weighted Average Cost of Capital）加权平均资本成本。

（4）ONCF（Operating Net Cash Flow）每股经营净现金流。

资料来源：中国经济学教育科研网——厦门大学吴世农《财务分析》。

（三）财务比较分析

比较分析法是财务报表分析中最常用的一种方法，也是一种基本方法。它是指将实际达到的数据同特定的各种标准相比较，从数量上确定其差异，并进行差异分析或趋势分析的一种分析方法。与财务管理不同，证券投资分析中的财务差异分析，侧重对公司的实际财务指标数据与行业平均水平及历史正常水平的明显差异进行分析。

1. 绝对数比较

绝对数比较，即利用财务报表中两个或两个以上的绝对数进行比较，以揭示其数量差异。

2. 相对数比较

相对数比较，即利用财务报表中有相关关系的数据的相对数进行对比，如将绝对数据换算成百分比、结构比重、比率等进行对比，以揭示相对数之间的差异。

3. 趋势分析

趋势分析，侧重对同一公司不同时期指标的对比分析。为了更清楚地了解公司业绩的发展历程和趋势，以及发现需要解释和分析的比率变动，应该分析公司3年以上的数据。一家公司通过使用特殊的会计方法编制一次有较高获利能力的假象并不困难，但是要保持这种业绩则非常困难。因此追踪的时期越长，趋势分析的准确度就越高。

4. 横向比较

横向比较通常将被评价公司与同类公司对比，即与行业平均数比较。在取得某个指标的行业平均值时，可以将行业中所有公司的相关指标进行排序，然后计算出平均结果。但如果出现极端数据，将会扭

207

曲所计算出的平均数，此时，采用中位数代替平均数作为对比的基准更为科学。

5. 差异分析

证券市场中，上市公司的股票价格通常反映预期财务数据，当实际财务数据公布时，股价会根据实际值与预期值之间的差异而出现相应的波动。因此，投资分析更注重的是提高对公司财务数据预测的准确度，而当实际公布数字与预测数字出现较大差异时，应考虑如何改进分析体系以提高分析水平和准确度。

三、估值模型

（一）相对估值模型

相对价值模型用于描述一种资产相对于另一种资产的价值，其逻辑是类似的资产应该以类似的价格出售，通常会用到各种价格乘数，如市盈率、市净率、市销率等。市盈率，又称价格收益比或本益比，是每股价格与每股收益之间的比率，其计算公式为：

$$市盈率 = \frac{每股价格}{每股收益}$$

如果能分别估计出股票的市盈率和每股收益，就能由此公式估计出股票价格。这种评价股票价格的方法就是"市盈率估值法"。

（二）绝对估值模型

绝对估值模型是确定资产内在价值的模型，其逻辑是投资者资产的价值必须与投资者预期可从持有资产中所得到的收益相联系，如果将这些收益看成是资产的现金流，该类模型也称为现金流贴现模型，其公式为：

$$V = \frac{D_1}{1+k} + \frac{D_2}{(1+k)^2} + \frac{D_3}{(1+k)^n} + \cdots + \frac{D_\infty}{(1+k)^\infty}$$

式中，V——股票在期初的内在价值；

D_t——时期 t 末以现金形式表示的每股股息；

k——一定风险程度下现金流的合适的贴现率（也称必要收益率），贴现率通常可以根据 CAPM 确定，或者通过无风险利率 + 风险溢价（3% ~4%）等方法来确定。

除了现金流贴现模型，股利贴现模型、自由现金流贴现模型、剩余收益模型、新型价值模型也是常用的绝对估值模型。

第四节 基本分析综合实验

本节主要介绍两种风格的选股模式以及研究报告的获取与阅读，对于初学者来说，大量阅读专业分析师的分析报告或许是系统学习基本分析的最佳途径。

一、自下而上和自上而下的选股模式

（一）自上而下（Top - Down）选股模式

在选择股票时遵循以下逻辑，首先考察整体经济对所有公司和证券市场的一般影响，然后分析经济环境中具有较好发展前景的行业，最后寻找理想行业中的单个公司及其权益证券。自上而下的分析法，符合顺势而为的理念，对大多数投资者来说，在宏观经济形势向好的时候寻找优势行业中的优质股票，通常能够获得较好的收益。

（二）自下而上（Bottom-up）选股模式

也称精选个股分析法，即不管外部环境如何变化，只要公司的基本面没有改变，企业股票的价格最终要回到它的价值上。自下而上的分析法，具有逆向思考的特点，即巴菲特所说"在别人贪婪的时候恐惧，在别人恐惧的时候贪婪"，然而牛市的顶点和熊市的起点都只有一个，且底部的形成往往需要一个漫长的过程，只有市场经验丰富且具有长期投资资金或者稳定现金流的投资者，才有可能通过精选个股来战胜市场。

二、研究报告的获取与阅读

（一）研究报告的来源

通常国内各大券商、基金管理公司、专业财经媒体、投资公司、商业银行等机构都设有自己的研发部门，并定期公布宏观、中观、微观层面的研究报告（见图5－16）。投资者可以从这些机构的网站上获取其自主研发或者为客户提供的免费报告，或者从一些免费行情软件中浏览到机构报告摘要。收费报告可以从万点（Windin）、中诚信等收费软件中搜索，或者从诸如价值投资网等专门汇总各类最新研究

报告的网站购买，或者直接从研究部门购买。

图 5 - 16　招商证券官网

（二）研究报告的主要类型（见图 5 - 17）

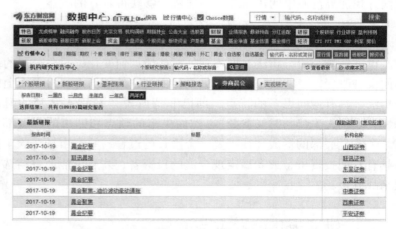

图 5 - 17　东方财富网机构研究报告中心界面

1. 晨会报告

通常在每个交易日开盘前即可阅读，反映研究部门就开盘前最新基本面变化的讨论及建议，对当日的操作具有较大的参考价值，是最具有时效性的报告。

2. 策略报告

策略报告从发布时间看比较固定，一般会有周策略、季度策略、半年、年度策略；从分析层面看可以分为市场策略报告、行业策略报告、品种策略报告等。

3. 宏观研究报告

主要对宏观经济运行状况、宏观经济指标、宏观经济周期、宏观经济政策、重大宏观事件等进行分析。

4. 行业研究报告

是对整个行业的综合报告，通常介绍行业的具体情况，及相关的具体投资品种，对行业的评价主要有三种观点，即强势、中性、弱势。

5. 公司研究报告

推出时间不定，主要受到各个研究员何时去公司调研、公司的行业特征以及公司出现重大事项等因素的影响。通常该类报告会给出最后的操作建议，主要有买入、增持、持有、卖出等。

6. 其他类型

研究员可能会因个人爱好或擅长而就任何与市场有关的新闻、人物、事件、观点、理论等做出分析、总结和评价。

（三）阅读研究报告的注意事项

第一，阅读研究报告的重点应该是学习研究员的研究方法、逻辑推理过程，而非研究结论，因此那些半年、一年，甚至多年的目标价位，只能作为参考。

第二，注意研究员所使用的数据是否可靠，是否存在不符合常识的数据夸大；哪些是定性分析，哪些是定量分析，分析方法是否合理，逻辑是否缜密，是否存在线性思维的特点；同一研究内容，是否有其他研究员的报告，其观点和结论是否一致，是否存在关注不足或者关注过度的现象；研究员是否充分揭示了各种潜在风险。

第三，共同基金、养老基金及保险公司等投资机构通过投资证券获得资金增值回报，该类机构研究员为本机构的投资决策提供研究报告，因而称其为"买方"研究员；券商研究员通常主要是对外提供研究报告，故称为"卖方"研究员。由于两者的服务对象、工作目的及监管不同，导致研究报告略有差异，阅读时也要差别对待。

第四，在各种排名机制的影响下，研究员跳槽的现象频繁发生，因此不要只关注研究所的排名，还要结合研究员的历史表现来确定其报告的可靠度，但永远不要忘记，不管曾经多么可靠的研究员，都可能出现重大的预测偏差，谁都不是永久可靠的，只有提高自己的分析操作能力，才有可能获得满意的回报。

本章小结

（1）基本分析是指根据经济学、金融学、财务学、管理学等基本原理，通过对决定证券价值及价格的基本要素，如宏观经济指标、经济政策走势、行业发展状况、产品市场状况、公司销售和财务状况等进行分析，评估证券的投资价值，判断证券的合理价位，提出相应的投资建议的一种分析方法。基本分析的核心是价值发现，其内容主要包括宏观经济分析、行业分析和区域分析以及公司分析三个层次。基础分析能够比较全面地把握证券价格的基本走势，应用较为规范、简单。从长期来看，基础分析方法是一种有效的分析工具，而对短线投资者的指导作用比较弱。

（2）获取宏观经济数据的网络资源有政府部门网站、专业财经类网站、教育科研机构网站、媒体网站。宏观经济数据及其变化，是投资者判断宏观经济形势的重要依据，每逢重大经济数据的公布，尤其是实际数据与预期数据相差较多时，市场都会受到明显的影响。主要的宏观经济指标有 GDP、投资指标、消费指标、出口指标、M0、M1、M2、CPI、PPI、新增信贷、PMI、利率、汇率等。宏观经济数据分析方法有总量分析法、结构分析法、计量经济模型分析法、概率预测法等。宏观经济政策分析的对象主要是财政政策和货币政策。

（3）投资于某上市公司，实际上就是以该上市公司所属行业为投资对象，行业分析的重要任务就是发现最具有投资潜力的行业。在实践领域中根据不同需要对行业进行分类时，所采取的标准不尽相同，从而形成了不同的行业分类方法。行业信息获取途径主要有政府主管部门公布的统计数据、各行业门户网站、券商或其他研究机构的报告等。行业的一般特征分析包括行业的市场结构分析、行业生命周期分析、行业竞争状况分析。影响行业发展的环境因素有宏观经济环境与行业发展、技术环境与行业发展、社会环境与行业发展、政策环境与行业发展。

（4）证券投资分析中公司分析的对象主要是指上市公司，但在对上市公司进行分析的过程中往往还关注一些与上市公司之间存在关联关系或收购行为的非上市公司。在实际投资活动中，投资者对于上市公司的了解是必要的，否则其收益将面临很大的风险。公司分析最重要的信息来源是公司年报。公司分析大致可以分为公司基本素质分析和公司财务分析两大部分。对于初学者来说，大量阅读专业分析师的分析报告或许是系统学习基本分析的最佳方式。

知识拓展

【招商宏观】三季度经济数据需要关注的八个方面

—— 2017 年三季度宏观数据点评

事件：

根据国家统计局 2017 年 10 月 19 日公布的宏观经济数据：2017

年三季度 GDP 同比增长 6.8%，2017 年 9 月规模以上工业增加值同比增长 6.6%，社会消费品零售总额同比名义增长 10.3%，全国固定资产投资（不含农户）同比名义增长 7.5%。

评论：

1. 2017 年 9 月制造业增速为 8.1%，达到年内最高水平。拖累本月工业增速的主要因素是采矿业增速同比下降 3.8%，较 6 月的增速下降 3.9 个百分点。

2. 工业生产形势出现分化，上游行业受制于环保压力而生产萎缩，消费需求较为稳定、发达国家进口需求复苏以及一带一路的带动作用使得中下游行业生产表现好于上游行业。

3. 从目前的情况，上游供给的收缩速度远大于中下游需求的放缓速度，由此导致了国内原材料价格高企，PPI 同比增速的回落幅度将较为缓慢。

4. 原材料涨价并不能解决其供给问题，因此，季度末工业生产扩张时，原材料进口量也同步放大。

5. 3 季度投资增速加速下滑，元凶不是基建和房地产投资，而是民间投资、制造业投资以及农林牧渔业投资，其增速回落幅度分别为 1.2 个百分点、1.3 个百分点和 4.8 个百分点。

6. 2017 年 7 月以来，固定资产投资资金来源中，国家预算内到位情况加速改善。由于税收收入和土地出让金收入的持续改善，政府财力可能不是制约基金投资的核心因素。

7. 前三季度累计增速中，工业增加值、固定资产投资以及出口均较上半年回落，只有消费增速与上半年持平，其核心因素是居民收入水平持续提高。

8. 目前看，未来 2 个季度投资放缓将成为国内经济主要下行压力，但前 3 季度经济增速达到 6.9% 意味着年内稳增长压力较小，未来 GDP 增速回落速度是否可控关键看消费需求的走势。因为消费对 GDP 增速的贡献率达到 64.5%，而投资贡献率仅为 32.8%。居民收入增速持续回升意味着消费需求将保持稳定，这意味着中国经济下跌空间有限，经济基本面不会影响到当前货币政策的稳健取向。

一、季末制造业生产依然较好，采矿业生产进一步萎缩

按照我国的国民经济行业分类，二级行业工业分为三个三级行业，即采矿业、制造业和电力、燃气及水的生产和供应业。从 2017 年 9 月的情况看，制造业延续了上半年以来的季末生产扩展趋势，3 月、6 月、9 月的制造业增加值增速分别为 8.0%、8.0% 和 8.1%。在出口增速季节性反弹和国内消费需求保持稳定的支持下，9 月制造业增加值增速创下 2015 年以来最高水平。尽管如此，9 月工业增加值增速却明显低于 1、2 季度末的水平，其主要原因在于采矿业增加

值降幅进一步扩大（见图 5 - 18）。

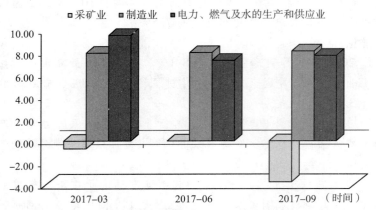

图 5 - 18　制造业增速表现较好，采矿业增速大幅下降

资料来源：Wind 和招商证券。

　　2017 年 9 月采矿业增加值同比下降 3.8%，较 8 月下降 0.4%，而 2017 年 3 月、6 月两月采矿业增加值增速分别为 -0.8% 和 0.1%。3 季度以来采矿业增速大幅下降可能与当前环保督察压力较大有关。年内华北地区环保压力较大，预计采矿业表现难以好转，随着下半年出口和基建需求高峰结束，工业增加值增速恐将持续回落（见图 5 - 19）。

图 5 - 19　制造业增速与采矿业增速出现明显分化

资料来源：Wind 和招商证券。

　　二、工业生产结构分化，原材料价格将保持高位

　　前三季度高技术制造业和装备制造业增加值同比分别增长 13.4% 和 11.6%，分别快于规模以上工业 6.7 和 4.9 个百分点，2017

年 9 月通用设备制造业增长 10.6%，专用设备制造业增长 11.3%，汽车制造业增长 13.7%，铁路、船舶、航空航天和其他运输设备制造业增长 7.2%，电气机械和器材制造业增长 12.3%，计算机、通信和其他电子设备制造业增长 16.3%。

目前我国工业生产呈现结构性分化态势，上游行业受制于环保压力而生产萎缩，在消费需求较为稳定、发达国家进口需求复苏以及一带一路的带动作用使得中下游行业生产表现好于上游行业。由此带来的问题是上游产品价格短期内难以大幅回落，PPI 同比增速回落速度将明显慢于预期，这意味着中下游企业将进一步感受到上游的成本压力。

三、出口需求对制造业生产的重要性

我们在此前的报告中专门分析了 2017 年经济超预期的根源其实在于出口需求的复苏。三季度的数据显示，2017 年 7 月、8 月两月出口交货值连续下跌至 2017 年最低水平后，制造业增加值和工业增加值均创年内新低。9 月出口增速回升，制造业生产也出现明显反弹（见图 5 - 20）。

图 5 - 20　2016 年起，6 月产销率明显好于历史同期水平

资料来源：Wind 和招商证券。

2017 年以来出口交货值走势与制造业增加值走势高度吻合，显示了当前出口需求对国内生产的重要性。

四、上游原材料供给不足推动工业品进口增加

如前所述，2017 年以来工业生产出现明显分化，上游原材料生产受到明显压制，而中下游行业生产相对稳定。上游产品价格上涨并不能解决供给不足问题，因此，我们观察到 2017 年工业增速走势与原材料进口量增速相关性明显提高。1～3 季度的季末，原材料进口量增速分别为 13.5%、16.4% 和 11%，与工业增速一样，均明显大于其余月份的进口量。可见，国内中下游企业在工业生产旺季加大了

原材料的进口量，这反过来又能增加大宗出口国的进口需求，同期我国出口也有明显增加，原材料进口与制成品出口之间的正反馈机制正在修复（见图 5 - 21）。

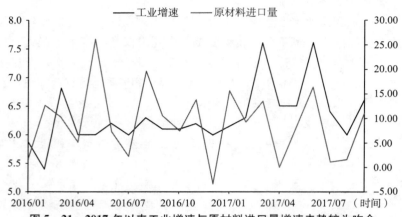

图 5 - 21　2017 年以来工业增速与原材料进口量增速走势较为吻合

资料来源：Wind 和招商证券。

2017 年 6 月，固定资产投资资金到位同比增长 1.4%，首次实现正增长。其中，国内贷款到位同比增长 6.8%，较 5 月回升 3.5 个百分点，达到 2017 年最高水平。国内预算内资金到位同比增长 3.8%，这与 6 月大量财政存款投放和财政支出发力有密切关系。由于 6 月房地产销售数据止跌回升，房地产投资资金到位情况也有所好转。总而言之，金融去杠杆并没有对金融支持实体经济造成明显影响，金融监管能够兼顾金融支持实体这一未来 5 年金融工作的核心任务之一。

五、民间投资、制造业投资以及农林牧渔业投资拖累 3 季度投资

2017 年前三季度固定资产投资同比增长 7.5%，再创近期新低。本月基建投资保持稳定，增速与上期持平，而房地产投资小幅反弹 0.2 个百分点至 8.1%。然而，1～9 月民间投资同比增长 6.0%，回落 0.4 个百分点，制造业投资同比增长 4.2%，回落 0.3 个百分点，二者创 2017 年新低。农林牧渔业投资同比增长 9.1%，回落 0.5 个百分点，创 2011 年以来的新低。可见，民间投资、制造业和农林牧渔业投资持续下滑是固定资产投资增速回落的主要原因。

2017 年 3 季度以来投资增速出现加速回落迹象也与以上因素有关。8 月、9 月两月房地产投资回稳，9 月基建投资止跌，但投资增速依然继续下滑，这恰恰与民间投资、制造业投资以及农林牧渔业投资下半年以来加速回落的趋势是一致的（见图 5 - 22）。

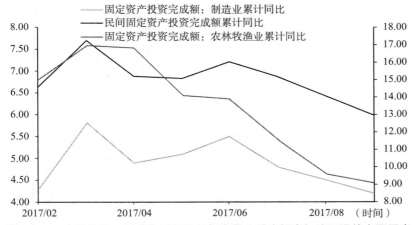

图 5 - 22 农林牧渔、制造业以及民间投资是 3 季度投资加速下滑的主要因素
资料来源：Wind 和招商证券。

2017 年 3 月消费增速大幅好于市场预期，由 9.5% 大幅反弹至 10.9%，其根本原因也在于 1 季度居民收入增速的好转。1 季度全国居民人均可支配收入实际增长 7.0%，比同期 GDP 增速快 0.1 个百分点，过去 1 年内首次跑赢经济增速。这直接导致居民消费支出同比增长 6.2%，较上年年末提升 0.5 个百分点。

六、政府财力不会制约下半年基建投资

2017 年前 9 个月固定资产投资资金到位累计增速回升至 3.3%，其中国家预算内资金到位累计同比增长 9%，较上月回升 2.1 个百分点，涨幅超过国内贷款和自筹资金。从当月同比增速看，3 季度以来国内预算内资金到位也呈现加速改善趋势，7~9 月的当月同比增速分别为 13.4%，15.8% 以及 22.3%。2017 年企业盈利较好、进出口回暖，政府税收收入改善，而且房地产商购地面积增速持续上涨，土地出让金收入增加。政府收入增加意味着财政支出也有扩大空间。因此，近期国家预算内资金的到位情况明显好于其他资金来源（见图 5 - 23）。

七、居民收入持续改善是消费稳定增长的核心因素

居民收入增速持续回升是 2017 年以来消费保持稳定增长的核心因素。前 3 季度，全国居民人均可支配收入名义增长 9.1%，实际增长 7.5%，分别较上年上涨 0.7 个百分点和 1.2 个百分点。

因此，2017 年前三季度消费增速仍为 10.4%，与上半年保持一致，服务业生产指数也呈现稳定增长态势，平均指数与上半年也基本一致。然而，同期的工业增加值、固定资产投资以及出口增速均有不同程度的回落。前 3 季度工业增加值增速为 6.7%，较上半年下滑 0.2 个百分点，前 3 季度投资增速较上半年回落 1.1 个百分点，前三季度出口增速为 7.5%，较上半年回落 0.7 个百分点（见图 5 - 24）。

图 5 − 23　国家预算内资金加速到位

资料来源：Wind 和招商证券。

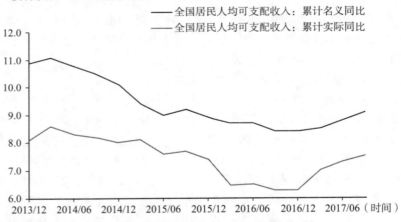

图 5 − 24　居民收入持续改善

资料来源：Wind 和招商证券。

八、国内经济下行压力增加，但回落幅度可控

目前看，未来 2 个季度投资放缓将成为国内经济主要下行压力，但前 3 季度经济增速达到 6.9% 意味着年内稳增长压力较小，未来 GDP 增速回落速度是否可控关键看消费需求的走势。居民收入增速持续回升意味着消费需求将保持稳定，而发达国家私人部门杠杆率回升表明中国出口需求在中长期内有望稳定增长。因此，中国经济下跌空间有限，经济基本面不会影响到当前货币政策的稳健取向。

（资料来源：http：//www. newone. com.

cn/research/list？ id =4&page =3。）

实验任务

1. 获取我国最新的宏观经济数据，对宏观经济同比、环比数据进行分析，并通过宏观经济数据与 A 股的叠加进行股票走势分析及拐点的判断。

2. 分析汇率、利率变化与 A 股市场的关系。

3. 结合我国当前的经济发展状况，分析当前的宏观经济政策对证券市场的影响。

4. 学习和掌握行业信息获取方式，了解目标行业的基本特征，包括行业在国民经济中的地位，行业的市场结构，是否具有规模效应，竞争的主要手段，如技术、品牌、渠道、管理等。

5. 根据行业生命周期理论，找到目前景气度高或拐点在即的行业。

6. 学会使用五力模型判断竞争优势，根据供求关系对比及市场在当前阶段对供需水平的一致预期，结合行业盈利水平进行投资价值判断。

7. 选择某机构投资者的股票池作为关注对象，按照自下而上或者自上而下的选股模式选择个股作为自选股，并对其价格走势进行持续关注和分析。

第六章
技 术 分 析 实 验

【实验目的与要求】

◇熟悉和掌握基本的技术分析方法，并能够利用这些方法寻找买卖点，并预测目标价位

◇学习技术指标的编制和应用，能够自编简单的技术分析指标

在进行技术分析实验之前，必须明确一点：技术分析是经验的总结，其方法只能帮助投资者提高对价格变化预测的成功率，但无法保证预测一定成功，技术分析必须与有计划、有原则的操作结合在一起才能发挥作用，否则，所有的分析都只能是纸上谈兵。

第一节　主要的技术分析理论及方法实验

趋势的概念来自道氏理论，趋势是技术分析的核心，主流的技术分析方法都涉及趋势追踪和预测的内容，不同的技术分析方法各有不同的适用范围。

一、道氏理论的应用要点

道氏理论源于查尔斯·亨利·道（Charles Henry Dow）在《华尔街日报》发表的系列文章，1902 年，在查尔斯·亨利·道去世以后，威廉姆·彼得·汉密尔顿（William Peter Hamilton）和罗伯特·雷亚（Robert Rhea）继承了道氏理论，并在其后有关股市的评论写作过程中，加以组织与归纳而成为今天我们所见到的理论。道氏理论的应用要点主要有：

（1）道氏理论主要用于分析市场的整体性变化。因此利用道氏

理论选择个股的买卖点很可能错过最佳买卖时机。然而即便如此，如果严格按照道氏理论来买卖道·琼斯指数，在不考虑通胀和费用的前提下，1897 年投入的 100 美元，到 2017 年 11 月底将变成 24327.82 美元。事实告诉人们，即使是最迟钝的买卖信号，只要坚持原则，都能获得超出大多数人的收益。

（2）只要相继的价格波峰和波谷都对应的高过前一个波峰、波谷，那么市场就处于上升趋势之中；下降趋势则以依次下降的波峰和波谷为特征。因此趋势只有上升和下降两种方向，因此不存在水平的趋势，水平运动是一种无趋势状态。

（3）任何市场中，都必然同时存在着三种趋势，即基本趋势、次级趋势和短期趋势。基本趋势是无法被人为操纵的。

（4）如果次级趋势严重背离基本趋势，则被称为次级折返或修正。道氏线（Dow's line）又称盘局，即指数在 5% 的范围内进行横向运动的现象，盘局可以代替次级折返。

（5）主要走势是整体的基本趋势，具体表现为主要的多头市场或主要的空头市场，持续时间可能在 1 年以内，乃至于数年之久。

（6）通常在牛市中，价涨量增，价跌量缩；在熊市中，价跌量增，价升量缩。对于趋势的判定，主要还是依靠价格水平的变化，成交量仅能提供辅助信号，且只有总体的和相对的成交量趋势才能给出一些有用的信号。

（7）两种指数必须互相验证，市场趋势中不是一种指数就可以单独产生有效信号的。

（8）把收盘价放在首位。因此，价格的涨跌、支撑线及阻力线的绘制以及有效突破的判断等，通常以收盘价为标准。

（9）在反转趋势出现之前主要趋势仍将发挥影响，然而一个旧趋势的反转可能发生在新趋势被确认后的任何时间，所以作为投资人，一旦做出委托后，必须随时注意市场。

二、波浪理论的应用要点

（1）价格的波动，如同潮汐一样，一波跟着一波，而且周而复始，展现出周期循环的必然性。任何的波动，均是有迹可循的。同道氏理论一样，波浪理论主要用于分析市场的整体运动，也可应用于黄金、外汇及价格不易被操纵的品种，不适用于分析。

（2）波浪理论总结了三个方面的规律，即形态、比例和时间。形态是价格走势波浪的形状和构造；比例是价格走势图中各个高点和低点①所处的相对位置；时间即完成某个运动状态所经历的时间长短（见图6-1）。

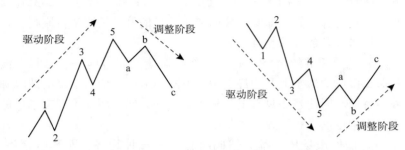

图6-1　上升和下降周期的8浪结构

（3）股票市场遵循着一种周而复始的节律，一个完整的上升（下降）周期包含8浪，先是5浪结构的上涨（下跌）推动阶段，随之有3浪结构的下跌（上涨）调整阶段。上涨（下跌）推动阶段中的每一浪均以数字编号，其中第1、3、5浪是上升（下降）浪，称为主浪，2、4浪分别是对1、3浪的调整，称调整浪。下跌（上涨）调整阶段的三个浪分别用字母a、b、c来表示。

（4）一个上升周期中的8个子浪，各有各自的特点，即比例关系，必须牢记这些细节，不是所有5个子浪结构的运动都是推动阶段，很多投资者数错浪的主要原因就是只会机械地数浪，却没有记住各浪的特征。对于初学者来说，最容易把握的是第3浪，建议非波浪理论高手不要尝试预测第5浪，也不要在所谓第4浪终点介入，因为很可能你会数错浪。

（5）波浪理论中趋势可分为9个层次，上达覆盖200年的长周期，下至仅仅延续数小时的微小尺度，不管所研究的趋势处于何等规模，其基本的8浪周期是不变的。根据波浪理论，每一个波浪都可以向下一层次划分成小浪，而小浪同样也可以进一步向更下一层划分出更小的浪。反之，每一个波浪本身也是上一层次的波浪的一个组成部分。

（6）能不能辨认5浪和3浪结构具有决定性的重要意义，因为其各自有不同的预测意义。一组5浪结构通常意味着更大一层次的波浪仅仅完成了一部分（除非这是第5浪的5个小浪）。调整绝对不会以5浪的形式出现：在牛市中，如果看到一组5浪式的下跌，那么可能意味着这只是更大一组3浪调整的第1浪，市场的下跌还将继续。在熊市中，一组3浪结构的上涨过后，是下降趋势的恢复，而5浪结

①　高点通常指价格波动中的波峰处，低点指波谷处。

构的上涨则说明将会出现更可靠的向上运动，其本身甚至可能构成了新的牛市的第 1 浪。

（7）波浪理论中难以把握的是复杂的波浪变异，图 6－2 显示的是推动阶段第 3 浪的延伸，缺乏经验的投资者可能会把 1、2、（1）、（2）、（3）序列当做一个完整的 5 浪结构的推动阶段，而根据一个完整周期中 8 个子浪的特点，第 3 浪绝对不是推动浪中最短的浪，所以（1）浪不能成为一个 5 浪结构中的第 3 浪。

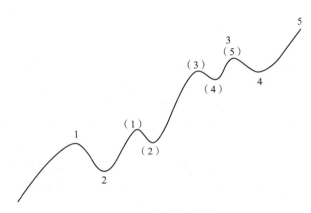

图 6－2　推动浪的延伸

波浪变异中最复杂的是调整浪的变异，调整是复杂、痛苦的且难以预测的，调整的终结只有在出现了明显的推动浪之后才能确定。

（8）波浪理论的数学基础是斐波纳奇数列，与该数列相关的黄金分割系列比例，是预测波浪之间比例结构时的重要工具。

三、蜡烛图技术的应用要点

（1）蜡烛图在我国俗称 K 线，是国内行情分析软件历史行情界面默认的主图工具。

（2）单根 K 线分析时，大阳线大阴线的开盘价、收盘价或者实体中点位置均可以作为判断未来价格涨跌的参考。

（3）十字线的出现，通常都是警告信号，如果出现在顶部且伴随有巨大成交量，那么行情见顶的概率极高。

（4）较长的影线，通常代表着明显的阻力或支撑。

（5）通常借助于连续出现的 K 线组合而不是单根 K 线来分析价格波动，K 线组合的主要类别有反转形态和持续形态。当反转形态的 K 线组合符合以下情况时，预测的成功概率更高：

①组合出现在长期且明显的上涨或者下跌之后；

223

②组合形成过程中的重要 K 线伴随成交量的放大；

③组合出现在历史的重要阻力和支撑位置。

（6）由于短期股价容易被操纵，因此分析时要结合不同周期的 K 线来确定价格波动的真实性。

（7）出现反转形态时，并不必然意味着趋势的方向要发生逆转，而是表明原有的趋势将会停止，至于价格今后运行的方向如何，还需进一步观察、判断。

四、切线分析的要点

（1）行情软件通常都有画线工具，并提供多种模式的线型，如线段、趋势线、通道线、平行线、抛物线、圆弧线、百分比线、黄金分割线、斐波纳奇线、速度线、江恩角度线等。

（2）价格的波动由供求关系决定，在供给密集的区域，如果供给数量能够满足所有买盘的需求，且仍有富余供给，会阻止股价的上升，从而形成技术图形上的波峰，该区域被称为阻力位，反之需求密集的区域被称为支撑位，通常表现为价格走势图上的波谷。

（3）在市场参与者的心理作用下，只要支撑或阻力水平被足够大的价格变化有效地突破，它们就会互换角色，演变成相反方向，即阻力位变成支撑位，支撑位变成阻力位。

（4）支撑和阻力的重要程度受证券在该区域换手的影响，该区域的交投越活跃，支撑与阻力便越重要；价格在某个支撑或阻力位置逗留的时间越长，该区域就越重要；支撑或阻力位置距离当前的时间越短，其影响力越大。

（5）在上升趋势中连接价格走势曲线各波谷的低点，即可得上升趋势线，在下降趋势中连接价格走势曲线各波峰的高点即可得下降趋势线。

（6）通常两个高点或低点就可以确定一条趋势线，但是画趋势线所取两点之间的距离太近时，其所发挥的支撑或阻力作用将会大为削弱，因此趋势线的画法应该选择距离较远的两个点才具有参考价值。此外，在通过画趋势线追踪趋势时，趋势线上被触及的波峰或者波谷越多，该趋势线越有效，图 6 - 3 中扇形原理的三条趋势线追踪了一个减速上升的趋势，其中第一条趋势线的选点方法具有参考价值。

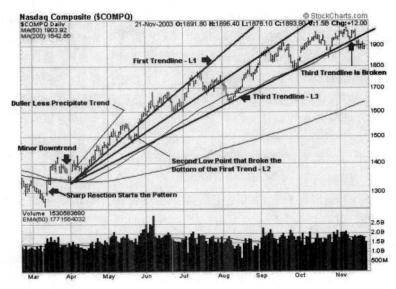

图 6 – 3　扇形原理分析 NASDAQ 成分股指

（7）价格向上突破下降趋势线而上涨时，通常成交量须大量增加，而且要有比较可靠的底部形态出现，才可称为有效突破；向下跌破上升趋势线时，成交量不论是否增减都可视为有效跌破。

五、形态分析的要点

（1）市场价格大多数时间会处于一种没有明显趋势的运动状态，具体表现为证券价格在某个价格范围内做横向运动，这种运动就是通常所说的无趋势状态，或者是水平运动状态。这种水平运动通常是连接上升或下降趋势的过渡阶段，而且大多数情况下都会表现为某种确定的模式，即技术分析中的价格形态。

（2）价格形态在技术分析中具有重要的意义，因为正确地识别价格形态能够帮助投资者判断趋势变化的可能并把握有效的买卖时机。

（3）反转形态出现后，股价反转的概率较高，并不必然预示着价格将会反转。价格形态反映的是多空双方的较量进入一个相持阶段，最终哪一方的力量取得决定性的胜利，价格就会朝哪个方向运动，从而结束过渡阶段，形成新的趋势。

（4）价格形态可以适用于从分钟、小时到日、周、月、年的任何时间跨度。然而不同时间单位的价格形态对趋势预测的意义是不同的，一般来说，价格形态持续时间越长，该形态完成后的价格走势就越强。

此外，价格形态的预测意义与形态的波动范围通常具有正相关的关系。形态形成时所跨越的价格区间越大，该形态完成后价格运行的动能越大。

（5）通常认为大于3%的突破才是有效突破；有效的突破应当保持一定的时间；与趋势线的突破相似，向上突破形态时，通常伴随成交量的合理放大才能确认，而向下突破形态时，则无须成交量的配合。

（6）形态分析与波浪理论可以有效结合以增加预测成功率，如头肩形中，如果头部之后走出5小浪结构的运动，则头肩形形成的概率将会大幅提高。

（7）不同形态有各自的适用条件，如果忽视，可能会引起误判，如旗形的形成时间不能超过4周，周K线中的三角形通常清晰可靠，而月K线中的三角形则无法提供有效信息。

（8）比较容易辨认的双重或三重顶部（底部），在现实中出现极少，且尚未完成的三重底失败概率极高，切勿在有效突破前介入。

（9）喇叭形又称扩散形态，暗示了由缺乏智慧的人发起且失控的市场，该图形只出现在长期牛市的最后阶段。切勿将上涨途中的扩散形平台整理误认为是喇叭形。

第二节　技术指标分析实验

技术指标是技术分析的重要手段，它是运用一定的数学、逻辑判断方法对价格和成交量等市场原始数据进行处理，计算出相应的指标值，进而为市场预测提供依据的技术分析方法。除了传统的行情软件默认附带的指标，提供自编指标功能、交易系统设置功能的软件，能够帮助投资者将自己的交易系统以直观、科学的方式展现出来。

一、技术指标的基本知识

（1）技术指标种类繁多，可以分为顺势指标、摆动指标、资金流量指标、量价指标、大盘指标、成交量指标、通道指标、状态指标等。在使用软件时如果遇到不熟悉的指标可以借助指标用法注释来了解其简单的用法，通常在单击鼠标左键选中指标曲线后，单击鼠标右键即弹出关于指标的选项菜单（见图6-4）。

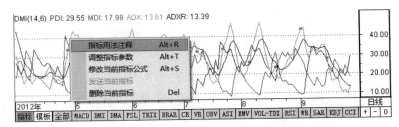

图 6 - 4　指标选项菜单

（2）指标的背离指技术指标线的波动方向与价格走势方向不一致，包括两种表现形式，即"顶背离"和"底背离"。技术指标与价格的背离，暗示价格波动无法得到技术指标的支持，原有的趋势动力不足。

（3）指标的交叉有两种情况：指标线与另一条指标线或者零轴、超买、超卖线的交叉又分为两种情况，即"黄金交叉"（简称金叉）和"死亡交叉"（简称死叉），通常超卖区域的金叉和超买区域的死叉预测信号更强。通常较为稳健且市场经验丰富的投资者喜欢采用右侧穿越的金叉或死叉信号，或者指标线上穿超卖区域与指标线下穿超买区域的信号。

（4）借助条件选股功能，可以根据设定的条件从备选品种中过滤出在指定时间区间出现信号的品种，并可进行成功率测试。

（5）在历史行情走势图或实时行情走势图中，在选定主图或附图后，输入指标缩写字母加回车键，即可调出该指标曲线，如输入 MA 加 ENTER 键，即可在主图看到移动平均线指标，再次输入 MA 加 ENTER 键，则主图中的 MA 指标线会隐藏。副图中的指标切换直接输入"指标字母简称 + 回车"键，或者按副图下方的指标标签即可选择所示（见图 6 - 5）。

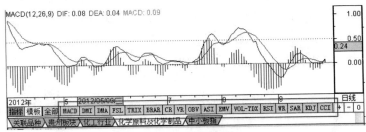

图 6 - 5　指标标签

二、移动平均的原理

移动平均即动态地将若干天的价格或指标值加以平均，所得的一系列平均值连接成一条曲线，即为移动平均线，可据以观察价格或者某一指标的变化趋势。移动平均的具体方法，除了简单移动平均，还有加权移动平均，是很多技术指标编制时都会用到的统计处理方式，如 MACD、DMI、KDJ、RSI、BIAS 等。

（一）简单移动平均线

简单移动平均线的函数表达为 MA(P, N)，其中 MA 为函数名，即 Moving Average 的缩写，变量 P 代表价格，N 为时间参数，该函数代表以下的运算公式：

$$MA(P, N) = (P_t + P_{t-1} + P_{t-2} + \cdots + P_{t+1-N})/N$$

（二）其他移动平均线

1. EMA

指数平滑移动平均函数，是一种加权移动平均函数：函数表达式为 EMA(P, N)，即求 P 的 N 日指数平滑移动平均；具体的算法是若 Y = EMA(P, N)，则 $Y = [2 \times P + (N-1) \times Y']/(N+1)$，其中 Y' 表示上一周期 Y 值。

2. SMA

函数 SMA 是一种加权移动平均指标，函数表达式为 SMA(X, N, M)，求 X 的 N 日移动平均，M 为权重，算法是若 Y = SMA(X, N, M)，则 $Y = (M \times X + (N-M) \times Y')/N$，其中 Y' 表示上一周期 Y 值，N 必须大于 M。

3. DMA

动态移动平均，又叫无穷成本，函数表达式为 $Y = DMA(C, A) = A \times P + (1-A) \times Y'$（A 小于 1），DMA 与 SMA 原理是一致的，区别在于 DMA 中当日股价的权重为一个小数，SMA 中的相应权重为 M/N。通常 DMA 中的 A 取换手率即 V/CAPITAL，当换手率较大时，DMA 跟随股价变化较快，如图 6-6 所示。需要注意的是，通常免费行情软件中的 DMA 指标并不是移动平均指标。

图 6-6　DMA 指标

三、RSI（相对强弱指数）

（一）RSI 的基本原理及计算方法

RSI 最早被用于期货交易中，后来人们用该指标来指导股票市场投资，现在，RSI 已经成为投资者应用最广泛的技术指标之一。投资的一般原理认为，投资者的买卖行为是各种因素综合结果的反映，行情的变化最终取决于供求关系，而 RSI 指标正是根据供求平衡的原理，通过测量某一个期间内股价上涨总幅度占股价变化总幅度平均值的百分比，来评估多空力量的强弱程度，进而提示具体操作。

计算方法：

$$N 日 RS = [A \div B] \times 100\% \qquad (6-1)$$

公式中，A 表示 N 日内收盘涨幅之和；

B 表示 N 日内收盘跌幅之和（取正值）。

$$N 日 RSI = 100 - 100/(1 + RS)$$

从计算公式上看，可以发现 RSI 的计算相对简单，实际理解为：在某一阶段价格上涨所产生的波动占整个波动的百分比。

相对强弱指标参数一般选择 6 日、12 日、24 日。

（二）应用原则

1. RSI 数值变动范围

（1）受计算公式的限制，不论价位怎样变动，强弱指标的值均在 0 ~ 100 之间；

（2）强弱指标高于 50 表示为强势市场，低于 50 表示为弱势市场；

（3）强弱指标多在 70 ~ 30 之间波动，当 6 日指标上升到达 80 时，表示股市已有超买现象，一旦继续上升，超过 90 以上时，则表示已到严重超买的警戒区，股价已形成头部，极可能在短期内反转；

（4）当 6 日强弱指标下降至 20 时，表示股市有超卖现象，一旦继续下降至 10 以下时则表示已到严重超卖区域，股价极可能有止跌回升的机会；

（5）一般来讲，技术指标都有顶背离的走势出现，RSI 指标也不例外。RSI 指标出现顶背离，是指股价在一个上升趋势当中，先创出一个新高点，这时 RSI 指标也相应在 80 以上创出一个新高点，之后股价出现一定幅度回落，RSI 也随着股价的回落走势出现调整。但是如果之后股价再度出现冲高，并且超越前期高点时，而 RSI 虽然随股价继续上扬，但是并没有超过前期高点，这就形成 RSI 的顶背离。

RSI 出现顶背离后，股价见顶的可能性较大。

2. 交叉情况

短期 RSI 是指参数相对较小的 RSI，长期 RSI 是指参数相对较长的 RSI。比如，6 日 RSI 和 12 日 RSI 中，6 日 RSI 即为短期 RSI，12 日 RSI 即为较长期 RSI。长短期 RSI 线的交叉情况可以作为我们研判行情的依据。

（1）当短期 RSI > 长期 RSI 时，市场则属于多头市场；

（2）当短期 RSI < 长期 RSI 时，市场则属于空头市场；

（3）当短期 RSI 线在低位向上突破长期 RSI 线时，一般为 RSI 指标的"黄金交叉"，为买入信号；

（4）当短期 RSI 线在高位向下突破长期 RSI 线时，一般为 RSI 指标的"死亡交叉"，为卖出信号（见图 6－7）。

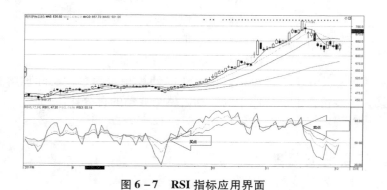

图 6－7　RSI 指标应用界面

四、KDJ（随机指数）

（一）KDJ 的基本原理

KDJ 指标的中文名称又叫随机指标，最早起源于期货市场，由乔治·莱恩（George Lane）首创。随机指标 KDJ 最早是以 KD 指标的形式出现，而 KD 指标是在威廉指标的基础上发展起来的。不过 KD 指标只判断股票的超买超卖的现象，在 KDJ 指标中则融合了移动平均线速度上的观念，形成比较准确的买卖信号依据。在实践中，K 线与 D 线配合 J 线组成 KDJ 指标来使用。KDJ 指标在设计过程中主要是研究最高价、最低价和收盘价之间的关系，同时也融合了动量观念、强弱指标和移动平均线的一些优点。因此，能够比较迅速、快捷、直观地研判行情，被广泛用于股市的中短期趋势分析，是期货和股票市场上最常用的技术分析工具。

KDJ 是以最高价、最低价及收盘价为基本数据进行计算，得出的

K 值、D 值和 J 值分别在指标的坐标上形成的一个点，连接无数个这样的点位，就形成一个完整的、能反映价格波动趋势的 KDJ 指标。它主要是利用价格波动的真实波幅来反映价格走势的强弱和超买超卖现象，在价格尚未上升或下降之前发出买卖信号的一种技术工具。KDJ 指标对把握中短期行情走势比较准确。

（二）应用原则

（1）K 与 D 值永远介于 0～100 之间，K 大于 80，D 大于 70 时，行情呈现超买现象，K 小于 20，D 小于 30 时，行情呈现超卖现象；

（2）上涨趋势中，K 值大于 D 值，所以，K 线向上突破 D 线时，为买进信号。下跌趋势中，K 值小于 D 值，所以，K 线向下跌破 D 线时，为卖出信号（见图 6－8）；

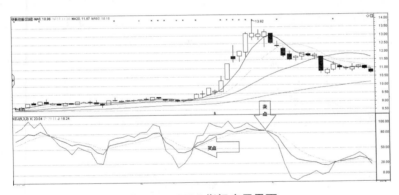

图 6－8　KDJ 指标应用界面

（3）KD 指标不适于发行量小、交易不活跃的股票，但是 KD 指标对大盘和热门大盘股有较高准确性；

（4）当随机指标与股价出现背离时，一般为转势的信号；

（5）K 值和 D 值上升或者下跌的速度减弱，倾斜度趋于平缓是短期转势的预警信号。

五、BOLL 线

（一）BOLL 线的基本原理

BOLL 线指标是股市技术分析的常用工具之一，通过计算股价的"标准差"，再求股价的"信赖区间"。该指标在图形上画出三条线，其中上下两条线可以分别看成是股价的压力线和支撑线，而在两条线之间还有一条股价平均线，布林线指标的参数最好设为 20。一般来说，股价会运行在压力线和支撑线所形成的通道中。

（二）应用原则

1. 在常态范围内，布林线使用的技术和方法

（1）股价由下向上穿越下轨线时，可视为反转信号；

（2）股价由下往上穿越中线时，股价将加速上扬，是加仓买进的信号；

（3）股价在中线与上轨线之间波动运行时为多头市场，可持股观望；

（4）股价长时间在中线与下轨线间运行后，由上往下跌破中线为卖出信号。

2. BOLL 线缩口和开口的意义

（1）股价经过数波下跌后，随后常会转为较长时间的窄幅整理，这时我们发现布林线的上轨线和下轨线空间极小，愈来愈窄，愈来愈近，投资者要密切注意此种缩口情况，一旦成交量增大，股价上升，布林线开口扩大，出现上升行情的概率较大；

（2）当股价由低位向高位经过数浪上升后，布林线上轨线和下轨线开口达到了极大程度，并且开口不能继续放大而转为收缩时，此时是卖出信号，通常股价会出现调整行情（见图 6-9）。

图 6-9　BOLL 线指标应用界面

六、SAR（抛物线转向）

（一）SAR 的基本原理

SAR 指标又叫抛物线指标或停损转向操作点指标，其全称叫"Stop and Reverse，缩写 SAR"，是由美国技术分析大师威尔斯·威尔德（Wells Wilder）所创造的，是一种简单易学、比较准确的中短期

232

技术分析工具。

从 SAR 指标英文全称知道它有两层含义。一是"stop"，即停损、止损之意，这就要求投资者在买卖某只股票之前，先要设定一个止损价位，以减少投资风险。而这个止损价位也不是一直不变的，它是随着股价的波动止损位也要不断地随之调整。SAR 指标的英文全称的第二层含义是"Reverse"，即反转、反向操作之意，这要求投资者在决定投资股票前先设定一个止损位，当价格达到止损价位时，投资者不仅要对前期买入的股票进行平仓，而且在平仓的同时可以进行反向做空操作，以谋求收益的最大化。这种方法在有做空机制的证券市场可以操作，而在不允许做空的市场，投资者主要采用两种方法：一是在股价向下跌破止损价位时及时抛出股票后持币观望，二是当股价向上突破 SAR 指标显示的股价压力时，及时买入股票或持股待涨。

（二）应用原则

（1）当股票股价从 SAR 曲线下方开始向上突破 SAR 曲线时，为买入信号，预示着股价一轮上升行情可能展开；

（2）当股票股价向上突破 SAR 曲线后继续向上运动而 SAR 曲线也同时向上运动时，表明股价的上涨趋势已经形成，SAR 曲线对股价构成强劲的支撑，投资者应持股待涨或逢低加码买进股票；

（3）当股票股价从 SAR 曲线上方开始向下突破 SAR 曲线时，为卖出信号，预示着股价一轮下跌行情可能展开（见图 6 - 10）；

图 6 - 10 　SAR 指标应用界面

（4）当股票股价向下突破 SAR 曲线后继续向下运动而 SAR 曲线也同时向下运动，表明股价的下跌趋势已经形成，SAR 曲线对股价构成巨大的压力，投资者应持币观望或逢高减磅。

七、技术指标编制的基本知识

（1）在免费行情软件的指标选项菜单中选择修改当前指标公式，即可弹出软件的指标公式编辑器（见图6－11）。通常在专业的收费行情分析软件的指标栏中，通过新建指标公式也可以进入相似的公式编辑器。

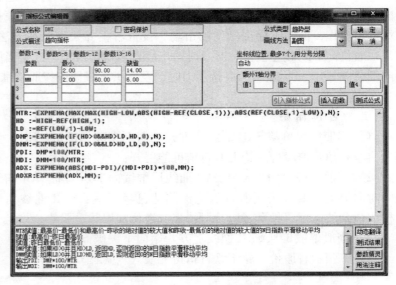

图6－11　公式编辑器

（2）在设定公式名称和简要描述后，需要确定公式是主图叠加指标还是副图指标。还需要在参数栏中输入公式中所用参数的变化范围（最小、最大值）以及缺省值（默认值）。

（3）在公式编辑界面输入或者粘贴自己的公式语言即可。通常所需绘制的指标线的格式为变量名之后用英文标点冒号隔开，之后是关于该指标的描述，如：MA1：MA(C，M1)，即要求绘制收盘价C以M1为参数的移动平均线MA1。如果不许绘制指标线，只对某一变量做定义，则冒号之后再加上等号。如：A：=(O×2＋C×2＋H＋L)/6，即对变量A作了定义。独立的语句之间以英文中的分号来做分隔。

（4）在公式编辑器中，当光标停留在某个函数所在位置的时候通常会自动弹出介绍该函数用法的小窗口（见图6－12）。

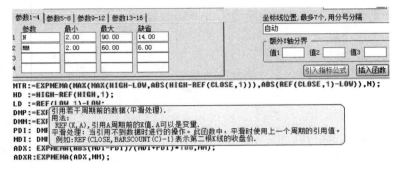

图6-12 函数用法注释窗口

（5）在公式编辑过程中，如果不能确定该使用什么函数，可以点击插入函数按钮，即可弹出所有可使用函数的界面，从中选择插入即可（见图6-13）。

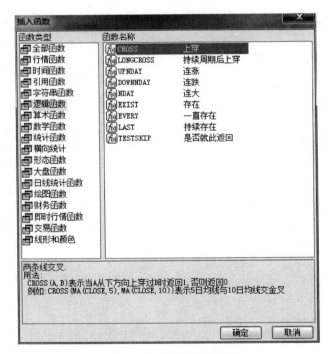

图6-13 插入函数界面

本章小结

（1）技术分析是经验的总结，其方法只能帮助投资者提高对价格变化预测的成功率，但无法保证预测一定成功，技术分析必须与有计划、有原则的操作结合在一起才能发挥作用。

（2）趋势的概念来自道氏理论，趋势是技术分析的核心，主流的技术分析方法都涉及趋势追踪和预测的内容，不同的技术分析方法各有不同的适用范围。道氏理论主要用于分析市场的整体性变化。

（3）波浪理论总结了三个方面的规律，即形态、比例和时间。辨认 5 浪和 3 浪结构具有决定性的重要意义，因为其各自有不同的预测意义。波浪理论中难以把握的是复杂的波浪变异。

（4）蜡烛图在我国俗称 K 线，是国内行情分析软件历史行情界面默认的主图工具。通常借助于连续出现的 K 线组合而不是单根 K 线来分析价格波动，K 线组合的主要类别有反转形态和持续形态。

（5）市场价格大多数时间会处于一种没有明显趋势的运动状态，具体表现为证券价格在某个价格范围内做横向运动，这种运动就是通常所说的无趋势状态，或者是水平运动状态。这种水平运动通常是连接上升或下降趋势的过渡阶段，而且大多数情况下都会表现为某种确定的模式，即技术分析中的价格形态。

（6）技术指标是技术分析的重要手段，它是运用一定的数学、逻辑判断方法对价格和成交量等市场原始数据进行处理，计算出相应的指标值，进而为市场预测提供依据的技术分析方法。除了传统的行情软件默认附带的指标外，还有一些提供自编指标功能、交易系统设置功能的软件，能够帮助投资者将自己的交易系统以直观、科学的方式展现出来。

实验任务

（1）选取自己关注的个股，观察这些股票历史行情图中的主要趋势、次要趋势和短期趋势，利用道氏原理，根据其收盘价，标记出其曾经出现的买卖点，并分析其有效性。

（2）根据波浪理论，尝试对不同周期的上证指数、深证指数的历史行情走势图进行数浪。

（3）在自己关注的个股历史行情图中找出典型的蜡烛图组合并进行分析和总结其走势特点。

（4）寻找行情走势图中重要的支撑和阻力位置，画出明显趋势中的趋势线及通道线。在不借助技术指标的情况下，仅通过蜡烛图和画图工具来对关注的个股的未来趋势进行综合分析和判断。

（5）寻找相关指数、个股历史行情走势图中曾经出现过的明显的形态，并分析其有效性。

（6）通过调整参数，观察移动平均线的变化；通过增加移动平均线的时间参数，观察均线系统中的买卖信号，根据葛兰碧法则和均线系统的原理判断买卖点。

第七章
海外证券市场模拟交易实验

【实验目的与要求】
◇ 了解海外证券交易产业链、交易类型
◇ 学习海外股票交易的基础知识
◇ 熟悉和掌握证券模拟交易软件的使用

第一节 我国海外证券市场交易概述

伴随光纤传输的普及、全球金融市场一体化和交易费用的降低，我国海外证券市场交易行业逐渐兴起，并以其灵活的用人机制、全面的培训体系和有效的资金支持吸引着越来越多的投资者。

一、国内海外证券交易产业基本要素

(一) 电子直联交易商 (Direct Access Trading，简称 DAT)

随着美国证券市场上佣金水平的不断降低，金融机构的竞争也日趋激烈，1997～2000 年为超短线交易提供资金、设备、场地、快速网络、培训和交易平台的 DAT 相继出现。专业交易队伍不断扩大，纽交所、纳斯达克市场成交量纪录不断刷新。DAT 提供资金给交易员，自己承担亏损，而盈利与交易员共享，因此风险控制是其生存的关键。2004 年，以 Swifttrade 为代表的交易机构开始在广州、深圳、上海、北京开设分部，2006 年其中国分部已经达到 30 家，从业人数超过北美分部。

（二）国内海外证券交易的产业链

如图 7-1 所示，在国内的海外 DAT 处于产业链的中游，提供海外证券交易的平台，承担交易员的培训和交易风险并从中赚取利润，其上游是海外金融机构，负责提供交易资金，并通过其做市商身份及提供交易跑道等服务赚取手续费，而下游则是目前遍布全国各大城市的海外证券市场操盘手，他们利用 DAT 提供的平台，利用海外账户资金，赚取交易利润，其主要收入来源于交易业绩提成。

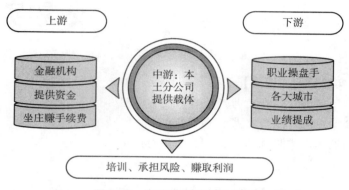

图 7-1　海外证券市场产业链

（三）海外证券市场交易员

海外证券市场交易员是以交易为生，通常在成熟的交易市场工作超过 3 年，具有独特的交易方法，能够稳定获利，业绩基本不受市场影响，心理素质高、手眼脑协调能力超强的专业交易者。交易员在盘前盘后需要做大量细致的研究和准备工作。准备工作包括需要在交易前一天的晚上认真地研究市场，设计交易方案，为第二天可能出现的行情和机会做准备。一个合格的高频交易员必须从几千只股票中挑出 10~20 只股票作为重点追踪对象。交易员的这种能力和准备工作的质量将在很大程度上决定他第二天的盈利水平。

此外，交易员要把握好全球各大股市的最新变化情况，了解自己所做的股市在当天会有哪些重大的数据或者新闻公布，在盘前做好充分的计划并根据实际的情况适时进行调整。开盘之后，如果锁定的股票走出了预计的行情，交易员需要果断按计划建仓并开始管理仓位的过程，即如果股票走势预期与实际一致，则适时加仓，反之则需判断是否是回调还是趋势反转，尽量避免让回调把刚刚建立的仓位平掉或者及时识别出彻底反转的迹象及时退出，避免损失。

随着我国金融服务外包行业的发展，以 DAT 为代表的海外金融机构借助海底光缆把高劳动力成本的交易员岗位陆续转移到我国，由此培养出了我国第一代华尔街操盘手,他们参与的市场主要有纽约一泛欧证券交易所、纳斯达克市场、多伦多证券交易所、东京证券交易所、伦敦证券交易所。

(四)做市商 MM (Market Maker)

做市商是市场中提供流动性的参与者即市场交易的制造者。就是说,按规定没有人买的时候他们买进,而没有人卖的时候他们卖出,他们起"做市"的功能。而每一个市场参与者都有一个 ID 来代表,在股票窗口上显示位置是"MMID"。通常来说,每只股票都会有一个或几个做市商来做市。

二、海外证券市场交易的类型

(一)高频交易 (Ultra-short Term Trading)

高频交易是一种广泛适用于 T + 0 二级市场(如外汇、期货、欧美股市等)的新兴交易模式。其主要特点是持仓时间短(以多则数分钟少则数秒为时间单位来计量),交易次数频繁(少则几十次多则上百次),不留过夜持仓等。高频交易捕捉入市后能够马上脱离入市成本的交易机会,入市之后如果不能马上获利,就准备迅速离场。这种交易方式在市时间短,可以回避一些无法预测的市场风险。

高频交易通过高成功率的盈利交易不断地累计微小盈利最终形成较大利润,在过去的十几年里获得了巨大的收益。尤其是在经历了全球金融危机之后,高频交易不但没有受到影响,反而因其对市场风险的有效规避,获得了前所未有的发展,同时也获得了很多主流交易机构的高度认可。

(二)日内动量交易

动量是股票价格上升或下降的势头,动量大则上升或下降的幅度就大,反之则小。在股价无序波动时需要交易员耐心等待时机的出现,而机会出现时,则要果断出手入市,在股价运动变缓或者开始出现反转迹象时立即平仓,获得利润。

日内动量交易可以继续发挥职业交易员所拥有的优势——交易成本低,交易速度快。也就是说,低成本和高速度使交易员在出仓之后可以随时再进入。因此,日内动量交易的出仓原则是宁早勿晚,不允许账面利润的流失。日内动量交易与高频交易相比,次数有所减少,每笔交易的盈利目标有所放大,同时,对于进仓和出仓的时机也有更高的要求。如果把握得当,则可以进一步转为日内波段交易。

（三）日内波段交易

日内波段交易与日内动量交易相比，次数又要少得多，盈利目标则在于尽可能地利用趋势，止损位的设计既要考虑资金和风险管理，又要结合技术分析；建仓、管理仓位和出仓过程更为复杂，更有挑战性。

高频交易到日内动量交易再到日内波段交易是一个循序渐进的过程，高频交易依靠交易次数和成功率赚得利润，在经过一定时间的高频交易后，交易员养成了坚决止损的习惯和敏锐的盘感，对入市和出货时机都能够有能力较为准确地加以把握。这时就可以转换到日内动量交易。日内波段交易要求交易次数少，限制了高频和动量交易员原有的成本低、速度快的优势，且由于交易次数少，普通散户交易成本大大下降，也可以直接从事这种日内波段交易。但是日内波段交易对交易者的要求是很高的，没有初期的高频交易和动量交易的经验积累就从事这种高难度的交易对散户来说无异于没有学会走路而直接去跑。因此，较之职业交易员，普通散户很难在日内波段交易中取得稳定的盈利。从高频到动量交易再到波段交易是一个交易员成长的过程，从高频交易做起是必不可少的初期入门学习阶段。

三、海外证券交易基础知识

（一）GICS 行业分类（Global Industry Classification Standard）

基础材料（Materials）：化学品、金属采矿、纸产品和林产品；

消费者非必需品（Unnecessary Consume）：汽车、服装、休闲和媒体；

消费者常用品（Necessary Consume）：日用品/食品和药品零售；

能源（Energy）：能源设施、冶炼、石油和天然气的开采；

金融（Finance）：银行、金融服务和所有保险；

医疗保健（Medical & Health）：经营型医疗保健服务、医疗产品、药品和生物技术；

工业（Industry）：资本货物、交通、建筑、航空和国防；

信息技术（Information technology）：硬件/软件/通讯设备；

电信服务（Telecom）：电信服务和无线通讯；

公用事业（Utilities）：电力设备和天然气设备。

（二）股票信息的搜集和查询

使用搜股器（stock screener）来搜索目标股票，是每个交易员必须掌握的技能，在搜股器中设定好不同选项的数值，进行搜索后，Symbol（股票代码）一栏将列出全部符合要求的股票代码。搜股器设定的搜股选项主要有：

股票的所属行业及行业的共同特征；该行业的龙头和该股票在行业中的地位；股票的市值（Market Cap）；股票的日成交量；股票价格的年波动范围和最近5日的波动范围；股票的大股东有哪些。

搜股网站主要有：

http：//www. marketwatch. com/；http：//finance. google. com/；ht-tp：//finance. yahoo. com/；http：//www. fx168. com。

（三）交易费用

交易费用高低直接影响着交易员的收入水平、交易模式和生存，当交易费用上升时，以频繁进出市场赚取交易所佣金返还为生的交易员可能会无法获利。在海外证券市场，交易费用的变动是比较频繁的，因此每个交易员都必须密切关注相应的信息，表7－1列出了美股交易的主要费用。

表 7－1 交易费用

费用名称	交费方	决定因素
SEC Fee 证监会费	卖方交	取决于股价
Activity Fee 活动费	卖方交	取决于股数，可为零
Clearing/Transaction Fee 清算处理费	双方交	与股数有关
Execution Fee 执行费 Gateway Fee	双方都交	
ECN 通道使用费	双方交	交易笔数（比率因券商不同而有异，网络委托低于电话委托）

第二节 海外证券交易软件使用介绍

一、交易者交易界面设置

交易者进行股票交易时，会借助交易软件的众多功能窗口进行股票行情的查询、下单、查询、追踪信息等操作。图7－2所示就是交易软件的一个典型交易界面全图。

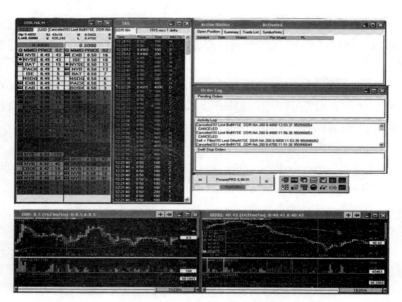

图 7-2　交易员交易界面全图

（一）Level-2 报价窗口

该股票窗口中显示的是二级报价。二级报价及股票的价格列单，根据这个列单可以对股票的走势进行有效预测（见图 7-3）。

图 7-3　Level-2 报价窗口

在窗口的上端是股票代码的输入窗口和货币单位，在股票代码输

入窗口输入想查询的股票代码点回车，然后就能看到那只股票的报价

及相应订单大小。在这里货币单位是欧元（EUR）。接下来的两栏信息是这只股票的相关数据。

（二）Time and Sale TAS 窗口

登录到 TAS 界面后，如图 7-4 所示。

股票窗口右边的是 TAS 界面，每成交一笔都会从上面显示出来，最新成交的在最顶层。股票窗口中左边的订单被"吃掉"（而不是被摆单者自行撤掉）而消失后，相应地就会几乎同时在 TAS 上显示出来。它包含了这只股票该笔交易成交的时间、价位、手数和通道名称（被吃掉的订单的通道），这个标签的有无以及顺序都可以根据个人习惯设置。右边的订单同理。左边的订单被吃掉后出现在 TAS 上是红色数字，右边订单被吃掉后在 TAS 上显示的是绿色数字。

通过同时观察股票窗口和 TAS 可以判断订单消失的原因——被撤掉还是被吃掉，投资者可进一步可以判断"价格深度"，在同样的价位上成交量越大，价格深度就越大，这个成交价也就越可靠。

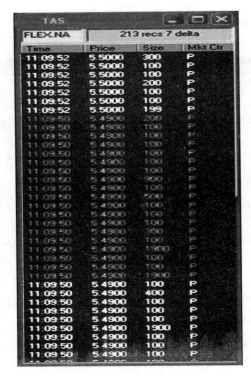

图 7-4 TAS 窗口

（三）Active Blotter 窗口——交易者常用信息查阅

交易者可通过 Active Blotter 窗口中的各个标签页来随时了解交易相关信息。

1. Active Blotter 窗口——Open Position（见图 7 – 5）

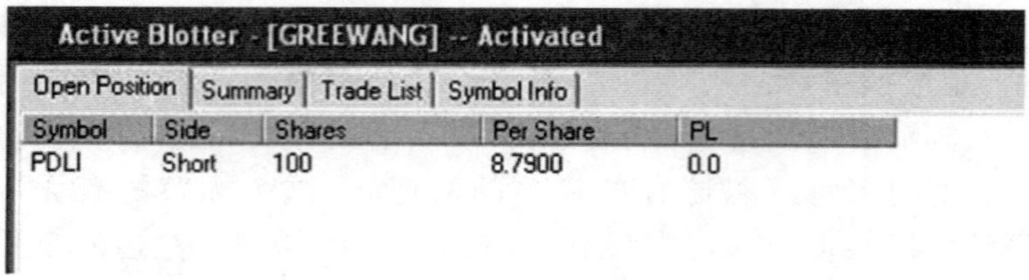

图 7 – 5   Active Blotter – Open Position

Active Blotter 窗口中的 Open Position 标签页：头寸，显示的是交易者当前没有平出的仓位，包括：股票的 Symbol（代码）、Side（bid 摆单买入；Short 做空）、Shares（股数）、Per Share（每股价格）、PL 未平仓盈亏。

2. Active Blotter 窗口——Summary（见图 7 – 6）

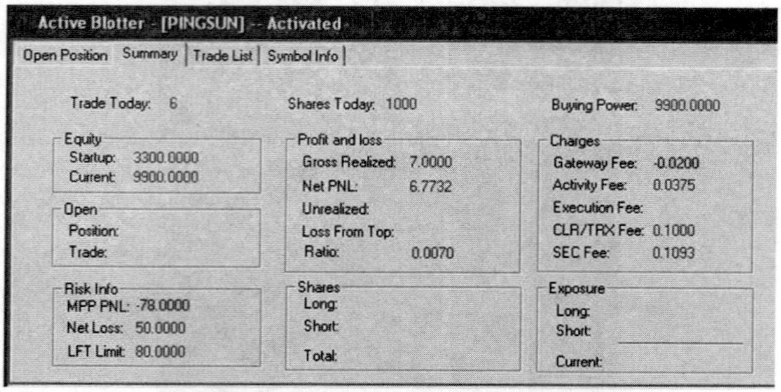

图 7 – 6   Active Blotter——Summary

在 Active Blotter 窗口中，标签页 Summary 显示了本交易日中的交易详情。

3. Active Blotter 窗口——Trade List

在 Active Blotter 窗口中，标签页 Trade List 显示了某交易日中的交易详情。图 7 – 7 显示了这些详细信息。

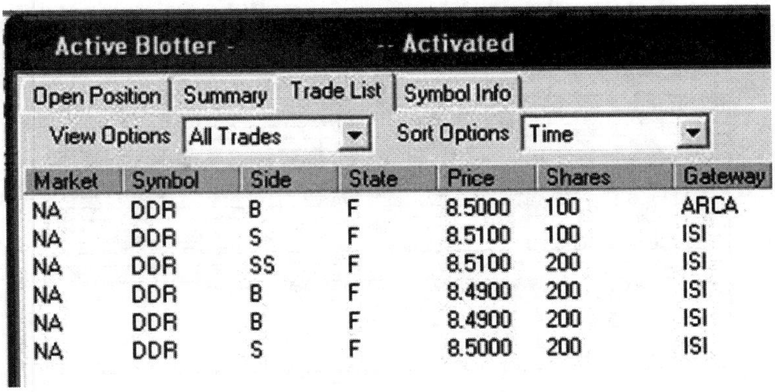

图 7 - 7　Active Blotter 窗口——Trade List

4. Active Blotter 窗口——Symbol Info

在 Symbol Info 标签页中，将显示每只股票交易情况的总结信息
（见图 7 - 8）。

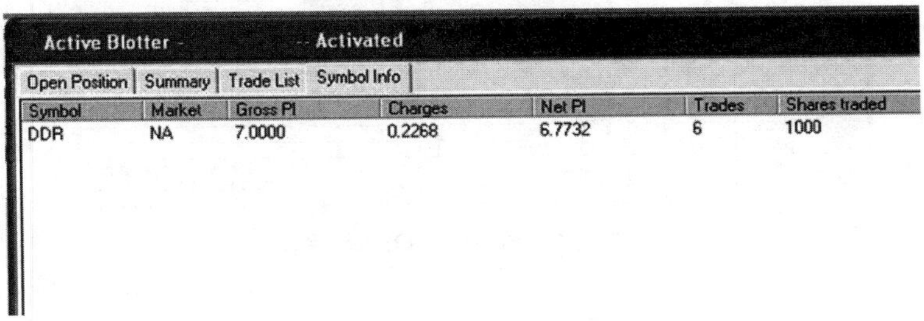

图 7 - 8　Active Blotter 窗口——Symbol Info

（四）Order Log 窗口

高频交易员可以通过 Order Log 窗口来浏览发送指令的详情，
包括三部分：Pending Orders，Activity Log，Swift Stop Orders 等（见
图 7 - 9）。

1. Pending Orders

pending Orders 这部分信息显示的是交易者成功发送但又没有成
交的指令，即摆在 Level 2 上的订单。它显示了这个订单下达的各种
信息（见图 7 - 10）。

2. Activity Log

该部分显示的是指令成交后（不管是打单成交还是摆单成交）
的相关信息；摆单和打单失败（例如交易账户权限不够或某些股票
在特定情况下禁止做空等）后相关信息也会出现在这个栏目里（见
图 7 - 11）。

245

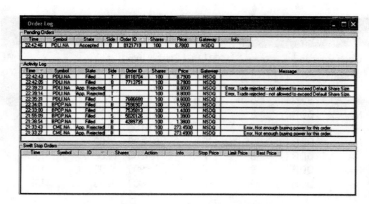

图 7 - 9　Order Log 窗口

Time	Symbol	State	Side	Order ID	Shares	Price	Gateway	Info
22:42:46	PDLI.NA	Accepted	B	8121719	100	8.7800	NSDQ	

图 7 - 10　Pending Orders 图示

Time	Symbol	State	Side	Order ID	Shares	Price	Gateway	Message
22:42:43	PDLI.NA	Filled	T	8118704	100	8.7900	NSDQ	
22:42:05	PDLI.NA	Filled	B	7713751	100	8.7900	NSDQ	
22:39:23	PDLI.NA	App. Rejected	T		100	8.8000	NSDQ	Error. Trade rejected - not allowed to exceed Default Share Size.
22:39:14	PDLI.NA	App. Rejected	T		100	8.8000	NSDQ	Error. Trade rejected - not allowed to exceed Default Share Size.
22:35:31	PDLI.NA	Filled	T	7686688	100	8.8000	NSDQ	
22:34:01	BPOP.NA	Filled	B	7596907	100	1.5500	NSDQ	
22:33:00	BPOP.NA	Filled	B	7535813	100	1.4000	NSDQ	
21:55:09	BPOP.NA	Filled	S	5020126	100	1.3900	NSDQ	
21:36:54	BPOP.NA	Filled	B	4289735	100	1.3800	NSDQ	
21:33:43	CME.NA	App. Rejected	B		100	273.4500	NSDQ	Error. Not enough buying power for this order.
21:33:27	CME.NA	App. Rejected	B		100	273.4900	NSDQ	Error. Not enough buying power for this order.

图 7 - 11　Pending Orders 图示

二、股票交易窗口的参数配置

(一) 设置股票窗口的默认股数

打开 Stock Window Customization：FP. PA 窗口，激活 Options 标签页，在 Default Shares 中的 Shares 右边的文本框中输入数字（见图 7 - 12 中黑色框线内），此数字为打开交易软件时所显示的默认股数。

(二) 设置报价层的显示项目

打开 Stock Window Customization：FP. PA 窗口，激活 Columns 标签页，Unselected 列表中显示的是未在交易软件中显示的内容。如果想让某些项目添加至交易软件中，只需将这些项目通过"＞"按钮添加至 Selected 列表中。显示的项目也可以通过"Up"和"Down"按钮来调整其顺序（见图 7 - 13）。

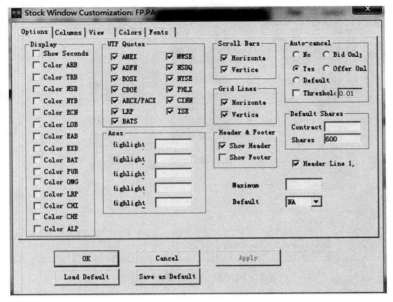

图 7 - 12　默认股数设置

图 7 - 13　报价层显示项目设置

（三）设置报价层的背景色

打开 Stock Window Customization：FP. PA 窗口，激活 Colors 标签页，可以设置前景色、网格线、标头背景、标头等项目的颜色，从而个性化报价层显示窗口的外观（见图 7 - 14）。

（四）设置报价层的字体

打开 Stock Window Customization：FP. PA 窗口，激活 Fonts 标签页，可以设置报价层显示窗口的字体（见图 7 - 15）。

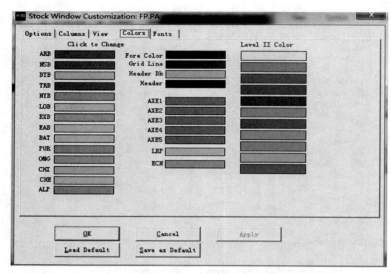

图 7 - 14　报价层背景颜色设置

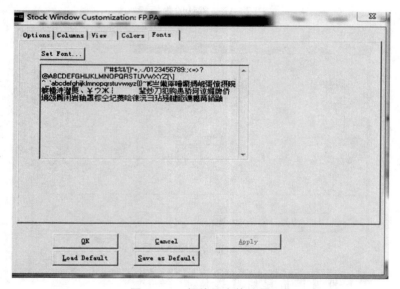

图 7 - 15　报价层字体设置

本章小结

（1）国内海外证券交易产业基本要素包括电子直联交易商、国内海外证券交易产业链、海外证券市场交易员。

（2）海外证券市场交易主要有高频交易、日内动量交易和日内波段交易三种类型。

（3）交易员使用进行股票交易时，会借助交易软件的众多功能窗口进行股票行情的查询，下单，查询，追踪信息等操作。

知识拓展

海外证券交易英语基本词汇

1. Concepts 概念
Stocks 股票
shares 股份、股票
Equity 股权
Leverage 杠杆
Margin 保证金
Position 头寸/仓位
Volume 成交量
Sector 部门
Industry 行业
Lots 手数
Analytical methods 分析方法
Fundamental analysis 基本面分析
Technical analysis 技术分析
2. Market participants 市场参与者
NYSE New York Stock Exchange 纽约证券交易所
NASD National Association of Securities Dealers 美国证券交易商协会
NASDAQ National Association of Securities Dealers Automated Quotation System 纳斯达克全国证券交易商协会自动报价系统
Securities and Exchange Commission 美国证监会 SEC
Broker 经纪商、Specialist 专家
Market maker 做市商
Institutional investor 机构投资者
Retail investor 散户
Insider dealer 内幕交易者
3. Trading 交易
Long & Short 做多和做空
Flat 空仓
Bid & Offer（ask）摆单买入和摆单卖出
Buy & Sell 打单买入和打单卖出
Quote level1 一级报价
Level2 二级报价
Trade ware（TW）交易软件
Chart ware（CW）看图软件
Risk ware（RW）风控软件

Price level 价格层 spread 最佳买卖报价之差

Intraday range 日内差，当日最高价最低价之差

Rip & Tank 股价飙升和股价暴跌

Trading orders 交易指令

Limit order 限价指令

Limit buy/Limit sell 限制购买/限制销售

Market order 市价指令

Market buy/Market sell 市场购买/市场销售

Stop order 止损指令

Order routing 买卖盘传递/指令路由

Hybrid trading 混合交易制度

Trading mechanism 交易机制

4. 经济新闻词汇

Blue chip shares 热门股票

Blue chip stocks 蓝筹股

Bearish 看跌的、卖空的

Bears 空头

Bullish 看多的，牛市的

Bulls 多头

Rally 价格止跌回稳

Recover 恢复

Stagnant 停滞的；萧条的，不景气的

Sitting tight waiting for the stock market to（bounce back）观望

实验任务

1. 浏览搜股网站，熟悉各网站的搜股器界面，关注几只股票并加入自选股。

2. 熟悉海外证券交易交易软件的界面设置，对关注的股票通过交易软件，查阅其开盘价、收盘价、成交量、最高价、最低价、最佳买卖报价及其差值等交易信息。

参 考 文 献

［1］王俊籽、亓晓：《金融综合业务实验》，山东人民出版社2013年版。

［2］黄磊、葛永波：《证券投资学》，经济科学出版社2013年版。

［3］周建胜、蔡幸、甘海源：《投资类业务综合实验教程》，机械工业出版社2015年版。

［4］任森青：《金融综合业务实验教材》，天津大学出版社2012年版。

［5］深圳国泰安信息技术有限公司：《操作手册——管理端》，国泰安虚拟交易所系统．pdf，2017年。

［6］同花顺网络信息股份有限公司：《同花顺软件·使用说明书》。

［7］林玮、陈宝熙：《证券投资实验教程》，经济科学出版社2008年版。

［8］张为群：《证券投资实验与实训》，化学工业出版社2007年版。

［9］张文云：《证券投资实验教程》，中国金融出版社2006年版。

［10］济南市红枫服务外包培训学校：《欧美日操盘手培训PPT》。